ニーチェ
哲学的生を生きる

森一郎

青土社

ニーチェ　哲学的生を生きる　目次

ニーチェ　哲学的生を生きる

凡例

一、ニーチェ、ハイデガー、アーレントの次の著作から引用、参照する場合は、次の略号で記し、原著の頁数を添える（一部、拙訳の頁数に代えた場合もある。また、ニーチェの著作から引用する場合は、書名と節番号（『ツァラトゥストラはこう言った』などの場合は章名）を記すにとどめた場合も少なくない）。

KSA：Friedrich Nietzsche, *Friedrich Nietzsche Sämtliche Werke. Kritische Studienausgabe*, Deutscher Taschenbuch Verlag/ de Gruyter, 1980（『ニーチェ全集』ちくま学芸文庫）

UB：—, *Unzeitgemässe Betrachtungen* (1873-1876), in: KSA, Bd. 1（『反時代的考察　ニーチェ全集４』小倉志祥訳、ちくま学芸文庫、一九九三年）

WS：—, *Der Wanderer und sein Schatten* (1880), in: KSA, Bd. 2（『人間的、あまりに人間的Ⅱ　ニーチェ全集６』中島義生訳、ちくま学芸文庫、一九九四年）

MR：—, *Morgenröthe* (1881), in: KSA, Bd. 3（『曙光　ニーチェ全集７』茅野良男訳、ちくま学芸文庫、一九九三年）

FW：—, *Die fröhliche Wissenschaft* (1882, ^{2}1887), in: KSA, Bd. 3（『愉しい学問』森一郎訳、講談社学術文庫、二〇一七年）

Za：—, *Also sprach Zarathustra* (1883-1885), in: KSA, Bd. 4（『ツァラトゥストラはこう言った』森一郎訳、講談社学術文庫、二〇二三年）

JGB：—, *Jenseits von Gut und Böse* (1886), in: KSA, Bd. 5, 1980, 2. durchgesehene Aufl., 1988（『善悪の彼岸』木場深定訳、岩波文庫、一九七〇年、二〇一〇年改版）

GM：―, *Zur Genealogie der Moral* (1887), in: KSA, Bd. 5（『道徳の系譜』木場深定訳、岩波文庫、一九四〇年、一九六四年改版）

SZ：Martin Heidegger, *Sein und Zeit* (1927), 15. Aufl., Niemeyer, 1979（『存在と時間』全三巻、原佑・渡邊二郎訳、中公クラシックス、二〇〇三年）

GA: ―, *Martin Heidegger Gesamtausgabe*, Klostermann, 1975-（『マルティン・ハイデッガー全集』創文社）

HC：Hannah Arendt, *The Human Condition* (1958), The University of Chicago Press, Paperback edition, 1989（『人間の条件』志水速雄訳、ちくま学芸文庫、一九九四年）

OR：―, *On Revolution* (1963), Penguin Books, 1990（『革命について』志水速雄訳、ちくま学芸文庫、一九九五年）

一、引用文中の〔　〕は、引用者の補足。引用文中に原語を添える場合は、（　）を用いる。

一、外国語文献からの引用に際して、日本語訳に依拠している場合、その訳書を注記した。先人の功績に敬意を表する。訳文に従っていない場合もあるが、ご容赦を乞う。

一、ギリシア語はアルファベットにしてイタリック体で記す。長母音は η と ω のみ長音記号を付け、カタカナ書きする場合もこれに準ずる（固有名詞はこのかぎりではない）。

一、注は、章ごとに注番号（1）、（2）……を付け、巻末に一括して載せた。

まえおき

ニーチェとは何者なのか。そのことが私には長らく謎であった。

ツァラトゥストラの物語を書いて発狂した詩人哲学者。神は死んだと叫んでキリスト教をぶち壊しにした反宗教者。支配への意志を称揚してファシズムやナチズムに霊感を吹き込んだ権力思想家。プラトン以来の理想主義を叩き潰そうとした反形而上学の徒。――そういった面があるのはたしかである。

そこまで派手ではないが、別な面も覗かせている。古代ギリシア・ローマの悲劇や笑話をぞっこん愛した人文主義者。人生の機微と深淵を穿《うが》つアフォリズムを残したドイツ語の名手。ワーグナー、ブルクハルトらと交わり芸術・文化・学問の奥義を究めた趣味人。生涯独身で祖国を離れヨーロッパを放浪したコスモポリタン。

バリバリの古典文献学者かつ模範的教師であった過去を持ち、失恋経験と変態趣味を兼ね備え、友情に厚く筆まめで酒は飲まず早起き鳥で……と、普通の人でもあった。

身一つで百面相のようにかくも多彩な面をもつ怪物の正体を、どうつかまえたらよいのか。支離滅裂とはこのことだ。だが、私はあるとき、この謎の男を一語でもって言い当てられることに気づいた——この人は「エロースの人」だ、と。

ギリシア語の *erōs* とは「愛欲」という意味である。愛にも色々あるが、「エロース」は、意中の相手を自分のものにしたいという欲求であり、性欲・生殖欲が代表的である。「エロースの人」として有名なのは、ソクラテスである。若者を愛し、酒を愛し、友たちとの対話放談を愛した。一言で言って、知を愛した——無知なるがゆえに。全身全霊をかけて知への愛に生き、死ぬまでその愛を貫き通したエロースの人、それがソクラテスであった。

その愛が弟子たちに乗り移り、プラトンを筆頭者とする哲学の歴史が始まった。その後二千年以上経って甦った、先祖返りのような極めつけのエロースの人、それがニーチェであった。彼が書き残した文章に接するたびに、私はこう思わずにいられない——この人は、知への愛に生きた人つまり「哲学者」だ、と。

『ツァラトゥストラはこう言った』は、全体としてエロース讃だが、なかでも最も艶《なま》めかしく、最も露骨に欲情を描き、それでいて不思議と清々《すがすが》しいのは、「純粋無垢の認識」の章の締めくくりをなす太陽の比喩である。それを本書のモットーとしよう（強調は原文）。

ほら、向こうをごらん。太陽がもどかしそうに海の上へ昇ってゆくのが見える。君たちは、太陽の愛の渇きと熱い息吹《いぶき》を感じないのか。

太陽は海を吸い、その深みをみずからの高みへ吸い上げようとする。そのとき、波立つ海の欲望は、千の乳房を持ち上げる。

海は、太陽の渇きによって口づけされ、吸われることを欲する。海は、大気となり、高みとなり、光の進む小道となり、それ自身光となることを欲する。

そう、私は、太陽のように、生を愛し、すべての深い海を愛する。

これこそ私が認識と呼ぶものだ。〔…〕

ニーチェにとって「純粋無垢の認識」とは何であったかが、ここに正直に語られている。


本書は、私がフリードリヒ・ニーチェ（一八四四―一九〇〇年）から学んだことのささやかな集成である。これまで発表した文章を集め、加筆修正して一書とした。全体として、ニーチェ流の哲学的生を浮かび上がらせるものとなっている。

以下、概観しよう（カッコ内は元原稿成立年）。

序章「ハイデガーとアーレントの間――ニーチェ私観」（二〇一〇年）は、入門書向けに編集者からインタビューを受け、私にとってニーチェとはいかなる存在かを語りおろしたものである。ですます調を含めて、当時の雰囲気は残したままにしてある。そこでも強調したように、私にとってニーチェとは、端的に言って、「知を愛した人」なのである。本書のタイトル『ニーチェ哲学的生を生きる』も、そのことを表わしている。

第一章「生への愛、知への愛――哲学者の恋の歌」（二〇〇九年）は、『ツァラトゥストラはこう言った』の第二部の「舞踏の歌」と第三部の「もう一つの舞踏の歌」の二章を中心に据えて、「同じことの永遠回帰」の思想の核心を「真理への意志」の肯定として解釈している。その解釈方向は、拙著『快読 ニーチェ『ツァラトゥストラはこう言った』』（講談社、二〇二四年）の骨子となった。

第二章「人を殺してはいけない理由を求めることの愚かさについて」（一九九九年）は、当時賑やかに論じられていた問い、「なぜ人を殺してはいけないの？」に対する、私なりの応答である。哲学者の真似をして「一切は許される」と無責任に言い放つことがいかに愚かしいかを、『ツァラトゥストラはこう言った』第四部の章「影」を手がかりに示した。アーレントの思考論との結びつきにもふれている。

第三章「学問の危機と哲学――ニーチェの誓い」（一九九五年）は、ニーチェを、二〇世紀に顕在化した学問の意味の枯渇状況を先んじて見据えた哲学者、として位置づけている。とりわけ『反時代的考察』第三篇『教育者としてのショーペンハウアー』に示されている容赦ない講壇哲学批判に、ニーチェがラディカルに哲学しようとしたその初心のほどを聴きとろうと試みる。

以上、第一章から第三章までの第Ⅰ部では、哲学者ニーチェの姿を浮き彫りにする。反哲学者のように見えて、知を心底愛する人、それがニーチェである。

第四章「戦争と平和の哲学――『放浪者とその影』より」（二〇〇〇年）は、没後百年の節目に、ニーチェのテクストから、戦争と平和の哲学のためのヒントを引き出そうと試みている。今日不適切とされる好戦主義者のようでいながら、軍備放棄の絶対平和主義者の面も兼ね備えているということが、どうしてありうるのか。訳が分からないが、その天邪鬼《あまのじゃく》さがニーチェなのである。

第五章「強制としての哲学――『善悪の彼岸』より」（二〇〇〇年）は、道徳には根拠がないことをえぐり出したかに見えるニーチェが、いわれないまま強いられる「汝なすべし」にあえて服従することで高次の自由の境地に至るのだ、と語るテクストを取り上げる。ニーチェの遠近法的道徳批判の解釈実践であり、第二章の続編という面をもつ。九鬼周造の押韻論とも絡めている。

第六章「科学は何のために――『ツァラトゥストラはこう言った』より」（二〇一三年）は、人工知能が近い将来、人知を超えると喧伝されている現状を、ニーチェの超人思想のほうから眺めたものである。『ツァラトゥストラはこう言った』第四部の「学問」の章に出てくる、安全確保のための科学と知的冒険のための科学という二種の学問観を手がかりとしている。『快読 ニーチェ』の拾遺の一つ。

以上、第四章から第六章までの第Ⅱ部では、戦争論、道徳論、科学論という同時代的関心から、ニーチェの反時代的考察をどう読むか、を示そうとしている。

第七章「自由な死と死への自由――ニーチェから見たハイデガー」（一九九四年）は、私が初めて書いたニーチェ論。ハイデガーのニーチェ解釈は、私のニーチェ読解にとって、乗り越えるべき関門であり続けている。同時に私はニーチェから、ハイデガーのテクストを読み直す手がかりを学んできた。超人思想と現存在分析論とは、ヒューマニズム批判の文脈に置き入れることで重なり合うのである。

第八章「同情について――ニーチェとアーレント」(一九九九/二〇〇〇年)は、同情批判という地点でニーチェとアーレントが接近遭遇することを目撃する。ニーチェのキリスト教批判とアーレントのフランス革命批判はどちらも強烈だが、そこから、共喜同慶にもとづく連帯の思想が望見できる。拙著『アーレントと革命の哲学――『革命論』を読む』(みすず書房、二〇二一年)への前哨。

第九章「禁欲主義と実存の美学――ニーチェ、九鬼周造、フーコー」(二〇一七年)は、拙著『死と誕生――ハイデガー、九鬼周造、アーレント』(東京大学出版会、二〇〇八年)といささか似た手法で、九鬼周造の「いき」論を挟み込むことによってニーチェとフーコーの禁欲主義批判を関連づけている。拙訳『愉しい学問』(講談社、二〇一七年)を出した直後の、その成果の一つ。

以上、第七章から第九章までの第Ⅲ部では、ニーチェを、その他の私のお気に入り哲学者と仮想的に対話させようとしている。ニーチェはやはり現代哲学の源泉なのだ。

終章「学問と生――ニーチェに学んで戦いを生きる」(二〇二〇年)は、『ツァラトゥストラはこう言った』(講談社、二〇二三年)の訳稿が出来上がった段階で、自分のニーチェ解釈を辿り直したもの。コロナ禍が始まろうとしていた二〇二〇年二月の公開講演の原稿が元であり、ですます調はそのままとした。拙著『核時代のテクノロジー論――ハイデガー『技術とは何だろうか』を読み直す』（現代書館、二〇二〇年）と響き合う内容をもつ。

前口上はこのくらいにして、哲学者ニーチェとの対話に入っていくことにしよう。

序章　ハイデガーとアーレントの間――ニーチェ私観

大事な三冊

個人的なお話から始めます。私の場合、高校時代にフリードリヒ・ニーチェという名前を教科書で知って読みかじったのが最初の出会いでした。善人面《づら》をしている奴らこそ賤民だと言ってのけるなんて過激でおもしろそうだと思いました。大学に入ったあともニーチェを扱おうかなという淡い気持ちで哲学科の門を叩きました。そこには、ニーチェに詳しかった渡邊二郎先生がおられました。そこで、進学してすぐの飲み会で先生に「ニーチェを卒論でやりたいです」と告白したら、「やめとけ」と言われました。どうしてかという理由はよく覚えていません。なにくそと思ってニーチェを専攻してもよかったのですが、当時従順だった私は、やはり気になっていた哲学者マルティン・ハイデガーの『存在と時間』を卒業論文のテーマに選び、修士論文やその後もハイデガーを主に研究してきました。

一九九三年に東京女子大に講師として赴任したのですが、そのとき担当した授業の一つで学生と一緒にニーチェを読み始めました。そうやって改めて読んでみると、「これは相当すごい」と実感するようになり、以来ずっとニーチェを授業で取り上げています。専門的に研究論文を書くということでは必ずしもないのですが、とにかくニーチェを学生と読んでいくと非常におもしろい。最初は『ツァラトゥストラはこう言った』を読んでいき、続いて『道徳の系譜学』や『善悪の彼岸』を扱い、その後は、『ツァラトゥストラはこう言った』の直前に書かれた『愉しい学問』を読んで素晴らしいと思っているうちに、気がつくと訳稿作りに励んでいたという次第です。

ニーチェのすごさを実感するようになった当時は、博士論文をまだ書いていなかったので、もし自分が博士論文を書くなら、ニーチェで書きたいと思うくらいにまでなりました。ただ、少し遅れて、ニーチェと平行して私が大学の授業で毎年扱うようになった哲学者がもう一人いて、それがハンナ・アーレントでした。哲学演習で『人間の条件』やその他いろいろ読んでみて、こちらもやはりすごい、と感じ入りました。

私は、自分にとって大事な三冊を挙げなさいと訊かれたら、ハイデガーの『存在と時間』、ニーチェの『ツァラトゥストラはこう言った』、アーレントの『人間の条件』と答えます。この三つは、大げさな言い方をすると、そういう本に出会うために自分は生まれてきたと思えるくらい大事な本です。さらに、ニーチェに関しては『愉しい学問』も重要ですし、アーレントの『革命について』も私にとって非常に大切な本です。

二〇〇八年に『死と誕生』という本をまとめました。本として出したあとで博士論文として東大に提出し受理されたものですが、その中ではニーチェが中心ではなく、ハイデガーとアーレントと九鬼周造を扱っています。九鬼も私にとって重要な哲学者で、とくに『偶然性の問題』が大事だと思いますが、三人の哲学者を選べと言われれば、ハイデガーとアーレントと、その真ん中にニーチェがいるというのが私の個人的な関心の流れです。

知のニヒリズム的状況のなかで

ニーチェはいろいろ豊かな面をそなえた魅力的な思想家ですが、どういう点で私がニーチェに惹かれたかというと、一つには、モラリストという側面です。「モラリスト」というのは道徳家という意味ではなくて、辛辣な人間観察をする人、情け容赦なく心理の深層をえぐる人、そして、凝縮された文章をつむぎ出す人という意味です。人間観察家にして高雅なエッセイスト。日本にも似た流れが昔からありますが、西洋にはモラリストの思想史的系譜が脈々とあり、ニーチェもそこから学んでいます。鋭利な道徳批判もモラリストの得意技です。

もちろんそれだけでなく、ニーチェは大衆批判とか宗教批判とか形而上学批判とか、批判的言説が過激かつ魅力的なので、そこにもシビレています。ただ、私にとってニーチェとは、と突き詰めると、単純な話で笑われるかもしれませんが、ニーチェは哲学者である、という一言に尽きます。私にとってニーチェは、哲学者そのものなのです。この場合、「哲学者」をどう考えるかが非常に重要です。

私は一九九〇年代前半に大学教師になり今に至っているわけですが、この間《かん》は、大学改革という名のもと、じつにいろいろな意味で大学が変質していった時代でした。その大きな変化の根底には、大学に身を置いている人間自身が、自信や誇りを持てなくなっていることがあると思います。学問がそれ自体のためになされるのではなく、世のため人のため社会のため生活のためと、とにかく何か他のことのためにあるようになってきたからです。学問の意味への問いは昔からあるわけですが、問題はいよいよ深刻化し、大学人が自分のやっている学問に対して自信が持てず、他のことで意義づけしてもらわないと気が気でなくなっている。一種、ぽっかりと大学の中に空いた穴、虚無があり、それを埋め合わせるために、みんなして必死に努力して取り繕っている。これをニーチェの有名な言葉で表わすと「ニヒリズム」になります。

ニーチェは『道徳の系譜学』で、「人間は何も欲しないよりは、まだしも無を欲する」と言っています。無というのはそのまま放っておけるものではなく、それを埋め合わせるために別のものを持ってきて何とか取り繕おうとする。しかしそれがじつはもっとひどい虚無だったということになる。そうして結果的には虚無の上塗りが繰り返され、それをごまかすためにやればやるほど無間《むげん》地獄に陥っていく。そのため無がどんどん広がっていく。一見立派そうに見える分だけ、空洞化現象が深刻化する。こういった泥沼状況のことを、ニーチェは「ニヒリズム」と名付けたと、私は考えます。

今日大学で起こっていることは、まさにこれです。知ることに一体何の意味があるのか、という問いに対する答えの欠如。知のニヒリズムですね。学問は何のためにと問われても、うまく答えられない。もっともらしい答えを見つけるために、いろんなことをやるけれども、やればやるほどますます無意味になっていく。こういう状況は古くからあったとも言えますが、一九世紀後半には相当重症化していて、それにニーチェは敏感に気づいた。ハイデガーもアーレントもそれぞれこの問題に直面させられたと思います。

私は今の時代に生きていますので、今のことしか分からないですが、ここ数十年の大学改革は、学生や教員の自由な時間をなくし、ただ真面目さだけを競っている。私はいつも言うのですが、自由人・ひま人、つまり「閑暇（*scholē*）の人」でなければ、そもそも「学者（scholar）」とは呼べない。それなのに、呑気にものを考えるゆとりがどんどん奪われ、業績作りや受験生集めやお役所的文書作成に追われている。勤勉な精神と法令遵守《コンプライアンス》主義が大学のなかで幅をきかせ、そうではないものは主張しにくくなり、大学人に確固たるものがなくなっている。その深いところに知のニヒリズムの問題がひそんでいます。もちろん、大学だって社会あるいは国家のなかの制度だということは自覚しなければなりませんが、だからといってなんでも同じ理屈を貫徹させなければならないということにはならない。やはり大学には大学なりの自立した論理や気風があってしかるべきです。

私の問題意識は、だいたいこういったところにあります。このニヒリズム的状況のなかで、知を、学問を、ものを考えるということを、いかにして肯定するか。どうせとかしょせんとか呟いて諦めてしまわずに、いかにして自分自身のあり方を肯定できるか。これをひとは哲学的問題関心とは呼ばないかもしれませんが、少なくとも私にとっては、それが非常に重要な関心事だったのです。そのときに出会ったのが、まさに哲学者ニーチェでした。

哲学者ニーチェ

マイナーなニーチェ観かもしれませんが、私に立ち現われたニーチェというのは、知を心底愛する人、哲学大好き人間です。哲学を徹底することを自分の身が危《あぶ》なくなるほど徹底的にやり、徹底して考えれば考えるほど愉快になってカラカラ笑う。深刻な問題が浮上すればするほど、落ち込むどころか、喜びにうち震える。そういう知の探求者、知の愉悦を享受する人です。

日本では『悦ばしき知識』という題名で呼ばれてきた“Die fröhliche Wissenschaft”ですが、私はドイツ語をそのまま直訳して『愉しい学問』というタイトルにするのが一番すっきりしていて原意を表わせると思っています。そう、学問というのは愉しいものなのだ、と言い切り、哲学することの至福を一冊の本に表現している。「性愛のわざ」の悦楽を讃えるという含意も、もちろん重要ですが。

この本には、ニーチェの最も有名な文章の一つ、「狂人」が収められています。「神は死んだ、いや、俺たちが殺したのだ！」という血腥《ちなまぐさ》い話が出てきます。まさに「神の死」とでも形容せざるをえない虚無的状況から目をそむけず、正面からその事態を受け止め、その意味を考えること、それが愉しくて仕方ないと、著者は白状している。そういうことばかり考えていると精神が危うくなるけれども、それでいいではないか。デカルトの「われ考える、ゆえにわれ在り」ではないが、考えることを生きることの意味として丸ごと肯定しようという充実感が、『愉しい学問』という標題にはこめられています。

永遠回帰思想がはじめて公表されたのもこの本です。「一切は永遠に同じことの繰り返しだ。お前が何をやろうと新しさも進歩もこれっぽっちもないのだ」と告げられたら、近代人はそれだけで憤死しかねません。このようにひとを絶望させるようなことをあえて言い立てるわけですが、そうすることで何か見えてくるものがあるなら、愉しくて結構なことじゃないか。そうニーチェは心の底から思って、学問は愉しいという精神で知的探求に励んだ。そういうところに、私はニーチェの哲学者たるゆえんを感じます。

このようにニーチェは、哲学する――ものをじっくり考え、根本的問いを立て、ことがらの真相を追究する――という一点において、生きることを肯定しました。ニーチェは感受性が人一倍高かった分、苦しみの生をたっぷり味わったという面もあります。発狂したことに同情するお節介な人もいますが、彼自身はむごい人生も哲学さえあれば救われる、べつに何の問題もないよと考えていた。生きることと哲学することが一つになった、まったき存在として哲学者ニーチェはある。そんな存在に同情なんかできません。その域にかすりもしない者たちこそよほどかわいそうだと言われてしまうでしょう。

このように言いますと、実存哲学にありがちな一般論をしているだけと思われるかもしれません。実存の遂行としての哲学という考え方です。しかし私は、個々のテクストに接して、あれこれ問いを立てて論じるニーチェに触れるたびに、しみじみ愉しそうだなあと感じるのです。自分の考えを追っていると思ったら、それをひっくり返すようなことを平気で言う。キリスト教を華々しく批判したかと思うと、キリスト教の重要性を鋭く指摘する。禁欲主義批判をぶったかと思えば、禁欲の積極的意味について滔々と述べる。そういう矛盾したことばかりやっていては、自分の落ち着く場所がなくて大変だと思うのですが、ニーチェはいかにも愉しそうにやっています。同じことがらを語るにも、相拮抗する見方が自分の中にあることを、しんどいと思うよりはむしろ喜んでいる。

これは、たんに支離滅裂なのではなく、合理性や根拠を追究していくなかで、相対立するもの、真逆のものを自分の内に引き込んで、そのなかで戦わせているのです。ニーチェにとって自分の由来でもあるキリスト教を情け容赦なく批判するということは、わが身を引き裂くようなきつい自己批判という面を持っていたはずです。それでいいのだ、それじゃなくちゃと、好き好んで自分を切り刻んでいく。これはこれで「無を欲する」仕方なのかもしれませんが、ともかく、そういう気前のよいスタイルが、自由人らしくて、私にはとても哲学者らしいと思えるのです。

ものを考える豊かさ

もちろん、哲学者はニーチェだけではありません。たとえば、ソクラテスは哲学者の祖であり鑑《かがみ》だと言われます。ニーチェのスタイルはソクラテスのそれと同じではありませんが、ニーチェはソクラテス批判を行なう一方、どこか深いところで通じ合っているふしがある。ニーチェにはソクラテスになりたかったのかもしれません。じっさいにソクラテスを後世に伝えたのはプラトンで、そのプラトンに対してもニーチェは、プラトニズム的二世界論を容赦なく批判するとともに、まさにソクラテスを描くプラトンに倣って、自分なりにツァラトゥストラという人物を造形してみせた。

哲学者も時代的な制約を受けますから、プラトンが大昔やったことを現在やれば哲学になるかといったら、そうはならないでしょう。プラトンにはプラトンなりの時代との対決があったように、一九世紀後半のニーチェにはニーチェなりの対決の仕方があり、二一世紀にはまた別のめぐり合わせがある。そういうなかで、近代という時代にあって飛び抜けて哲学的生を体現している存在として、ニーチェは輝く巨星だと思いますし、あやかりたいという気持ちはつねにあります。

非常に奇異に映るかもしれませんが、ニーチェから私がとくに学んだのは、古い哲学的観念で、ギリシア人が「テオーリア（*theōria*）」という言葉で呼んだものです。テオーリアは、近代の言葉遣いで言えば「セオリー」つまり「理論」ということになりますが、古代ギリシアにおいてはそうではなくて、「観照」つまりものをじっくり見てとること、物事の根本をとらえて直観すること、真理に触れることです。まさにその観照を伝統的に重んじてきた哲学の流れが、形而上学と言われるのです。ニーチェは形而上学の伝統に真っ向から盾突いた、伝統を打ち壊して乗り越えようとしたと、一般には言われます。そういう面もたしかにありますが、それだけだったら他人事のようで別におもしろくない。日本人がキリスト教を癪《しゃく》だと思って反感つまり「ルサンチマン」を抱き、自分と関係ない強そうな相手を斥けるためにいちばん便利だからとニーチェのキリスト教批判を使うようなものです。

しかしニーチェ自身は、自分の存在のいちばん大事な部分を自分で見つめ直す作業として、あくまで自己批判としてキリスト教を議論の俎上に載せた。それと同じく、ニーチェの形而上学批判も、形而上学がなければ自分がありえないくらい大切なものであるにもかかわらず、そういう自分自身のあり方を根本から見つめ直す自己反省という意味で、厳しい批判を繰り広げているのです。形而上学をわが身に引き受けるニーチェという側面は、これまでのニーチェ理解では必ずしも重視されませんでしたし、古い見方だと思われるかもしれませんが、私はむしろ、テオーリア重視の哲学古来の伝統を引き受け直す近代の哲学者ニーチェ、という面を重視したいと思っています。

ニーチェを読むたびに私は、知への愛をそこに実感します。ものをじっくり考えることの豊かさは、何にも代え難いもので、人生捨てたものではないと肯定できる。その自己肯定のみなぎりがテオーリアという言葉に凝縮しており、そういう古代ギリシア以来の愛知の精神を、近代という状況のただなかでニーチェはもう一度掲げようとしています。

知のニヒリズム的状況のなかでうろうろしていたかつての私は、「考えるだけで生は生きるに値するのだ」とニーチェに言われて、そうか、と自分の中でふっきれた気がしました。万人が哲学に励めばいいなどとは毛頭思いませんが、哲学的生という一つの可能性を示してくれたという意味で、ニーチェは私にとって、救いをもたらしてくれた恩人なのです。宗教的な救いではありませんが、知への愛をニーチェから教わってからというもの、自分の中にどこかブレないところができました。

「なぜ哲学をやっているのですか?」と不思議そうに訊かれることが結構あります。その場合、私は逆に怪訝《けげん》な顔をしてこう答えることにしています――「ええっ？　じゃあ、人生でほかにどんな大事なことがあるのですか？」と。たしかに重要なことはほかにもあるでしょう。私だってほかに色気がないとは口が裂けても言えません。そのいろいろあるなかの一つに、つまり幸福な生として、「知を愛する」という極めつきのあり方があってよいと、そう教えてくれたのがニーチェでした。個人的な告白みたいですが、そうなのです。

近代とはどんな時代か

テオーリアという言葉に極まるような哲学の伝統的スタイルをひっくり返して破壊したのがニーチェであり、そこがニーチェらしさだと信じている人が多いので、私のニーチェ理解では話が違うと言われるかもしれません。どちらが正しいかという話は別にして、たしかに、ニーチェが今でも読み返されるのは、伝統を否定し乗り越えようとする一方、これまでとは根本的に違った「新しい時代の哲学」に挑んだ人だからです。つまり、ニーチェはあくまで「近代の哲学者」です。

ニーチェの思想には、あらゆる点で両面があるので、その両面を押さえないとニーチェに足をすくわれます。形而上学を克服すると同時に、形而上学の再生、新しい始まりを志したという点は押さえなくてはならない。しかも「形而上学を新しく始める」という言い方自体、自己矛盾を孕《はら》んでいます。始めるには終わらせなければなりませんが、いやしくも形而上学がそんなとっかえひっかえできるものとは思えない。よほどのことがなければ始まりとか新しさとか言えないはずなのです。

このことは「新しい時代（the modern age）」つまり「近代」という問題につながります。先ほど、好きな哲学書を挙げればという話をしましたが、「あなたはどういうテーマを追究しているのですか」と訊かれた場合、私はニーチェに心奪われて以来、「近代という問題です」と答えることにしています。なんだそんな程度の問題にこだわっているのかと言われるかもしれませんが、なかなかどうして、巨大な問題です。

近代は、それまでと決定的に違う未曾有のことが起こっている時代です。ある時代のある地域から起こったと見られる近代という運動が、その後広がって、地球上を埋め尽くしているというのは、非常に不思議なことです。かつて大帝国の版図が地上に広がったことはありましたが、近代という時代の支配が世界全体を覆い尽くしているのは、ちょっと異常ではないでしょうか。逆らうことは誰にもできないような、この圧倒的な力はいったい何なのか。どうしてこれほどのことが起こっているのか。この問題はとてつもなく大きいと思います。しかも、先に述べた「知のニヒリズム」の問題も、「近代とはどんな時代か」というこの問いと直結していることが分かります。

私にとってこれは、歴史学的な関心でも政治学的、経済学的な関心でもなく、あくまで哲学的な関心です。近代という不思議な存在に驚いて、「これはいったい何事か?」と問う。その近代が行き着いた二〇世紀には、悲惨としか言いようのない巨大な出来事が連続して起きました。そういう怪物を近代は生み出したのだとすると、いまだにそのなかで蠢《うごめ》いている現代の私たちは、「何だ、これは?」と問わずにはいられない。そしてそれは、私たち一人一人が自分自身に「そういう時代に生きているお前はいったい何者だ?」と自己反省を突きつけることでもあります。そして、この「近代とはどんな時代か」という大いなるテーマを、それぞれ独特なかたちで展開してくれているのが、私にとっては、先に名前を挙げた三哲――ニーチェ、ハイデガー、アーレント――なのです。

近代的な知と「神の死」

三者の思索をベースに「近代とはどんな時代か」という問いを発展させられるのではないかと思っているのですが、ニーチェ自身は、近代への問いに十全に答えたとは言えません。もっとも、十全な答えなど哲学では望むべくもありませんが。むしろ、この超難問にめざめ、そこにほとばしった言葉が「神は死んだ」だったのです。この言葉をニーチェが発したということは、「近代とはどんな時代か」という問いに向かう決定的な一歩でしたし、この問いを進めるうえでの拠り所となったのです。

近代という時代はニーチェの頃にはだいぶ進んでいて、ある意味で完成を迎えていたとも言えますが、それでも、まだある種の予感として語られるものでした。『愉しい学問』に出てくる狂人も、「俺は早く来すぎた」とつぶやいています。大きな出来事というのは伝わるのに長い時間がかかるものだし、近代という時代は起こってかれこれ四百年にもなるのに依然として全貌が明らかではない。多くの先人が問い続けて、多少明らかになってきたという程度でしかない。ヘーゲルやマルクスがそうであったように、ニーチェもその一人でした。しかもニーチェの場合、予感として問いに襲われ、「神は死んだ」という言葉を残した。それをどう解釈するかは、私たちに残された課題です。

「神は死んだ」という言葉をさらに表現し直して、たとえば、ハイデガーは「存在棄却」や「存在忘却」といった別の大きな言葉で表わしました。アーレントの言葉では「世界疎外」が重要です。ニヒリズム、神の死、存在棄却、世界疎外と、難しい言葉ばかりですが、いずれも近代を診断するキーワードです。当の相手の全貌が明らかになっていないので、まだまだこれからいろんなことを考えなければいけません。愉しみですね。

近代とはどんな時代かを考えるうえで、まずは、それまでの伝統的学問――アリストテレス以来の学問体系によって秩序立てられていた知の体系――が決定的に崩壊した、という動向が挙げられます。一七世紀にいわゆる科学革命が起こり、数学的物理学を中心に新しい知の形態が名乗りを上げて、さらにそれが個別諸科学という形で広がっていく。このことはどうしても避けて通れません。この近代の成立を納得できる仕方で展開しているのは、私の見るところ、アーレントです。『人間の条件』第六章の近代論を参照すると、近代科学的な知のあり方は、テオーリア的なものと根本から区別されるとされています。真理を直観することこそ知の理想だとしてきた伝統に対して、近代に特有の知の形態は、人間が作ったモノに媒介されてそれを通して見る。ひたすら眺めるのではなく、まず作る、そして見る。「作って見る」という実験精神。メディア的な媒介知は、ただじっと見つめるよりも、はるかに真理を摑むことができる、ということになりました。

しかしこれは、それまでのテオーリアの理念からすると話が違います。真理がそこに現われているのをひたすら見てとることが大事、そこに人間的なものは介在させず、真理の光を浴びるのみというのがテオーリアでした。これに対して、まさに人間がいろいろな仕掛けをして介入し、自然をけしかける。人為的、技術的なものを投入し、いわば拷問にかけることで、それに相関するかぎりでの真理を取り押さえることが肝要となる。

つまり、技術が発展するとそれに応じて真理も変わるわけです。望遠鏡ができれば世界は違ったものとして映ずる。さらにそれがもっと高度な望遠鏡になると、また違った世界像が次々に出てくる。人間のアプローチにつれて世界はどんどん変わり、真理も変わっていく。これはかつて理想とされてきた永遠の真理とは全然違います。この真理観の違いはあまりに決定的すぎて、そこに問題の中心があると意識されないほどです。しかし私は大変重要だと思いますし、アーレントの言っていることを非常におもしろく感じる。つまり、テオーリア的な知が没落して、それを尻目に「見る」よりも「作る」に重きを置いた知が打ち出されていく。そのあたりに、ニーチェが神の死と呼んだ事態の根っこもひそんでいるのではなかろうか、と。

「神の死」というのは、キリスト教の神の死にとどまるものではありません。哲学者は昔から、神について多く語ってきました。万物の根本原理、大文字の理性、原点にして終局。かつては、神を中心に据えないと哲学にならなかったほどです。しかし、近代はこのような世界の説明の仕方自体を覆した。神という名の大原理は要らない、神抜きで世界は説明できそうだというところまで行き着いた。どうやらそれで、神様はお隠れになり——死んだのだ、ということになった。

これがうまくいくかどうかは分かりません。近代的世界像は無限で、ゴールといったものはないですから。ですから、そのつど「やっぱり神が必要だ」と言い出すことがいくらでも起こるわけです。いずれにしろ、往年のような根拠としての神を抜きにして世界を描写する言説が、知において支配的な位置を占める時代がやって来て、ニーチェがその事態を「神は死んだ」あるいは「われわれが神を殺した」と表現したのだと考えると、腑に落ちるように思うのです。

もちろん「神の死」は、もっと多面的に解釈する必要があり、そのこともニーチェは示唆しています。ですから、今述べたのはごく荒削りな一つの見方にすぎませんが、それでも一つの納得の仕方にはなると思います。

「近代とはどんな時代か」という問いはあまりにも巨大で、容易に答えられません。少なくとも、この問いにニーチェは襲われて、それを抱えていた哲学者でした。だから、かつての伝統的なスタイル、テオーリア的な捉え方に対して、アンビバレントな、愛憎相半ばする思いを抱いていました。だからこそ、それを情け容赦なく批判しこき下ろすかと思うと、それにポーっといかれているようなことを平気で語ったりする。そういう両義性があります。哲学が「知への愛」である以上、その愛のかたちに煮え切らないどっちつかずの面があるのはたしかです。哲学に対して、あるいは生きることに対して、ニーチェの思いは、愛と憎しみの両極間で複雑に揺れていたのではないでしょうか。

そのような哲学者のあり方、ニーチェなりの人物像を描いたという意味では、ツァラトゥストラがまさにそうだと言えるでしょう。ツァラトゥストラという主人公は、ゾロアスター教的なものというよりは、近代人ニーチェの自画像であり、著者自身を洩らしているキャラクターだと思います。物語の筋そのものにニーチェの哲学観が表われています。

ニーチェから見たハイデガー

ここでハイデガーとニーチェについて少し述べます。ハイデガーのニーチェ解釈は有名ですが、私はあまりおもしろいと思いません。ハイデガーの解釈したニーチェから発見があったという経験は、あまりないです。ただ、両者の関係にはもちろん関心があります。

大学の紀要にはじめて載せた論文が、私の最初のニーチェ論です。[1] タイトルは「ニーチェから見たハイデガー」。ハイデガーから見たニーチェというのはじつは話があべこべで、ハイデガーの思考こそニーチェに規定されていたのではないか、と考えてみました。

私が注目したのは、『ツァラトゥストラはこう言った』の第一部に死の話題が二箇所で出てくる点でした。「死の説教者」と「自由な死」の二つの章です。「死の説教者」では、「人生なんて苦しみに満ちているから死んだほうがマシだ」とため息をつくような、人生に後ろ向きな厭世主義者に対して、「だったら早く死んだら?」と言い返します。本当は自分の生を愛したいのにそれができないもどかしさから、生に悪態をつき死に憧れているフリをする欺瞞的な連中に我慢がならない、生の肯定の思想家ニーチェがそこにいます。

しかしそれだけではなく、第一部にはもう一つ、「自由な死」という章があります。基調となるのは、「ふさわしい時に死ね」という戒めです。世の中には、あまりに早すぎる死というものがあり、あまりに遅すぎる死というのも腐るほどあるが、ちょうどいいときに死ぬのは至難の業である。しかし、そのように死を見事に死ぬという、生死にとらわれない自在の態度をとることが大事だ。そうツァラトゥストラが説いて、第一部は締めくくられるのです。

死に対する超然とした態度というのは、「超人こそ大地の意義であれ」とツァラトゥストラの説く超人思想の一環です。死という、死すべきものどもにとって最大の関門に対しても、人間並みを超えた特大の理想を掲げようというのです。『ツァラトゥストラ』におけるこうした「自由な死」の発想と、ハイデガーの『存在と時間』中の「死への自由」という有名な言葉、この二つに関連があるのではないかと思い至り、そこに焦点を当てて考えてみたわけです。一つには、「死への存在」や「先駆的決意性」といったハイデガーの議論のルーツ探しというねらいがありました。

しかしおそらくそれは、たんにニーチェからハイデガーへという狭い流れではなく、もっと広い見地から捉え直す必要があるでしょう。ただ生きることに対する抜本的な愛もしくは執着、死は無意味でとにかく生きることが大事、という考え方に対する批判として、です。いのちほど大切なものはないと説く教えは、一九世紀以降支配的となってきた近代の思想で、人道主義または博愛主義、「ヒューマニタリアニズム」と呼ばれます。ところが、そんな生への愛や執着など醜いもので「奴隷的」だ、と古代ギリシアの自由人は言って憚《はばか》らなかった。自由人というのは死に対して頓着しないのだ、という一種の貴族主義です。

それは一種の強がりでもあるし、戦士道徳として物騒なところもあります。しかしこの、近代のある時期以降否定されてしまった古風な心性、死へのこだわりから自由であろうとする精神性は、やはりまだどこかで受け継がれている面がある。それがニーチェにこれ見よがしに現われ、かたちを変えてハイデガーにも出てきている。そんなふうにも考えられるわけです。

ハイデガーで言いますと、『存在と時間』を書いたあと、近代という時代を総体として批判するようになり、戦後には『ヒューマニズムについて〔を超えて〕』という書簡を公表して有名になりました。「ヒューマニズム」という言葉は、人間主義とも人文主義とも訳され、さまざまな意味がありますが、ハイデガーはそれを手がかりにして、伝統的人間観の再検討を行なっています。これは、超人思想の衣替えのようなものです。古代的な徳の観念をツァラトゥストラにあれこれ語らせているニーチェの衣鉢を継いで、別の仕方で人間と人間を超えるものを哲学的に考え直そうというモティーフですね。そういう点まで含めて考えると、ニーチェからハイデガーへというつながりの中に、古代以来のヒューマニズムの問題系を見てとることができます。人間観の問題というだけでなく、生／死の両面を含んだ「いのち」の問題というべきものです。

ヒューマニズムへの問い

これは私だけの思いかもしれませんが、「いのちを大切にしよう」というモラルはせっせと説かれても、「人命より大事なものがある」と説くことはどうも憚られます。そういう近代の趨勢に対して違和感をおぼえる者が若干いて、大昔からのこのヒューマニズムの問題を哲学的な問いとして展開したのが、ニーチェやハイデガーだったのだと思います。アーレントにもヒューマニズムへの問いが濃厚にあります。もっと言うと、「近代の系譜学」をアーレントはさまざまな角度から手がけていて、そういったつながりも三者にはあると思います。

ニーチェとアーレントも、いろいろなかたちで結びつけられます。私は以前、奴隷制について論文を書き、古代において奴隷制はどんな意味をもっていたのかを考えてみたことがあります。奴隷制ということになると、哲学史的にはアリストテレスが中心となりますが、このテーマを考えるうえで示唆を与えてくれるわれわれに近い哲学者として、ニーチェとアーレントを並べて論じました。(2)

奴隷制というのは、近代の人道主義的観点から言いますと、とても容認できない悪の極致です。それなのに、ニーチェだけでなくアーレントも、古代では奴隷制にはそれなりの意味があったと平気で言います。他人の労働を踏み台にし、そこに自由を確保する。そういうふうにしてしか、人間は自由を享受できない。このことをよく弁え、かつ向上心に燃えていた古代人は、自由のために他人に犠牲になってもらう奴隷制を基盤として、政治的、哲学的な活動にいそしんだ。自由人はこれをあっけらかんと開き直ってやった。自由を求めることはそういう闇に付きまとわれざるをえないのであり、そのことは人間の条件として否定できない。『人間の条件』の労働論のなかで、アーレントはそういう話をしています。古代奴隷制の意味づけ、または正当化の論理であるわけですが、ニーチェにも似たような奴隷制肯定論があります。一種の自由論ですから、スコレーつまり自由時間を基盤とする学問、自由学芸の問題でもあります。

自由というキーワードで奴隷制を二人が同じように意味づけたことは、注目してよいと思います。先ほどのヒューマニズムの問題と似ていて、古代的な考え方――ギリシアだけでなくローマも含みますが――を、一つの可能的視点として自分自身の中にもつ。古典古代は立派だと崇め奉る態度ではなく、近代という時代の特異性を浮かび上がらせるには、それとは違う発想を自分の中にもつことが重要だ、ということです。

たとえば、ミシェル・フーコーが『性の歴史』を書く際に、近代における性の道徳や科学を批判して第一巻を書きます。けれども、その考察をさらに進めるために、第二巻、第三巻で古代ギリシア、ローマまで行ってしまう。もちろんそれは筆が滑ったということではありません。近代を考えるうえで、近代とは違う思想を持ってくる必要がある。近代のクソまじめな性のモラルとは似ても似つかぬ性に対する禁欲的工夫が古代に開発されていたことを置いてみると、そこからもう一度近代に帰ったとき、物事がよく見えてくる。

もちろん、近代資本主義の前段階としての黒人奴隷の搾取のシステム自体を、ニーチェやアーレントが肯定しているわけではありません。ただ、差別は悪だ！式に糾弾することとはまた別に、近代全体の中で労働という問題がどういうふうに動いてきたのかを考えるうえで、近代とはまるで異なる古代の情況を置いて、そこから光を当てて近代を考えることに意味がある。そういう複数的視点というか、パースペクティヴを自分の中に置き入れる際に、ハイデガーもそうですが、ニーチェやアーレントは古代という時代を重んじる。

それを振りかざすとギリシア中心主義だと反発を買ったりもしますが、別に心酔ということではなく、冷静な目で公平に近代を見るうえでの有力な視点たりうるとして、あえて選んでいるわけです。だから、古代の話をしているからといって近代と無関係なのではなく、自分たちの時代をよりよく見るために、たとえば古代奴隷制に目を向ける。そういう奥行きのある視点の持ち方です。

もちろんハイデガーにも古代ギリシアへの視線は強くありますが、私はとくにニーチェとアーレントが紹介してくれる古代世界にお世話になっています。ギリシアの専門研究者からは「そんなのは似非《えせ》ギリシアだ」などと言われますが、あまり気にしません。古代ギリシアのテクストを読むだけでは得られない、ハッとさせられる視点が、ニーチェやアーレントによる紹介からは得られるので、非常に示唆的だと思うのです。

ニーチェとアーレントに通ずるもの

アーレントにおいてとくに重要になるのは、「アクション」つまり活動・行為です。ギリシア語で言いますと、テオーリアと並ぶ「プラクシス（*praxis*）」です。労働でも仕事でもない活動という自由なあり方が人間にはあることに、『人間の条件』は焦点を当てています。そこではやはり古代ギリシアの考え方が踏まえられています。ホメロスに始まる古代のテクストにその痕跡が残されているプラクシスの次元にアーレントは光を当て、海底に沈んだ宝物を取り戻すようにして、往古の「ポリス的なもの」を甦らせようとする。そういう手法においてもニーチェとアーレントには共通性があると思います。

たとえば――これはニーチェ研究でよく議論されることですが――「競争」の重視です。しのぎを削ってお互い張り合う、「競技（*agōn*）」精神。オリンピック精神にも通じる、張り合いという意味でのポリス的生の理念を、アーレントはベースにしてアクション論を組み立てるのですが、そういう点でもニーチェと共通点があります。

ニーチェはテオーリア的生を重視した、と私は強調したいわけですが、もちろんニーチェが古代研究から引き出したのはそれだけではありません。かつての同僚ヤーコプ・ブルクハルトが『ギリシア文化史』をポリスから説き起こしたように、ギリシア精神の核心にポリス的なものがあることを古典文献学者ニーチェはよく知っていた。古代市民の活動的生の理想は、悲劇にも結晶していますが、そういうプラクシス的なものを、ニーチェは自分の養分としています。勇気や克己、物惜しみしない気前の良さ、といった古代的徳目は、自由精神ニーチェの信条そのものです。そういう流れで戦争礼賛や権力肯定といった激しい思想も出てくる。ニーチェには、深いところでプラクシスの再生を志したという来歴があり、そういう点でもニーチェとアーレントにはつながりがあるのです。

ハイデガー学者には怒られるでしょうが、私が思うに、ハイデガーはプラクシスをあまりおもしろく語ってくれていない。ハイデガーはテオーリア偏重の哲学的伝統を批判していますが、では、プラクシス的なものを摑みとろうとしたかというと、どうもそこのところがよく分からない。なるほどハイデガーには、ナチへの政治的関与というスキャンダルがありますから、「プラクシスに色気があったかもしれない」程度のことはいくらでも言えます。これは近代日本における京都学派にも言えることですが、政治に色気があるからといって政治的なるものの深い理解がないと、怪しげなことになる。ハイデガーはアリストテレスを解釈するなかでプラクシスやフロネーシス（行為的直観）についても考察をし、それがその後に大きな影響を与えてきたのですが、そこで妙に止まっているというか、突っ込みが足りない。「思索こそ最高の行為だ」式の議論で終わってしまう。プラクシスの哲学ということでいえば、ニーチェとアーレントのほうが私にとっては刺激的です。

また、誕生というテーマをめぐっても、ニーチェとアーレントは結びつきます。誕生は、ある個体がこの世にはじめて現われるという意味で、第一の始まりです。しかし、アーレントによれば、誕生にはそれに尽きない奥行きがある、つまり第二の誕生というあらたな始まりがある。第一の誕生があって、それで終わりではなく、そこからまた別の原初が、最初の原初にもとづいて生ずることがある。この点がハイデガーとアーレントの関わりで重要だと私は考えるのですが、そのような誕生という主題をめぐって、ニーチェとアーレントも結びつくだろうと見当をつけています。

たとえば、『ツァラトゥストラ』の第一部や第四部では、「子ども」というモティーフが頻繁に出てきます。とくに第四部では、次世代を担う子どもたちがやってくることへの待望論が強く打ち出されます。始まりを待ち望むこと、しかも、始まりは子どもの誕生によって訪れるということ、これはキリスト教でも説かれてきたことですが、そういう思想をツァラトゥストラは好んで表明している。これは古代ローマの思想にも連なります。そんなふうに考えると、古代ギリシアよりも広くとった古代世界の中に見出される誕生の思想――それが教父アウグスティヌスに凝縮しているとアーレントは見ます――に関しても、ニーチェとアーレントをつなげていくとおもしろそうです。ただ、これはまだ私自身やりきれていることではありません。

古代へのまなざしの重要性

以上述べてきたように、ニーチェ、ハイデガー、アーレントの三者は、一つには、近代という時代を巨大な問題としてとらえている、私たちに比較的近い時代の哲学者であり、それとともに三人それぞれが、古代ギリシア、それにローマも含めた古代的なものへのまなざしを強く持っています。

もちろんそこで、なぜ古代ギリシア・ローマなのか、という疑問は必ず出てくるでしょう。たしかに、もっと他の時代や地域でもいいわけですが、少なくとも、近代という時代に対して他なるものの範例として古代ギリシアを置くという戦略は、いまだに可能性として十分あると私は思います。

ハイデガーに典型的なように、一部の西欧知識人には「われわれは古代ギリシアの相続者だ」という意識が見られます。かなりの程度的外れなのですが、近代という時代には、ある意味そういう傾きをもって始まったプロジェクトという面があります。ルネサンスがまさに「古代の再生」の試みであったように。してみると、近代にとって古代はまったくの他者ではなく、やはりギリシア・ローマは手本であり「古典」だというようなことにもなるわけです。しかし話はそんなに単純なものではなく、先ほどから強調しているように、およそ異他的なものがそこには厳然としてあります。そうはいっても、つながりも否定し難くある。古代ギリシアに特有な知のあり方が起こって、それが伏在して、はるか後代に近代的な知というかたちでズレをおびながらリバイバルを遂げる、といったふうにです。

たとえば、古代原子論が近代物理学の装いのもとに姿を変えてぶり返す。あるいは政治でいうと、古代共和制の復活としての近代の革命。そういうことはいくらでもあります。古代は近代にとって異質であるばかりでなく根深い関係があり、そういうつながりとよそよそしさという両面から近代を眺める視点を学ぶうえで、古代ギリシア・ローマは少なくとも私にとって非常に魅力的です。上記三哲の先例を見てもこのアプローチの豊かさには確信をもっていますので、依然として有効ではないかと思います。

最後に、先ほどから三人の哲学者を関係づけてお話ししてきましたが、それを整理するうえで有効な三つの区別があります。一つはテオーリア——考えること、見ること、あるいは観照。二つ目はプラクシス——為すこと、行なうこと、始めること、活動。三つ目は「ポイエーシス（*poiēsis*）」——作ること、あるいは制作。この三つを区別したのはアリストテレスですが、このまさに古典的区別は依然重要だと私は思っています。

ハイデガーのアリストテレス解釈も、ここから出発しています。言いかえれば、「テオーリア、プラクシス、ポイエーシス」の関係をあれこれ考えていくうちに出てきたのが、ハイデガーの思索だったというわけです。よくよく見てみると、アーレントはハイデガーのこのスタンスを真っ向から受け止め、しっかり引き継いでいる。これをハイデガーのパクリと言う人もいますが、そうではなく、自分の中で新たに引き受け直し、当てつけと思えるほど皮肉たっぷりに応答している。皮肉屋アーレントの面目躍如たるものがそこにある。そこから、もう一つの区分である労働というあり方が別途クローズアップされてくるということにもなる。このテオーリア、プラクシス、ポイエーシスという、ハイデガーからアーレントへの流れを理解するうえで重要な区別立ては、ニーチェに当てはめて考えてみても、いろいろなことが言えるのではないかという気がします。

今回はテオーリアを中心に話してきましたが、アーレントとの絡みでいえばプラクシスが重要です。先ほど触れたように、活動つまり古代的意味での行為というテーマを、アーレントだけでなくニーチェも彼なりに引き受けている。時としてそれを、「大政治」の理念としてぶち上げたりもする。プラトンまがいのこの大言壮語をそのまま擁護したいとは私は思いません。しかし、ただ危険だということでもなく、非常に重要な着眼がニーチェのプラクシス理解にはあると思います。ニーチェならではの複眼的思考、いわゆる「遠近法」の発想も、古代ポリス的な共同空間から汲みとられています。さまざまな観点の共存を認めたうえで、それら相互の競い合いを重んずる態度です。

もう一つのポイエーシス、作ることのほうはと言えば、こちらはニーチェの創造の思想に関わります。「詩人ニーチェ」もここに位置づけられます。また先ほど、近代知の根幹には、作ったものを通して見るということがあると言いましたが、それはまさにポイエーシスが近代において重要視されたということです。そう考えると、テオーリア、プラクシスと並ぶ、あるいはそれを凌ぐほどの重要性をもって、テクネー、作ること、技術的に生み出すことを、近代は重視してきた。その流れの中で、近代の哲学者ニーチェもまた独特の「ポイエーシスの哲学」を切り拓こうとした。それがどこへ向かうのかが問題となりますし、暴力の肯定が気になるところですが、もちろんそれは善か悪かの話ではありません。ただ、超人思想にしても、ポイエーシスつまり制作という観点から政治を考えてしまう問題点がひそんでいないか。そういう考察の余地はあります。

ともあれ、古くて新しい問題をえぐり出すうえでの一つの道具立てとして、テオーリア、プラクシスと並んでポイエーシスを置いてみると、いろいろなことが思いがけず整理されてニーチェ理解の別な視点が開けてくるように思います。

Ⅰ　哲学するという生き方

第一章　生への愛、知への愛――哲学者の恋の歌

ニーチェとは何者なのか。スフィンクスみたいな謎の怪物にしてやられないように、この問いには単刀直入に答えよう。「哲学者」であると。ならば、そういう哲学者とは、いかなる存在か。この問い返しにもあっさり応じよう。「知を愛する者」のことだと。ニーチェとは、知を愛する一人の男であった。

ニーチェほど自覚的に語の本来の意味で愛知者たらんとした近代人もまれであろう。愛知の作法を描かせたら他の追随を許さなかったかの古代人の後裔に、彼もまた属する。本章では、哲学者ニーチェの姿を浮かび上がらせるべく、この男が自分なりの知の愛し方を告白しているテクストに焦点を当てる。愛という主題ゆえであろう、著者は論ずるというよりはむしろ歌っている。主著『ツァラトゥストラはこう言った[1]』の核心部で、知への愛の悩ましさ、狂おしさを歌い上げている。

以下では、第二部の「舞踏の歌（Das Tanzlied）」と対をなしつつ第三部のフィナーレを形作る「もう一つの舞踏の歌（Das andere Tanzlied）」を、哲学者の恋の歌として聞き届けたいと思う。この一対の舞踊曲は、本書全体の筋立ての骨格をなすのである。

知への愛を絶唱して締めくくられる『ツァラトゥストラはこう言った』は、全体としてドラマ性が濃厚である。では、この作品は「悲劇」として書かれたのかと言えば、必ずしもそうは言えない。この哲学詩は、自覚的に「喜劇」として書かれた。そのことを暗示、いや公言しているニーチェの文章がある。そこから始めよう。

一　悲劇か喜劇か――『愉しい学問』一五三番「この人は詩人だ」

ニーチェの書いたものには内省に富んだものが多い。全作品中で作者は自分自身について語っていると言ってよいほどである。発狂寸前に記された自伝『この人を見よ（*Ecce homo*）』は別格としても、たとえば、第一作『悲劇の誕生』の中で、ショーペンハウアーばりの哲学者とワーグナーばりの芸術家とが一体になった「音楽をやるソクラテス」が近未来ドイツに現われる、との希望が表明されたとき、その大いなる望みは、誰に向けられていただろうか。著者自身を措いてほかにない。

『ツァラトゥストラはこう言った』なるフィクションを創作することで、自分を心置きなく仮託できる主人公を得たニーチェは、全編これ自己批評オンパレードといった趣で、自画像を執拗に描いている。とりわけ第二部は、まず前半で、「同情者」の章を皮切りに、おのれが訣別を果たした敵対者たちを木っ端微塵にしたのち、「崇高な人」の章以後の後半では一転、自己の分身たる人間諸類型を片っ端から酷評してゆく。「詩人」の章はその典型で、詩人としての自覚を表明しつつ、詩人であることの真理問題を古式ゆかしく告発している。「詩人ツァラトゥストラは〈詩人は嘘をつきすぎる〉と言った。彼の言明は真か偽か」――クレタ人のパラドックスと、プラトン、アリストテレス以来の詩人批判が混然一体となった巧妙なテクストである。

とはいえ、古代ギリシア式とは言いがたい自意識過剰ぶりは、近代人の品質証明である。同じフィクション作家と言っても、プラトンは、おのれの造形した哲学者ソクラテスに語らせることによっておのれを隠すが、ニーチェは、同じようなことをしながら自分を露わにしてしまう。その意味では、これほど尻尾を摑みやすい作家も珍しい。それなのにわれわれは、ニーチェとは何者なのか、といまだに訝《いぶか》しんでいる。なぜか。それは、「この人は哲学者だ」という図星を指す答えを、われわれが受け入れ難く感じているからではないか。

ハイデガーは「哲学の終焉」について語った。その先駆けと見なされるのがニーチェである。『ツァラトゥストラはこう言った』にも、第一部の「背後世界論者」や「身体の軽蔑者」の章をはじめとして、「形而上学の克服」のお手本然と読まれてきた章句が少なくない。だがここで、ある素朴な問いが浮上する。形而上学と称されてきた哲学の伝統的スタイルを、なぜ葬らなければならないのか。

なぜこれまでの哲学ではダメなのか。それが真理に反していたからか。そう答えるのは、ニーチェの真理批判の水準からしても、ナイーヴにすぎよう。では、もはや時代遅れになったからか。哲学が流行に左右されるかは別として、少なくとも、四百年規模で、伝統的な哲学のスタイルが時代にそぐわなくなったという漠たる意識を、われわれは確実に抱いている。デカルトを父祖と仰ぐ近代という時代は、伝統の「破壊」を一生懸命めざしてきた。哲学も変わらねばならない――しかし、それはなぜなのか。

この問いは「近代とは何か」と問うに等しい大問題であり、容易に答えられない。一つ言えるのは、近代という時代がそれまでのいかなる時代とも隔絶していることをニーチェは察知し、その直感を「神は死んだ」の一句に集約してみせたことである。その場合の「神」には、キリスト教の神のみならず、世界の原初根拠《アルケー》にして究極目的《テロス》の理念も含まれる。古来、大文字の理性としての神なしにありえなかった哲学は、神の死とともに命脈を絶たれた。その意味では、哲学もまた死んだ。この惨劇のあと、そうたやすく復活劇が演じられるかは定かでない。デカルト以降の近代哲学史は、はたして知への愛の新生譚たりえているのか。哲学の命運が尽きたかに見える近代のこの運命を、ニーチェは双肩に担おうとした――そんなことができればの話だが。

『愉しい学問』一五三番は、この運命をニーチェがどう担おうとしたかを公言している。全文を掲げておこう。見出しからして、『この人を見よ』と、『ツァラトゥストラはこう言った』の「詩人」の章を思い起こさせる。

この人は詩人だ（Homo poeta）。――「この悲劇中の悲劇を、出来上がっているところまでまったく手ずから書き上げてしまったこの私自身、道徳的葛藤の結び目をはじめて人生にまで結び入れ、神にしか解《ほど》けないほど固く引き縛ったこの私――じっさい、ホラティウスの要求はこれだった――、そういう私自身が、ここ第四幕に至って、神々を皆殺しにしてしまった――道徳性ゆえに、だ。さて、第五幕はどうすればいいのか。どこかから悲劇的結末を今さら取ってくるのか。――喜劇的結末をつけることも、そろそろ考え始めなければならないのか」。（FW, 496）

『愉しい学問』は、一二五番「狂人」で「神の死」、それも「人間による神殺し」が宣告された著作として有名である。同じ第三巻のあまり有名でないこの一五三番でも、「神殺し」が語られている。これが出まかせでないことは、「道徳性ゆえに、だ」とする犯行理由説明からして明らかである。キリスト教によっても学問によっても称揚されてきた誠実さの徳、嘘のつけない潔癖さが昂じて、神についてのお喋りの欺瞞性を許せなくなり、ついには神殺しの挙に及んだ、つまり西洋精神は墓穴を掘ったのだ、とする言い分は、鬼っ子ニーチェが好んで語ってみせたところである。

　この断片は、全体が引用符で括《くく》られており、「この人（homo）」の独白らしい。当人は、悲劇の主人公を演じながら、その筋書きを自分で書いている。だから「詩人・作者（poeta）」と言われるのである。しかも、そのドラマは未完成で、上演途中のようである。この詩人は、自分の生を「悲劇中の悲劇」として創作し実演する芸人なのだ。彼は、道徳という問題現象を、虚構や理論の中だけではなく、おのれの「人生（Dasein）」のただ中で考え抜き、その解きがたい難問に身を挺して挑んでいるのだという。複雑に絡み合った道徳的価値批判のもつれを解いて大団円を迎えるには、これはもう、古代詩人ホラティウスもそういう場合は仕方ないと『詩論』で認めた最後の手段、機械仕掛けの神に、お出まし願うほかない。だが、ドラマが佳境にさしかかり、急場を救うはずの神々すら皆殺しにしてしまった。奥の手はもう禁じられている。次の最終第五幕で決着をつけねばならないのに、自縄自縛のこの自作自演はどうにも埒が明きそうにない。進退きわまった今、残るはもう、悲劇を一転して喜劇にしてしまうという、まさかのどんでん返ししかない。――この人は、そこまでして自分の人生＝作品に結末をつけないと気のすまない、根っからの詩人なのだ。

　この人が作者だ――『愉しい学問』でこの秘密を打ち明け、最後に「悲劇が始まる（Incipit tragoedia）」と題してフィクションの冒頭部を予告してのち、詩人は次作『ツァラトゥストラはこう言った』にとりかかる。始まりは悲劇でも、二転三転の末、喜劇で終わるのは、ニーチェの実人生であるとともに『ツァラトゥストラはこう言った』の筋立てであった。自分の人生を物語る作者自身が主役として演ずる一人三役の悲劇がいつのまにか喜劇と化し、自分を笑い物にして幕を閉じるという重層的な「悲喜劇」[2]、それがニーチェの主著にして生涯だったのである。

二　生への愛の歌——『ツァラトゥストラはこう言った』第二部「舞踏の歌」

『ツァラトゥストラはこう言った』と言えば、なんといっても、「超人」「力への意志」「永遠回帰」の三題噺が有名である。それぞれ、第一部、第二部、第三部の主題に割り振られる。中心となるのは、「力への意志」説と「永遠回帰」思想の相克である。それに悶え苦しむ主人公は、古代ペルシアに由来するその名に反して、近代という時代に内蔵された「悲劇中の悲劇」を引き受ける存在なのである。そういう葛藤劇を描いた詩人兼哲学者も、いわば自己のうちに「新旧論争」を孕み、内なる矛盾を生きた多重人格者であった。

「近代（die Neuzeit, the modern age）」は、「新しい時代」であると自己を規定する。これまでにない新しいものを生み出し、その産物によって旧来のものを乗り越えて前進《プロデュース》してゆく時代が、近代である。「作る」というモティーフが、そこでは主導的である。典型は、望遠鏡という道具の製作。四百年前にガリレオがこの観測器具を自分で作り星界に向けたとき、旧来の世界観とはまったく異なるものがそこに像を結んでいるのを彼は見出した。月面の凸凹、銀河なす夥《おびただ》しい星群、木星の衛星。さらには太陽黒点。永遠不変の完全体としての「調和世界《コスモス》」はここに崩壊をきたし、上下の差別なき無限の「普遍宇宙《ユニヴァース》」が確立してゆく。秩序立った循環運動を続ける万有に取って代わったのは、虚無＝空間の内をあてどなく浮遊する無数の個体＝原子であった。(3)

天動説から地動説へのパラダイム変換にとどまらず、存在概念そのものが更新されたことは、真理観の転換によって明らかである。かつて真理とは、永遠不動で、単一で美しく、おのずと露わなもの、純然と眺めて会得するものであった。ところが近代では、現象の背後に隠され人間を欺く複雑怪奇なもの、人間があみ出したものを通してはじめて構築されるもの、となった。「真」とは今や、人為的介入によるデータを頼りにあらたに「作り出されてあること（Hergestelltheit）」なのである。

かつて最高の知的能力とされた「理性」とは、じかに見てとること、「純粋直観」の謂いであった。この無媒介知を事とする「観照（*theōria*）」の栄光は、人工物を通しての観測や実験の凱歌の前に、無残にも失墜する。「技術」に導かれた「制作（*poiēsis*）」が、人知の新たな拠点となる。「作って見る」という新しい知のスタイルの勝利。だが、知への愛が真理への愛でもあったとすれば、その愛そのものが変調をきたすのは必至である。古代の哲学者が礼讃した「テオーリア」を、近代人はもはや理想とすることができない。なお希望として残されているのは、新しいものを作り出してみせること、つまり「創造」のみである。古代では俗業視されていた「ポイエーシス」が、近代になると、知の手段かつ目的としてにわかに脚光を浴びるに至る。
『ツァラトゥストラはこう言った』第一部で「超人」は、その「創造」が人類全体の目標とされる新型の理想として登場する。人間の作り出すものによって神が殺される時代に、人間はしかし主役を務めるのではなく、人類そのものが克服されるべき旧いものとされ、それに取って代わる新種の主人公が地上に生み出されるべきだと、そうツァラトゥストラは説く。一方で、古来の英雄崇拝や神人信仰や選良思想や徳倫理が流れ込んでいるが、他方で、断絶と飛躍を意味する次世代の出現によって新しい歴史が作られるとするヴィジョンは、突然変異による生物進化論や技術革新による社会進化論と同じく、近代の生み出した前進的歴史観の産物以外の何物でもない。古代志向と近代志向が併存していることは、既存の諸民族が掲げてきた価値の多元性を踏まえつつ「超人」の到来という新たな価値の設定によって人類全体を一個の民族として統一すべきことを大胆に説く第一部の「千と一つの目標」の章に顕著である。

第二部では、新しい価値の創造という主張が、「力への意志」という存在論的テーゼへと一般化される。この用語が「千と一つの目標」の章に現われたとき、それは、ある民族が価値を掲げて邁進するのは「その民族の力への意志」に駆り立てられてのことだ、というふうに使われた(*Za*, 75. 強調は引用者、以下同様)。それが第二部になると、冒頭近くの「至福の島にて」の章での「創造の意志」「生殖への意志」という用法を経由して、後半最初の「自己克服」の章で定式化されるように、生の原理をなすのは力への意志なのだ、との総論的主張へと拡大・深化される。

「生あるものを見出すかぎり、そこに私は力への意志を見出した」(Za, 147)。万物は、たんに自己の現状を保存すべく努力しているのではなく、自己自身を乗り越えヨリ以上をめざして突き進む存在傾向を有している、というのである。知への愛の再規定たる「真理への意志」も、「力への意志」から派生したものである、との重要な指摘もここでなされる。

このように第二部では、「意志の形而上学」が熱く語られる。だがその一方で、自省的な物言いが目立つようになる。力への意志を昂然と説いていたはずのツァラトゥストラが深い憂愁の念に悩まされ、この懊悩は、第二部後半から第三部にかけて次第に重症となる。その初期症状を示しているのが、「舞踏の歌」の章である。

この章は、森の中で踊る娘の一団に出会ったツァラトゥストラが、恋の神様キューピット(エロース)に捧げる舞踊歌を一曲披露する、という設定になっている。弟子を引き連れて色気には縁のなさそうな主人公だが、少女たちの可憐な姿に官能を刺激されたのか、妙にエロティックな趣である。歌の中に出てくる登場人物は、「生(das Leben)」と呼ばれるおてんば娘、「知恵(die Weisheit)」という名の謎の女性、それに、中年男性のツァラトゥストラ自身。この三者の三角関係が歌の主題である。

ツァラトゥストラは気まぐれな小娘に翻弄され、その魔性の虜になっている。その一方で、妖しい魅力を放つ知恵とも密会を重ねる。二股かけて結構なご身分のはずの色男は、しかし、お互いどうし張り合っている生と知恵の嫉妬心に、右往左往するばかり。女二人の色香に眩惑されるあまり、どちらがどちらか区別がつかなくなったりする。だが、目の前の恋人を別人と取り違えることほど失礼な話もなく、その点を生にも知恵にも責められ、どうにも弁解のしようがない。――他愛ないざれ歌に見えて、じつにこれは、『ツァラトゥストラはこう言った』の中心主題そのものである。

生を愛すること、これはツァラトゥストラの第一テーゼであった。現世を直視できぬ無力さから彼岸を捏造してきた形而上学に否を言い、あるがままの生を肯定すること。しかもそれがたんなる現状維持や自己満悦に陥らないために、あくまでヨリ以上を志向し続けること。これが「超人」という理想を生み、「力への意志」説を結晶させた。旧い価値の破壊と新しい価値の創造への意志でもって、その意志の源である生を全的に肯定することこそ、神の死んだ時代に唯一可能な究極の積極思考にほかならない。

生に傾ける愛情に比べると、知恵に対する優男《やさおとこ》の態度には煮え切らないところがある。ツァラトゥストラの恋人として、知恵はさしあたり二番目の地位に甘んじている（本命とはそういうものか）。この三角関係によせて、ツァラトゥストラ自身こう告白している。「私が心底愛しているのは、生だけなのだ。――のみならず私はじつに、彼女を憎んでいるとき、いちばん愛しているのだ」（Za, 140）。生きることに倦み疲れ、生を呪詛するのもまた、生を愛する仕方なのである。これほど濃密な間柄には、付け入るスキはなさそうに見える。「私が知恵のことを好きになり、しばしば好きになりすぎるのも、彼女が生のことをひどく思い起こさせるということなのだ」

（Za, 140）。では、知恵は生の引き立て役にすぎないのか。だが気になるのは、生と知恵が「あまりによく似ている」（Za, 140）ことである。まなざしや笑い方から、「自由奔放（wild）」で「変わりやすい」こと、「自分自身のことを悪しざまに言う」（Za, 140, 141）ときこそ男は一番たぶらかされやすいところまで、みな両者に共通である。結局、この「舞踏の歌」では、生と知恵の関係は謎のままである。というより、ツァラトゥストラ自身、二人に振り回されるだけで、両者の関係がどういうものか分かっていない。

この章は、少女たちが踊りを終えて立ち去り、日が没したあと、詩人がふと悲しみに襲われる、という結末になっている。事を終えた後の「夕暮れの判断」[4]というのは、疲れから物悲しくなって後ろ向きとなりがちである。だから、歌のうえでの仮想的交合を愉しんだツァラトゥストラが疲労感をおぼえて、「お前はまだ生きているのか」、「なぜ、何のために、何によって、どこへ、どこで、どのように。まだ生きているのは愚かなことではないのか」（Za, 141）と自問するのは、要するに、「夕暮れ」のせいなのである。しかも、「夕暮れになったことを、私に許してほしい」（Za, 141）と、弟子たちに不思議な許しを乞う。あたかも日没がツァラトゥストラの責任でもあるかのような不条理な詫び方である。それにしても、ついさっきまで生を讃美していたはずのツァラトゥストラが急に、俺はもういい加減死んだ方がよいのかもしれない、と自問し出すのは、いかにも奇妙である。生にさよならを言う勢いのこの愁嘆は、何を意味するのか。この問いに、本章はついに答えてくれない。

主人公の憂愁は一過的なものではなく、第二部半ば以降、次第に募ってゆく。ツァラトゥストラは一歩一歩追い詰められるのである。彼はいったい何に取り憑かれたのか。訳知り顔の読者なら、永遠回帰思想にだ、とすぐ答えるだろう。しかしわれわれとしてはもう少し『ツァラトゥストラはこう言った』の筋立てにこだわってみよう。第二部の「舞踏の歌」では棚上げとなり第三部に持ち越された謎は、「もう一つの舞踏の歌」で、どのように解かれているのだろうか。とどのつまり、生と知恵とはどのような関係にあるのか。

三　知への愛の歌
――『ツァラトゥストラはこう言った』第三部「もう一つの舞踏の歌」

生と知恵、もしくは生と認識の関係は、ニーチェの思索の事柄そのものであった。ニーチェにまず問題現象として立ち現われたのは、生である。人生は生きるに値するか。生きることに意味はあるのか――この問いは、ニーチェにとって自明でも何でもなかった。むしろ、生きること自体に意味などない、という答えこそ彼の出発点であった。このペシミズムを嘘偽りなく貫き、ショーペンハウアー以上に徹底させることを、彼はみずからに課した。その拠点となったのが、古代ギリシアだった。

「人間にとって一番よいのは生まれてこなかったこと、だが生まれてしまったからには、次善はさっさと生にオサラバすることだ」――『悲劇の誕生』で「シレノスの知恵」と命名された古代のこの「最悪観」は、ニーチェの「自由精神」の原点である。ただ生きることに汲々とするのを恥じ、生き永らえることヨリ以上ができないのならいっそ死んだ方がマシだと啖呵《たんか》を切ったのは、なにもソクラテスだけではない。『ツァラトゥストラはこう言った』第一部終わり近くの「自由な死」の章で説かれる「ふさわしい時に時に死ね!」（Za, 92）の勧めは、古代戦士道徳のぶり返しか、あるいはストア派の賢者の再来といったところである。

なるほど、ニーチェは生を「肯定」する思想家の代表格と見なされる。ツァラトゥストラも第一部半ばで、生を疎んじる現世蔑視の思想家たちを「死の説教者」「魂の結核患者」と痛罵している。しかし、ペシミズムを攻撃するその「死の説教者」の章が、死の美学を鼓吹する「自由な死」の章と、一対をなしている点に注意すべきである。「自由な死」の章は、「舞踏の歌」とどこか似て、ツァラトゥストラが弟子たちにこう許しを求めて終わる。「私はもう少しだけ地上にとどまろう。そのことを大目に見てくれ」（Za, 96）。ふさわしい時が来たら喜んで死ぬ覚悟だが、君たちが後継者として立派に育つにはもう少しかかるから、それまでは生き永らえることを許してほしい、というのである。生きていてゴメンと謝るのは、生の肯定をキャッチフレーズとする思想家には、あまり似つかわしくない。

ツァラトゥストラ－ニーチェは、たんに生を肯定したのではない。愛憎相半ばする複雑な思いを生に対して抱いている。いやそれどころか、生きている自分自身をもて余している根っからの死にぞこないであり、早く死ねればそれに越したことはなく、あわよくば華々しい死地を見出したいと願う先天的命知らずであり、この世に間違って生まれ落ちてしまった本来的非存在者であった。原始仏教徒もピュタゴラス教団もプラトニストもグノーシス派も禁欲修道僧も顔負けの、背後世界論者かつ身体の軽蔑者かつ死の説教者――そういう面がニーチェ自身にあったことを忘れてはならない。[5]

そんな人間が、それでも生きることを肯定しうるには、よほど強力な意味づけがなければならない。生の意味のこの希求の果てに見出されたのが、認識の喜悦であり、知への愛であった。これさえあれば生きられると、そう彼は思った。[6] ニーチェにとって哲学とは、生きる意味そのものだった。トクがあろうがなかろうが、挫折しようが破滅しようが、ひたすら知ろうと欲するエロース――別名「真理への意志」――に激しく駆り立てられるかぎり、そのかぎりにおいてのみ、生は生きるに値するのだ。

こういう見立てに対しては、それは初歩的な誤りだと指摘する向きもあろう。なるほど、ニーチェには冷徹な学問批判があり、たとえば『反時代的考察』の第二篇『生にとっての歴史の得失』では、過剰な認識追求は生をダメにすると戒められている。肥大化した知識は生を蝕み、空洞化させる。記憶という知によって病気になるくらいなら、忘却という不知によって健康でいたほうがましだ、と。科学は幸福をもたらす式の楽観論に対する反発は、『悲劇の誕生』のモティーフでもあった。干涸《ひから》びた実証知を貯め込むしか能のない学者の不健全さを告発し、学問にひそむ真理への意志を係争に付し、それどころか、哲学そのものに破産宣告を下したのは、ほかならぬニーチェではなかったか。

　だがわれわれは、『反時代的考察』の第二篇と好対照をなす第三篇『教育者としてのショーペンハウアー』の哲学論を忘れてはならない。[7] 第二篇で推奨された「生のための認識」に代わって、第三篇でおもむろに称揚されるのは、「認識のための生」である。生を生きるに値するものとするのは、認識への情熱であり、ショーペンハウアーが見本を示してくれたような知への愛である。ニーチェはこの書の最後で、おのれの生涯を哲学に捧げると宣言している。いやしくも「哲学を真に愛する者」なら、「真理への愛がいかに恐るべきもの、強烈なものであるかを、行為によって証しすること」だ、と。[8] 第二篇が文献学者業との訣別の書なら、第三篇は哲学的生への転回の書である。以後、ニーチェにとって「認識のための生」は揺らぐことなき確信となる。

　このように、『反時代的考察』の第二篇の学問論は、第三篇の哲学論と併せ読んで、はじめて意味を十分理解できる。ニーチェの著作に数多いこの併読要の対《つい》テクストのきわみが、『ツァラトゥストラはこう言った』に収められた二曲の舞踏歌なのである。

　生と知恵と主人公の三角関係は、「もう一つの舞踏の歌」で別様に歌われる。ツァラトゥストラは生に、「舞踏の歌」に優る熱烈さで「恋の駆け引き」歌を捧げるが、生はあまり相手にせず、私たちは「心の底から愛し合っていない」(Za, 284) とほのめかす。自分は知恵に負けまいと意地を張っていたところがあるし、「あなただって私に忠実だとは言えない」(Za, 284) からだ、と。「あなたは、おっしゃるほどには、私をずっと愛してはくれない。私には分かっているわ、あなたが私をもうすぐ見捨てようと考えていることを」(Za, 285)。

「生を見捨てる」とは、要するに「死ぬ」ことである。ツァラトゥストラは死のうとしている。これは、「舞踏の歌」の幕切れで——「自由な死について」でも——、暗示されていたことだった。加えて、「もう一つの舞踏の歌」の直前の「大いなるあこがれ」の章では、「わが魂」は今や「金色の小舟」に乗って生の向こう岸へと漕ぎ出してゆくと、あの世への旅立ちがイメージ豊かに語られる。「大いなるあこがれ」とは、ふつうあこがれとは呼ばれず、その反対と見なされるもの、死への衝動のことである。主人公は死にゆく者の恍惚を告白している。なぜそういうことになるのか。第二部の「舞踏の歌」からここまでの間に、ツァラトゥストラの身に何が起こったのか。

言わずと知れたこと、ツァラトゥストラを永遠回帰思想が襲ったのだ。——だが、それではまだ答えになっていない。この「深淵の思想」の衝撃からやっと癒えたはずのツァラトゥストラが、なぜこの期に及んで死のうとするのか。しかも、第四部が書き継がれたことからも明らかなように、ツァラトゥストラはべつに死んでいない。だとすれば、第三部のフィナーレで執拗に告知される「死」は、それが狂言でないのなら、いかなる事態を意味するのか。ツァラトゥストラの謎ということが云々されるのであれば、それはまさにこの不可解な筋立てにひそんでいるはずである。

この謎を解くカギは、「もう一つの舞踏の歌」第二節の、ツァラトゥストラと生との別離の場面で、主人公が相手に告げる言葉にあるように思われる。あなたは私を見捨てようとしている、と生に言い当てられたツァラトゥストラは——

「そうだ」——と、私はためらいながら答えた。「でも、君はこのことも知っているはずだ——」。そして私は彼女の耳に、あることをささやいた。彼女のもつれて狂おしい黄色の髪の房をかき分けて。

「おお、ツァラトゥストラ、あなたはそのことを知っているの？ 知る人は誰もいないのに」。——(Za, 285)

見られるとおり、この会話は肝腎の箇所がぼかされており、読者は「あること」が何であったか憶測するほかない。一つ明らかなのは、ここは、男が愛人を見捨ててもう一人の愛人のもとへ赴く場面だということである。ツァラトゥストラは最終的に、生ではなく知恵を選んだ。「もう一つの舞踏の歌」は、「生への愛」に優る「知への愛」を歌った恋愛歌なのである。それにしても、なぜ知恵と結ばれることが死を意味するのか。答えはこうなる。——なぜなら死はここでは哲学の究極のかたちを表わすから。知への愛の成就とは、知恵《ソフィア》の実現態《エネルゲイア》たるテオーリアのことなのである。死は、観照的生のメタファーなのだ。だが、先をあまり急ぎすぎないようにしよう。

今しばらく、ツァラトゥストラが生に恋の歌を歌っていることにこだわってみよう。
別れ際に二人は、先に引用した会話を交わしたあと、「互いに見つめ合い」、「一緒に泣いた」(Za, 285)。この愁嘆場がそれとして成り立つには、つまり、見捨てられる側が恨みを抱かないためには、去って行く者はじつは相手を裏切っていない、というのでなければならない。しかし、AがBを捨ててCと結ばれることが、Bにとって裏切りにならないということは、ふつうありえない。それが可能なのは、BがCと別人ではないときのみである。Aは、当然B≠Cだと思い込み、二人のどちらを選ぶべきか長らく思い悩んでいたが、あるとき、B＝C（もしくはB≒C）という真相を発見する。AはBにこの秘密を知ってしまったことを打ち明けたうえで、Cのもとへ赴く。それはしかし、Bに対する裏切りではない。CであるかぎりのBと最終的に結ばれるための一時的な別れにすぎないからであり、別れとは再会の誓いだからである。

相手を取り違えていたことが明らかとなって大団円を迎える――こうした「発見と逆転」は、アリストテレスに教わるまでもなく、ドラマ性を一気に高める巧妙な筋立てである。『ツァラトゥストラはこう言った』を書いた詩人も、この劇作法を知悉しており、それを自作で使った。なのに、ドラマの核心をなすその最重要のセリフを伏せざるをえなかった。なぜか。それを言ったらおしまいだということがよく分かっていたからである。つまり、それが明らかとなれば、悲劇はたちまち喜劇に転じてしまうからである。むろん、道理の分かる人にはこのどんでん返しを分かって欲しいし、そういう人にだけ笑ってもらいたいと、そう作者は考えて創作上の工夫をこらしたにちがいない。

ツァラトゥストラは生にこうささやいたのだ、「知恵とおまえは別人ではない。だから、知恵のもとへ赴く私は、そこでおまえにまた会えることだろう」。より単純明快に言うと、「知への愛は、生への愛の極致だ」。また、ツァラトゥストラの用語を使えば、「真理への意志は、力への意志の最高形態である」。あるいは、あっさりこう言い換えてもいい、「哲学は、よく生きることである」と。

こんな何の変哲もないセリフが、なぜそこまで重大なのか。古来の哲学への逆戻り以外の何物でもないからであり、その先祖返りがあまりに露骨だからである。

よき生とイコールであるような哲学の理念を定式化したのは、アリストテレスであった。知恵を発揮して真理をひたすら眺める「観照的生」がそれである。活動的生からすれば無為に等しいこの不動のエネルゲイアは、しかし愛知者にとって最高の快楽と至福とを意味した。しかるにニーチェは、テオーリアのこの理想が失墜した近代を、自覚的に生きようとした。そして、旧来の哲学に代わって新しい価値を創造するポイエーシス本位の哲学を打ち建てようとした。そのためにあみ出された言葉が、「超人」であり「力への意志」であった――そのようにして、生をふたたび肯定するために。この未来の哲学を体現しているはずのツァラトゥストラが、最後の最後で結局、古めかしい哲学のスタイルにすっぽり収まってしまうとすれば、元の黙阿弥もいいところで、滑稽きわまりない。同じことの繰り返しは、笑いを誘う。

ツァラトゥストラが知恵のもとに赴いて何をしたか、考えてみればよい。「もう一つの舞踏の歌」第三節および第三部最終章「七つの封印」に明らかなように、生のもとを去った彼は、「永遠」を欲し、「私はおまえを愛する、おお永遠よ！」と叫び、交わったのである。最終的に見出された知恵の別名は「永遠の真理」であり、それにふれたツァラトゥストラは「永遠の生」を生きた。そのえも言われぬ「瞬間」、たとえ一瞬であれ、死んだと言いたくなるようなこの世ならぬ経験をしたのである。

この終幕を踏まえてもう一度、生にささやいたツァラトゥストラの最期の言葉を敷衍してみよう。「私は今おまえと別れるが、また必ず会える。なぜなら知恵のもとに向かうことは、おまえのもとに帰ることを意味するから。私は知恵と合体して永遠の生にふれることで、おまえにふたたびめぐり合うことになるのだ」。生はこれを聞いて、なぜツァラトゥストラがこの「奥義」を知っているのか驚きあやしむ。しかし、それはじつは秘密でも何でもなかったのである。かつて哲学者が観照的生において永遠と一つになりたいと願ったことは、哲学史を少しでも習った者なら誰でも知っている。そう考えると、生が大げさに驚いてみせたこと自体、お笑いだった。

「もう一つの舞踏の歌」にきわまる『ツァラトゥストラはこう言った』の筋立てをまとめよう。新旧論争の様相を呈して主人公を悩ました「力への意志」説と「永遠回帰」思想との相克は、「真理への意志」という一点において折り合いがつく。なぜなら、力への意志の最高形態としての真理への意志は、真理が永遠であるかぎり、永遠との合一を幾度でも欲するからである。そうした「永遠化」はしかし、この世から見れば「死」も同然である。ツァラトゥストラが自分は死にそうだと語ったのは、仮死経験としてのテオーリアの絶頂に達することを自覚したということなのである。

哲学者は古来、永遠の真理にあやかってみずからを永遠化することを求めてきた。ツァラトゥストラは、この旧い理想をなぞっているだけであり、プラトンやアリストテレスがかつて語ってみせたテオーリアの喜悦を、繰り返しているにすぎない(9)。それにしても、いやしくも近代の運命を双肩に担って生きようとする者が、古代に寝返って、そんな致命的時代錯誤を犯してよいのか。神の死は、人類の超克は、超人の到来は、新しい価値の創造というポイエーシスは、一体どうなるのか。

永遠回帰思想に襲われたツァラトゥストラが催した「吐き気」の正体は、哲学には発展も進歩も新しさも始まりもないこと、考えるとは同じことの繰り返しでしかないこと、その名状し難い徒労感であった。主人公＝作者は、近代にふさわしい新しい哲学を作り上げようとしたが、やはりそれはできない相談であった。そしてそれでよいのだ——繰り返し繰り返し、立ち返って考えることに、生きる意味があるのだとすれば。私は、生きるかぎりしぶとく考え続ける。これぞ運命愛の方式というものだ。ならばこのさい、何度も同じ愚行を重ねるトボケ役を買って出て、この笑いの質の分かる観客（自分も含むから一人四役！）に拍手喝采してもらおうではないか。

作者は、自分が自分をモデルにしておごそかに語ってみせていることはお笑い草だということを、よく知っていた。万物は同じことをただ永遠に繰り返すのみ、とする回帰思想は、哲学が古来唱えてきたことで、新しくも何ともない。ヘラクレイトスもストア派もプラトンもアリストテレスも、異口同音に言っている。そんな古色蒼然とした思想をさも新しげに唱えている近代人ニーチェは、喜劇役者というほかない。ついでに言うと、この思慮深そうな思想にいつまでも振り回されているわれわれ自身、劇中にはまり込んでなぶりものにされる道化もいいところなのだ。『ツァラトゥストラはこう言った』とは、そのような取り違えと繰り返しの喜劇であった。

四　『ツァラトゥストラはこう言った』は何のパロディーか

ニーチェは、『ツァラトゥストラはこう言った』を第三部まで書いたあと、『愉しい学問』に第五巻と序文を加えて再刊した。その序文に、かの「悲劇が始まる」の一句と並べて、「パロディーが始まる（incipit parodia）」と記している。[10]「喜劇」というだけにはとどまらない「もじり歌ふうのドタバタ劇」という面があると、作者は示唆しているのである。これはどのように考えたらよいのだろうか。ごく手短に見通しを述べておこう。

『ツァラトゥストラはこう言った』は、よく聖書のパロディーだと言われる。そういう面があることは否定しないが、もう一つ重要な「本歌」があることを忘れるわけにはいかない。プラトンの『饗宴』がそれである。恋が、しかもまさしく哲学という恋愛がテーマとなっていること、謎の女性ディオティマからソクラテスが秘密の知恵を授かること、その圧巻でテオーリアの絶頂における永遠との合一が謳われること。いずれをとっても、『ツァラトゥストラはこう言った』はその本歌取りとなっている（『饗宴』本篇終了後のアルキビアデスの闖入による急転回は、『ツァラトゥストラはこう言った』第四部に相当しよう）。ニーチェは「もう一つのエロース讃歌」を書くことで、哲学者兼詩人の傑作にあやかろうとしたのだ。そう考えると、かの「エロースの人」の壮絶ながら冗談みたいな生死を題材とした対話篇の数々も、福音書と呼ぶよりも、「悲喜劇」と評するのがふさわしい[11]。

　さすがのニーチェも、ソクラテスのごとく悲喜劇然とツァラトゥストラを死なせることが、ついにできなかった。「もつれ」がそれほど複雑だったからだろうか。その代わり、作者自身が悲喜劇的に死んだ――愛知の酔狂の果てに発狂するという仕方で。見上げた詩人魂と言うべきだろう。

第二章　人を殺してはいけない理由を求めることの愚かさについて

一　「なぜ人を殺してはいけないの？」

一九九五年に出版され、一九九九年にはさっそく邦訳された『アーレント＝マッカーシー往復書簡』[1]には、拾い物のような発見があってなかなか楽しい。わが国の翻訳文化のありがたみをつくづく感じる。とりわけ、一九五四年八月一〇日付のマッカーシーからアーレントへの手紙と、その返信である八月二〇日付のアーレントの手紙のなかでの二人のやりとりは、まことに読みごたえのあるものである。

メアリー・マッカーシーというアメリカの小説家に関して、私はほとんど何も知らない。だが、アーレントが四半世紀にわたって親密な文通を続けた、この才気豊かな女友達が率直に投げかけている問題提起の鋭さには、ある種感嘆を禁じえないのである。

当時小説を執筆中であったマッカーシーは、彼女の言う「ボヘミアン化した人びとと無知の独善的主張」あるいは「だめになった認識論」について、アーレントの意見を求めようとする。彼女の創作した登場人物たちは、何かにつけて「どうしてそれが分かる?」「なぜだ?」を連発し、あげくの果てに、「もし私がそうしたいと思うなら、祖母を殺してはなぜいけないのか? ちゃんとした理由を教えてくれ」と居直る。これをマッカーシー自身、「ラスコーリニコフの古い問い」の「グロテスクなパロディー」であるとしている(『書簡』七三頁。表記を若干改変、強調は引用者、以下同様)。

ドストエフスキーの『罪と罰』の有名な主人公については、あとでまたふれるとして、ここでまず想起されるのは、現代日本にも、マッカーシーの作中人物のような「ボヘミアン化した人びと」、つまり虚無主義者もどきには事欠かない、という点である。もっとも、ドストエフスキーやニーチェにかぶれた哲学青年が「神が存在しないなら、すべては許される」と悲壮な面持ちで呟くといった光景は、今は昔の話である。現代ではむしろ、哲学書を一行も読んだことのない子どもが、大人たちに向かってこともなげに「なぜ人を殺してはいけないの?」という問いを発するのである。すると、その種の「深刻な問い」に多くの識者が「理解」を示し、その「哲学性」にしきりと感心する。しかも、たいていの大人はこれに答える論理をまるで持ち合わせていないから、当然彼らの信用はガタ落ちとなる。かくして、子どもの「正直さ」に対する大人社会の「欺瞞ぶり」が露呈する、というわけである。果ては、「人を殺していけない理由など本当にありうるのだろうか？」といったセンセーショナルな論点をダシに、「哲学者」や「倫理学者」が競って一般向けの本を書きなぐるといったありさまである。わが国の文化の現状は、こんなところなのである。

　だが、私たちは、そんな場当たり的騒ぎに打ち興ずるより前に、マッカーシーの次のような突き放した見方をしてみるべきではなかっただろうか。「この質問者は本気で訊いているのではなく、精神的にいら立っているだけです。理解できると思っているわけでもないのに答えをせがむ子どものように。この偽りの探求、もしくは愚劣な「思慮深さ」は、現代社会ではますます一般に広がりだしたように思えます。疑い深い狡猾な平均的人間が知識人というわけです、曲がりなりにも。この種の人間は哲学者のパロディーのように疑い、砂糖を欲しがるように情報を欲しがります」（『書簡』七三頁）。

「なぜ人を殺してはいけないのか？」——この手の「ラディカル」な問いを弄《もてあそ》ぶ現代人は、自分が哲学者にでもなったかのように得意になる。みんなで「哲学者のパロディー」を演じるわけである。子どもたちはその「答え」を教えてくれない親や教師に不信の念を抱き、「そんなことも知らないくせに、よくモラルを説けるものだな」と軽蔑する。大人は大人で、懐疑的風潮が「最近の若者」のあいだに高まりつつある現状にうろたえ嘆息するばかりだし、マスコミはそこに深刻な「社会問題」を見つけ出し人びとの不安を一層煽り立てる。ここに、機を見るに敏な社会学者や心理学者、教育評論家、つまり「識者」たちの出番がある。彼らの多くは、迷える若者たちの言い分にひどく同情的である。というより、まさにその「同情」こそ彼らの売り物なのである。この情勢に便乗する別の一派もある。先にふれたように、今度こそ哲学の出番だ、とばかり商売っ気たっぷりに「過激」な議論を叩き売りのように並べる「哲学者」たちと、そうした破壊分子と仲良く手をつないで落穂拾い然とモラルの再構築を説いて回る「倫理学者」たちである。この種の乱痴気騒ぎにあっては、ジャーナリスティックな議論に参加しない学者は「社会的責任」を弁えておらず「非良心的」だ、と告発される始末である。

マッカーシーや彼女に同意するアーレントと同じく、私はこういうのは「非‐哲学的」だと思う。「精神的にいら立っているだけ」の子どもが「砂糖を欲しがるように」正解を欲しがってせがんでいるだけなのに、その幼稚な要求にまともに対応するのはバカげている。ちょっと頭を冷やして考えれば、殺人者の心理になりすまして「人を殺してはならない理由などあるのか？」と平然と言い放ち、満足の行く回答を与えてくれない大人にいら立ちを隠さない子どもに、理があるはずがない。もし教育というのが思いやりを事とすべきであるなら――そのこと自体再検討に値するが――、その若者に対する適切な遇し方は、横つらをはり倒すことであろう。へたに相手の言い分に耳を傾けるといった平等主義を振り回したりしないことだ。ましてや相手の悩みを思いやったりはしないことだ。ふざけた議論をふっかけてくる連中にまともに対応するのは健全とは言えない。

それでもなお、つまり殴られようが水をぶっかけられようが、しつこく「なぜ?」と説い続ける者があるとすれば、そういう性懲りもない議論好きにはじめて哲学への道が開けてくることだろう。「答えてくれない社会が悪い!」と悲憤慷慨してますます増長するのではなく、安易な解答に満足せず自分で摑んだ問題をひたむきにアッケラカンと追求する健全な好奇心だけが、哲学的問いの反逆性の証しなのだ。そのような人はおのれの無知を恥じはしても、自暴自棄になったりはしない。これに対して、「どうせ答えなんかありっこない」と先回りして都合のいい答えを見つけてしまい、「だから本当は何でも許されるはずなのに、それを許さないのは不当な抑圧だ」とうそぶく人権主義者——自己の権益の歯止めなき拡大を狙う僭主的人間——は、少しも哲学者ではない。そんな放埒な輩の自己主張に理解を示すことの、どこに「教育」があろうか。

「なぜ?」「どうして?」というおよそ哲学に固有な問い方は、それが世間の玩弄物となるや、麻薬のように人びとを内側から確実にむしばんでゆく。少年少女がひとしなみに哲学的反問のパターンをマスターするなどというのは、理想どころか悪夢でしかない。ニヒリストと化した冷笑的な若者があふれかえる世の中を誰が好ましく思うだろうか。だから、そうたやすく「自由精神の普及」を奨励することはできない相談なのだ。哲学的問答を大事に思う者にとっても、はた迷惑なだけである。

二 「儀式的懐疑」の由来

さて、マッカーシーの手紙に対して、アーレントは開口一番「あなたのお手紙は真の喜びでした」と述べ、さっそく「問題の核心」(『書簡』七八頁)に入ってゆく。

アーレントによると、「もしそうしたいと思うなら、祖母を殺してはなぜいけないのか?」といったたぐいの質問には、じっさいは「過去にすでに答えが出ている」(同上)。だが、この確認はもちろん問題の終わりではなく、まさにそこからアーレントならではの考察が始まる。まず、伝統的な答え方は少なくとも二つの出所を持っている。第一に「宗教」、第二に「常識」である。「宗教的な答え」は、「なぜならあなたは地獄に堕ち、未来永劫報いを受けることになるから」であり、「常識的な答え」の方は、「なぜならあなた自身殺されたくないから」である。しかし残念ながら、「これらの答えはいずれも役に立たなくなっている」。なぜなら、「誰ももう地獄の存在を信じていない」し、「はたして自分が殺されたくないのかどうか、たとえ暴力によろうと死がそんなに悪いものなのかどうか、確信がもてなくなっている」からであり、のみならず、そもそも「信仰も常識による判断もすでに意味をなさなくなっている」からである(七九頁)。

ここで気づくことは、アーレントの説明には「もはや……でなくなっている」という現状認識が含まれている点である。つまり、「なぜ人を殺してはいけないの?・」という問題意識そのものが、現代人の置かれた歴史的状況、いや苦境のなせるわざだと考えられているわけである。だがこれは、現代日本の「識者」たちの問題把握と同じではない。彼らは口を開けば、「現代ますます価値の多様化が進んでおり、それに対応する新しいモラルの構築が急務である」と言い、「現状分析→将来展望」式のパターン化した提言を繰り返す。しかるに、その前に、今日の状況のよってきたる「由来・起源」をじっくり見定めるのでないかぎり、いくら今後の打開策を打ち出そうと、上滑りするか泥沼に陥るかに終わるのがオチである。「そんな呑気なことは言っていられない。時代の急激な変化に見合う改革をとにかく断行しなければ」と言い返されるかもしれない。だが、そのような性急な発想から浮上する改革案それ自体が「すでに意味をなさなくなっている」とすれば、どんなに力み返ってそれを推進したところで、空転するだけであろう。じっさい、われわれが今日目にするありがちな青少年教育再生案というのは、「宗教心」や「道徳心」を大切にしよう、といった程度のものであるが、アーレントの見るところ、そのような対応の「いずれも役に立たなくなっている」からこそ、問題は根深いのである。

それゆえわれわれは、アーレントに手紙で問い合わせたマッカーシーとともに、こう尋ねてみるべきだったのである。哲学者のパロディーじみた現代の虚無主義的な風潮は、はたして「いつ、いかにして歴史に登場したのか」、「この儀式的懐疑はいつごろから、まず哲学に、次いで大衆の思考に、浸透しはじめたのか」(『書簡』七四頁)と。

マッカーシーがこうした系譜学的問いを立てていることは、前節で紹介した「本気で訊いているのではなく、精神的にいら立っているだけ」との診断の鋭さと相まって、彼女の直感の鋭さを証ししている。しかも、マッカーシーはアーレントに対し、「自分の無知無能」におののきつつ、次のように自前の見通しを述べてもいる。「私はニーチェが何より重要で、彼以後真にこの問題に取り組んだ者はないと思っているのですが」(七四頁)。

マッカーシーのこの見立ては適切であろう。一九世紀末に「神は死んだ」と口走り「一切の価値の価値転倒」を目論んだニーチェが、旧来の信仰や道徳が総じて瓦解してゆく現代の恐るべき予言者であったことは否定すべくもない。その意味で後代はニーチェが敷いた路線を忠実に進んできたのであり、われわれはみな多かれ少なかれ「ニーチェ主義者」なのである。この勢いがとどまるところを知らないのは、ニーチェ知らずのニーチェかぶれの若者が無気味に出現し、大人が揃いも揃ってなすすべなく立ちつくしている現状からも窺える。なぜ大人たちの論理がかくも無力であるのかも、ここから説明される。つまり、「一切は許される」と結論したニーチェ以後をわれわれが生きている以上、いかなる宗教的・道徳的答え方もどのみち効力を失ってしまっているのである。かつて「人を殺してはならない」と命じたもろもろの権威が掘り崩されている現在、その命法の最終的根拠が見出せないのは、むしろ当然なのである。

とはいえ、以上はまだ、巨大な問題群のうちの氷山の一角でしかない。いくらニーチェといえど、たった一人で現代の思想的状況の全体を征服したわけではあるまい。言い換えれば、彼一人で「神」を殺したとは考えがたい。むしろニーチェは、それまで何世紀にもわたって準備されてきた歴史的過程がようやくその臨界点に達しつつあることを的確に予知した、と見るべきだろう。現代の若者のふるまいがドストエフスキーの小説のパロディーでもあることはマッカーシーの指摘する通りだし、一九世紀には他にもキルケゴールやマルクスなど、ニーチェに匹敵する予言者が少なからず輩出している。この同時代的発見の事実は、ニーチェが一連の歴史的動向の完成段階に位置していたことを告げていよう。では、この動向が始まったのはいつであったのか。

　マッカーシーは、みずから「儀式的懐疑」と名付けたものの近代的形態の起源は「カントに遡る」と推定している（『書簡』七四頁）。この直感にもなかなか鋭いものがあるが（『純粋理性批判』を著して伝統的形而上学の独断性をあばき出したカントは同時代人には「破壊者」と目された）、アーレントはさらに哲学史を遡ってこう答えている。「懐疑の儀式はデカルトとともに始まり、その根源的動機は彼のなかにしか見つけることはできません。すなわち、存在の全光景の背後にあるのは善なる神ではなく悪の魔神ではないのか、という真の危惧です」（八一頁）。

　近代という時代が「デカルト主義」に覆い尽くされている、とする議論は多いが、その場合のデカルトとはもっぱら、「主観と客観の対立」や「精神と身体の分離」といった宿命的隘路へ哲学史を導き入れた「主観性の形而上学」の創始者である。そうした「デカルト主義の呪縛」から逃れることを哲学の課題と心得るのが、現代思想の常識となった観さえある。だが、こうしたデカルト批判は安易すぎるように思われる。なぜなら、「われ思う」――じつは「われ疑う」――という確実な真理基盤を発見したと信じたデカルトの手前には、「一切は疑わしい」として全面的懐疑を断行したもう一人のデカルトが控えているからである。もし、マッカーシーに応答したアーレントの言う通り、デカルトの懐疑精神こそが「まず哲学に、次いで大衆の思考に、浸透しはじめた」のだとすれば、現代の懐疑的な少年が演じているのは、ひょっとすると――ニーチェ主義の子役であるよりも先に――デカルト主義の喜劇的末路なのかもしれない。

「デカルトの懐疑はあくまで〈方法的〉なものであり、はじめから結末の見えている擬似冒険にすぎない」と見くびってかかるのは、安易すぎる切り捨て方である。アーレントも指摘しているように、デカルトはその懐疑の絶頂で「悪意ある魔神」を呼び出した。つまり、疑いの果てに彼は、「自分が見ているもの知っているつもりのものすべてが、じつは狡猾な魔物に体よく騙されているだけの話ではないのか？」という懐疑の渦に巻き込まれた。こうなればもう信じられるものなど何もない。もはやこれは精神の危機そのものであり、かつてデリダが評したように、狂気に近い（『エクリチュールと差異』所収の「コギトと『狂気の歴史』」参照）。「何を考えようと私は悪霊によってコケにされているだけだ」という極点にまで行き着く危険をはらんでいたからこそ、デカルトは「方法的」という限定をあえて付したのである。それなのに「デカルトは不徹底だ」と言ってすますのは、自分は一度も懐疑の泥沼に入り込んだことのない人間の言い草としか思われない（ただし、デリダと渡り合ったフーコーをこれと同列に論じるつもりは私にはない）。

　だが、現代の懐疑的風潮の起源をデカルトに見出せば問題の終点に達するというわけでもない。

アーレントはさらに歴史を遡ろうとする。それもそのはずである。「デカルトが懐疑に襲われたのはなぜか?」という問題が手付かずのまま残っているからである。アーレントはこの重大な問いを携えて、いわゆる「科学革命」とりわけガリレオの望遠鏡による発見――目に見える世界は真の世界ではなく、感覚は欺くものであることを、人類が思い知らされた一七世紀初頭の知的大事件――の意味に迫ってゆく。「私が近代性のルーツと考えているものは、感覚に対する不信です。これはおそらく、人間の感覚はあるがままの世界を明かすどころか、人を誤った方向へ導くものであることを示してみせた、自然科学の偉大な発見に直接由来するものでしょう。ここから常識・共通感覚の歪み、あるいはその感覚的性格に対する不安が生じてくるのです」(『書簡』八〇頁)。

一九五四年の私信のなかでこう述べた「近代性のルーツとしてのガリレオの望遠鏡」の問題を、アーレントは一九五八年に公刊された『人間の条件』の第六章「活動的生と近代」において、大規模に展開してみせた。その長大な議論を追う余裕はない。だが、以上から一つだけ言えることは、現代噴出している「常識不信」の種は、今から四百年も前に播かれていたと考えることができるということ、これである。もしそうだとすれば、たかだか十年程度の時間的変転に右往左往している現代人は、いったい何をしているのか。「ひょっとして、これもまた例の悪意ある魔神のしわざか?」と、つい思ってしまう。

三　ソクラテスの答え

「なぜ人を殺してはいけないのか」という当初の問いに戻ろう。アーレントは、先にふれた宗教と常識による二通りの答えに続けて、第三の、彼女の言う「哲学的な答え」に言及している。「ソクラテスの答え」とも呼ばれるこの解答方式は次の通りである。「私は自分自身とともに生きていかねばならず、事実私自身は私が決して別れることのできない唯一の人間であり、永遠の道連れとしていかねばならないから、私は人殺しにはなりたくない。私は一生人殺しを道連れにはしたくはないのだから」（七九頁）。

これを聞いて、大方の人は肩をすくめてこう聞き返すことだろう、「なんだそんな吹けば飛ぶような答えしか哲学にはできないのか」。じっさい、三種類の答えのなかでこれが一番迫力に欠けるように見える。「なぜ人を殺してはいけないのか」と問われて、こんな答え方をしている人物には、まずお目にかかれない。もし討論会の席上でこういう呑気な受け答えなどしようものなら、鼻であしらわれるだけだろう。当世何が時代遅れかといって、「自己自身との思索の対話」（七九頁）に訴える倫理ほど流行遅れのものはない。

のみならず、「私は私自身にとって道連れなのだから、私は人殺しにはなりたくない」という答えは、そもそも答えにすらなっていないように思われる。というのも、次のようなすれ違いの可能性が濃厚だからである。「なぜ人を殺してはいけないのか」と問う者――これを少年Aとしよう――は、「かくかくの十分な理由により、人殺しは許されないのだ」という一般的な答えを求めている。だから、誰かにそうした理由を説明してもらえば、きっとAは満足するのだろう。逆に、そういう説明が誰からも与えられなければ、Aはこう結論づけるに違いない、「そうか、人を殺してはならない理由など別になかったのだ。つまり、人殺しはよくないという大人の言い分はデタラメなのだ。ゆえに、人を殺すなと命令されるおぼえもない」。そんなAに向かって、ある人が、「私は私自身にとって道連れなのだから、私は人殺しになりたくない」と個人的に述べたとしよう。この場合、Aとしては、「そんなことをこちらは聞いているわけではない」と、口をとがらせるだけであろう。

だが、この不幸なすれ違いのうちには、見かけ以上に多くの事柄がひそんでいる。

Aは誰かから「なぜ?」に対する答えを得ようとしている。つまり、「人殺しはいけない」という「きまり」に関して、その根拠を尋ねている。だが、世のきまりにはつねに根拠があるものだろうか。なるほど、たとえば個々の交通規則には、「それを守らないと事故を招く」という合理性が何ほどかあるだろう(もしないのなら、自由を束縛するそんな規則など要らない)。そこをさらに、「なぜ事故が起きてはならないのか?」と問えば、「人が怪我をしたり、死んだりするからら」という答えが返ってくるだろう。だがもう一歩進んで、「なぜ人が交通事故で死んではならないのか?・」と問う者がいるとすれば、話は厄介になる。ことによると彼は、「事故が多発すれば怖くて車やバイクに乗る人が減るだろうから、結構なことではないか?・」とか、「世の中には人が多すぎるのだから、少しくらい事故で死んでもらったほうがいいのではないか?・」とか、真顔で付け加えるかもしれない。これに対して、「だっていのちは尊いのだから」と答えたとしても、今度は「なぜ〈いのちは尊い〉と言えるのか?・」という問いが発せられるだろう。この最後の問いに「合理的」に答えられる者がそういるとは思えない。「いのちは尊いから尊いのだ」とトートロジー的に答えるのが精一杯であろう。「神様がお作りになったものだから」とするもう一つの答え方を除いては。

このように、「なぜ?・」という問いでもって世のきまりの「根拠」を遡っていけば、必ずや「不合理」に行き着くものである。逆に言えば、「なぜ?・」と問う態度には、「どこかにきっと合理的根拠があるはずだ、いや、あってもらわねば困る」といった思い込みがある。ところが、この合理性要求がつねに満たされるという保証は、どこにもない。ライプニッツのように大文字の合理性、つまり神を想定しないかぎりはそうである。その意味では、いかなる合理主義も最終的には「信仰」によって支えられていると言える。しかも、ここにはもう一つ奇妙な「信念」がひそんでいる。というのも、「なぜ?・」とどこまでも問うていく態度は、「〈なぜ?・〉と問わねばならないのはなぜか?・」という問いを、不問に付しているからである（この問いそのものが無気味な自己言及性をはらんでいる）。そして、この「〈なぜ?・〉と問うのはよいことだ」という根拠薄弱な信念だけは唯一自明と見なし、残りの一切を「なぜ?」の問いの奈落へ投げ込もうとする者がいるとすれば、その人は、「ありとあらゆるものに関してその根拠を問わずにはいられないから」、「とにかく知りたいから」という、それ自身は無理由な衝動に突き動かされている人間、つまり「哲学者」なのである。

哲学的な問いは、常識的な理解に甘んずることなく、その皮膜をひっぺ返して、その根拠をどこまでも問おうとする。だから、「あなた自身殺されたくないから」というあの「常識的な答え」は、哲学的には無効なのである。もちろん「相手の気持ちを思えば殺せないはずだ」とか「社会の秩序が成り立たなくなるから」とかいった答え方もすべてそうである。「地獄の存在」を前提する「宗教的な答え」が哲学的に疑わしいのは言うまでもない。残る選択肢は、問うている者がおのれ自身の存在をかけて自問する可能性だけである——「おまえは人殺しを自分に許すことができるのか?」と。

この問いは、発問者が自分自身に宛てて発しているプライヴェートな問いかけだから、自分以外の誰かに代わりに答えてもらうわけにはいかない。もちろん、参考のために他人の意見を聞くことはあろうが、あくまで自分に納得のいく答えを自分自身で見出すことが第一の目標なのである。また彼には、自分が知りたいと思っているという自発的動機以外には別に問う理由もないのだから、なかなか答えが見つからなくても、世をはかなんだり周囲に対していら立ったりはしない。いや、むずかしければむずかしいほど、それだけ楽しんで探求に没頭することだろう。逆に、すぐに「ご明答」が見つかってしまったら、彼らにはちっともおもしろくないに違いない。

以上から、少年Aが「哲学者のパロディー」でしかないことが分かってくる。

そもそもAが「なぜ人を殺してはいけないの?」という哲学者もどきの問いに取り憑かれるのは、そういうたぐいの問いの発生をこれまで封じてきた伝統的な宗教や道徳の枠組が崩れ去りつつあるからである。このことはべつにAの手柄でも何でもない。せいぜい時流に敏感という程度の取り柄にすぎない(ニーチェくらい明敏であったらまた話は違ってくるが)。これに対して、Aが暗々裡に求めている答えは、哲学的でも何でもない。それにすがれば安心でき、もう疑念に苦しめられなくて済む、権威づけられた「正解」なるものを、彼は手に入れたいと思っているだけなのだ。アーレントに言わせるなら、Aが答えとして切望するような「哲学的〈情報〉」など、もともと「存在しない」(『書簡』七九頁)。答えの求め方がそもそも的外れでしかない問いを発し、その外見上の深刻さによって悲壮ぶる者たちが次から次へと現われるのは、喜劇を通り越して茶番劇というべきだろう。マッカーシーはそういう大根役者たちのことを「二十世紀の道化師」(八七頁)とも呼んでいる。

哲学的な問いの向かう先と、常識的な答えの水準とのズレというこの問題については、あとでさらに検討を加えることにしたいが、その前に、かの「ソクラテスの答え」に関して、もう少し考察する必要がある。この答えはいったい何を意味しているのか。

上で見てきたように、「なぜ人を殺してはいけないのか?」という問いを哲学的に問う者は、常識的に了解されている既成の理由づけをすべて脱落させ、ひたすらおのれ自身に向かって「おまえは人殺しを自分に許すことができるのか?」と問いかける。世間から追放されるゾとか、殺される側のことを思えとか、親兄弟が嘆くよとか、そういったたぐいのおどしは、彼の耳には雑音にしか聞こえない。なぜなら、哲学者はただただ自己の思索のうちに生きたいと欲しているのだから。そのとき、彼はどうしても、「私は人殺しにはなりたくない」という自己自身の声に耳を傾けざるをえない、とアーレントは言う。いわば「私の中のもう一人の私」がそうささやいてくる、というのである。

こういう言い方をすると、抵抗をおぼえる人は少なくないだろう。いや、胡散臭さを感じると言うべきかもしれない。「なんだ、そりゃ〈良心〉てやつじゃないか、そんなこけおどしを信じるなんて〈哲学者〉もたかが知れてるな」というわけである。現代では「良心」に訴えるのは常識的モラルの典型とだいたい相場が決まっている。これを「自己反省」という言葉に置き換えてみても、拒否反応を受ける点では似たり寄ったりだろう。それこそ「悪しきデカルト主義」呼ばわりされるのがオチである。

この点ではマッカーシーもご多分に漏れず、アーレントへの返信(一九五四年九月一六日付)で少し得意げにこう問いただしている。「あなたがソクラテスの答えとして出してきたもの、〈残りの人生を人殺しといっしょに暮らしたくはないから〉というのは実際は「論点先取 petitio principii」ではないでしょうか。私の仮定する現代人ならソクラテスに向かって、肩をすくめて

「いいじゃないか、人殺しのどこが悪いのか」と言うでしょうから、ソクラテスは再び出発点に戻ってしまうことになるでしょう」（八七頁）。良き理解者マッカーシーにさえさっそく反論されてしまった、アーレントの言う「ソクラテスの答え」の、いったいどこが「哲学的」なのだろうか。

四　哲学者の「良心」

まず確認しておきたいのは、マッカーシーに指摘されるまでもなく、アーレントもまたソクラテスの答えは、先の宗教的、常識的な答えと同様、「もはや役立つとはいえない」（七九頁）としていた点である。それにしても、あらかじめそう断わっているのに、それでも相手に論難されてしまうのだから、この答えは現代人の目によほど論拠薄弱に映るのだろう。とはいえ、現代においてこの答えが無効化していることの理由説明としてアーレントが述べている「現状認識」は、マッカーシーの理解の仕方とはかなり違うし、「良心」を死語と見なして却下する人びとの見解ともかけ離れている。アーレントの説明はこうである。「昨今では人は誰も一人では生きていないし、一人になったら寂しさを感じる、つまり、ひとは自分自身とともに生きているわけではないから」（七九頁）。

ここでは、「一人静かに過ごすこと・独居（solitude）」と、「一人ぼっちで寂しいこと・孤独（loneliness）」という、アーレント特有の対概念が用いられている。ソクラテスにモデルを見出せるような「哲学者」とは、一人きりの時間にくつろぎをおぼえ自分自身との内的対話に没頭できる人間のことであり、「独居」を好む者である。これに対して、好き好んで一人でいるのではなく、むしろ人びと（さらには神）から見捨てられて（いると感じて）自己に直面することを強いられている状態が、「孤独」であり、そんな一人ぼっちの寂しさから逃げ出したいと思う種類の人間は、そもそも哲学向きではない。現代人の大多数はこちらであって、一人静かに思索にふけることに耐えられず、その不安から逃れたいばかりに、寂しさを紛らし安心を与えてくれそうなものなら何にでも飛びつく傾向がある。――アーレントは大衆社会のこの浮動傾向に、全体主義の不穏な温床を見たのだった。

思えば、「なぜ人を殺してはならないのか」という問題を一人でじっと抱え込むことに居心地の悪さをおぼえ、その閉塞感から脱出するために、安心してすがることのできそうな「答え」を与えられたがっている少年Aもまた、この「孤独な群衆」の一人でしかなかった。彼の問いかけは、もちろん「哲学」とは似て非なる代物である。孤独を癒すよすがとなる、知ってお得な「情報」こそ、彼が欲しがっているものなのだから。そんな彼には、「哲学的な答え」など何の意味もない。

これに対して、「独居」における自己との対話に生きることを第一と心得る哲学者にとっては、自分が自分自身とうまく折り合いのつかない不和・葛藤の状態というのは最悪である。このことを少し立ち止まって考えてみよう。

「なぜ?」という問いを自分のうちで発しては自問自答を繰り返す独居・閑居の生活にどっぷり浸かっている哲学者のうちには、彼自身をたえず吟味にかけようとするもう一人の自分がいる。この対話相手は、思索に生きる者にとって唯一の友にして仲間であり、アーレントの言い方では「道連れ」である。つまり、この「一者における二者」のあいだで活発な問答が行なわれていること、それが「ものを考えること・思考」の経験なのである。彼にとって、自分に語りかけてくるもう一人の自分の声に耳を塞ぐことは、考えることから逃げ出すことを意味する。そのように自己との対話を打ち切ってしまうことは、自分自身から見離され思考の可能性そのものを奪われていることだからである。これが思索者にとって自己否定を意味することは明らかであろう。彼は自分が一番大切にしていたはずの安らかな居場所をもはや持っていない。彼はみずからを失っているのである。

逆に言えば、そのような自己喪失の状態をできるかぎり回避しようとするのが哲学者なのである。彼は自分に特有な事情から、自己との不仲・矛盾をとにかく避けようとする。おのれのうちで首尾一貫性をできるだけ保とうとするのが、哲学者の習性だと言ってもいい。そこに不整合が生ずるのは、このうえなく居心地の悪いことなのである。

かりに、その彼が人殺しを犯したとしよう。彼はこの行為に関して自分自身に対して必死で弁明を試みるに違いない。しかしその抗弁も空しく、ひたすら「なぜ?」の声が押しつけがましく迫ってくるとすれば、彼は考えることを放棄し、いわば敵前逃亡を試みるだろう。その場合、自己のうちなるもう一人の自己は、もはや「友」ではなく「敵」なのである。だが、いくら敵の目から逃れようとしても、彼に思索癖があるかぎり、その目をくらますことはできない相談である。かくして、彼の人生は針のむしろも同然となる。

このように哲学者というのは、おのれの思索を愛するがゆえに自己との内的対話の平安を乱す要因をできるだけ避けようとする人間なのである。そういう意味でアーレントは「人殺しを道連れにしたくはないから、私は人殺しにはなりたくない」という答えを「哲学的」と形容しているのである。だから、ここでの「哲学的」とは、「考えることを好む」という意味であって、それ以上でも以下でもない。

この答え方を「良心的」と言うべきであろうか。もし「良心」という言葉が、今日理解されているように、他者に定位した倫理の根本語であるとしたら、そうは言えないだろう。むしろはなはだ「非良心的」と言うべきである。哲学者は自分自身の都合しか考えていないのだから。だが、この言葉の語源からすれば、哲学的な答えこそまさに「良心的」であるとも言える。“con-science”とは元来、「ともに-知ること」つまり「自分と一緒に理解を深めること」なのである。このように見てくれば、哲学者が「私は人殺しにはなりたくない」とおのれに言い聞かせるのは、自己に対する誠実さを大切にする寡黙な自己本位の倫理に基づいている、ということが分かる。

なるほど、今日このような「自己中心主義」はすこぶる評判が悪い。ソクラテス－プラトン以来の自己同一化の論理が理性の暴力となって全体主義の悪夢を生み出したのだ、とする議論さえまかり通るありさまである（その場合の殺し文句は決まって「他者への応答＝責任」である）。だが、そう安易に片付けてよいものであろうか。少なくともアーレントは、自己のうちなる良心のかすかな呼びかけをそのように切り捨ててしまう現代流のやり方とは異なる解釈の可能性をわれわれに示唆している。劣勢を強いられたその方向性にもう少しだけこだわってみることにしよう。

　アーレントの言うように、現代人の圧倒的多数は「思索好き」ではなく、一人で居ることを、贅沢な「独居」であるどころか不幸な「孤独」と感じてしまう。だがそれを言うなら、昔だってそれほど変わらなかったであろう。ひたすら考えることに生きたいと願うような呑気な人間は、いつだって人類の少数派だから（そうでなかったらソクラテスは殺されなかっただろう）。しかし現代には、哲学者の希少性がことさら問題とならざるをえない固有の事情がある。哲学者にとっては、何ごとにも囚われず一人でのんびり思索することのできる自由な時間、つまり「スコレー」は何にも代えがたいほど貴重なのだが、その天恵が、世の多数の人びとの上にばら撒かれているのが現代の状況なのである。彼ら束縛のない現代の「ひま人」には、すがるべき権威も神もなく、何ごとにつけ自分で考えることを強いられる。その自由の恵みたるや、人を殺してはいけない理由さえみずから考え直さなくてはいけないほどなのである。哲学者なら嬉々として取り組むかもしれないこの難問に直面し、しかも誰にも答えてもらえない孤独が、現代人を責め苦のように苛む。その独房はまさしく自由の牢獄であろう。昔から恐れられていた「真空の恐怖」が、今や日常茶飯事となった。

そのとき人はどうするだろうか。考えることからスタコラ逃げ出すのである。もともと自分で選びとったわけでもない自由をさっさと放棄してしまうのである。そのためには、自分を虜にしてくれる気晴らしや娯楽（これには「労働」も含まれる）だけではまだ足りず、思考停止を命ずる有象無象《うぞうむぞう》の権威に身をゆだねたり、さらには、にわか仕立ての物神をありがたく信奉しさえする。それらが「癒し」や「救い」となるのは、要するに、一人で考える息苦しさから逃れさせてくれるからである。

この現代的状況を分かりやすく描くためには、ジャーナリスティックな事件にしゃにむに飛びつく必要はない。その古典的事例なら、すでに一五〇年以上も前にドストエフスキーが驚くべき精緻さで描き切っているのだから。以下、『罪と罰』に関して、目下の議論にからむ最小限の事柄のみ確認しておくことにする。

主人公ラスコーリニコフは、当時ロシアの青年層に蔓延しつつあった虚無主義的風潮のある面での体現者である。まさしく、彼の思考において「なぜ人を殺してはならないか？」はタブーではなくなっている。生まれつき物思いに取り憑かれがちな彼は、一人下宿にこもってこの問いを日夜際限なく自問する。「英雄的人間の成功のためなら一老婆の命など犠牲にしたって構わないじゃないか？」「いや、そんなばかな！」「だがな」「しかし」……という具合である。この自問自答はついに答えを見出すことができない。その出口なき思考に彼の精神は衰弱するばかりである。業を煮やした主人公は、ついに考えることを止めてしまう。それが殺人という行為だった。その行為ののち、彼はふたたび思考の生活に舞い戻る。すると、そこに待っていたのは、「私は人殺しと一緒に暮らしたくはない」と拒絶する、もう一人の自分であった。彼が思索にふける性質《たち》であればあるほど、自己のうちなるこの「道連れ」から見離されることは、耐えがたき苦痛となる。内面におけるこの不調和は生き地獄の様相すら呈した。かくてラスコーリニコフは、自分が自分を誤解していたことを心底思い知らされたのである。

この程度の要約では、高名な原作の名を汚すことにしかならないが、それでも、ラスコーリニコフが思考と思考からの逃避のはざまで引き裂かれた点こそ彼の最大の悲劇であったということは、おぼろにではあれ理解できるだろう。孤独における思考に耐えきれなくなった彼は、行為にその救いをもとめたのだが、それは決して真の救いとはなりえなかった。なぜならそれは自分自身を騙すことでしかなかったからである。

もはや言うまでもないだろう。「なぜ人を殺してはならないか?」を得意げに論《あげつら》う現代の議論は、『罪と罰』で壮大に描き尽くされた思考のドラマを一歩も超え出ていない。せいぜい、かつてまだ偉大であったことが今やますます矮小化しているだけの話である。思索がちな青年が凶行に及んだ斧《おの》は、無邪気な子どものナイフとなった。ましてや、思索的反省における良心の問題などすっかり立ち消えとなってしまった。マッカーシーの「ラスコーリニコフのパロディー」という評は、やはり正当だったのである。

五　プラトンの危惧

『罪と罰』の筋書きは、アーレントの「独居／孤独」の区別立ての有効性を劇的に立証してくれるが、彼女はべつに一九世紀の小説に範をとっているわけではない。「ソクラテスの答え」という命名法からも察せられる通り、アーレントはソクラテスを自己との対話に生きる哲学者の典型と見なしている。このことは、「一者のなかの二者」という現象を掘り下げ、哲学的な意味での「良心」の問題を浮き彫りにしている、『精神の生』第一巻「思考」を読めば、ただちに知られる（ちなみにこの遺著を編集したのはマッカーシーである）。とくにアーレントがそこで重視しているのは、プラトンの『ゴルギアス』に描かれているソクラテスの考え方＝生き方である。「不正を行なうくらいなら不正を受けるほうが（場合によっては殺されるほうが）まし」とか「不正を行なって罰せられないよりは罰せられるほうが（場合によっては死刑にされるほうが）よい」とかいったソクラテスの逆説的テーゼは元来、内的対話における自己との不一致を避けようとする哲学者の良心の命ずるところであった、というのがアーレントの解釈である。自己に対する潔白さを気遣うこの徹底した無矛盾性要求こそ、今日顧みられることの少ない単独者の論理＝倫理と言うべきだろう。

だが、たとえ「私は人殺しを自分の道連れにしたくない」というのが哲学者ソクラテスの答えだったとしても、その声低き訴えに当時の人びとが耳を傾けるということは、残念ながらなかった。その反対に、アテナイ市民たちはソクラテスを無頼の徒として告発した。彼は、世のモラルを手当たり次第ぶち壊すニヒリストというふうに人びとの目に映ったのである。なぜか。この哲学者が手当たり次第に「なぜ?」「どうして?」という問いを連発した結果、当時のさまざまな権威がみるみる失墜してしまったからである。

大胆不敵な反逆者というソクラテスのこの側面は、プラトンの多くの対話篇に描き込まれているが、その最も赤裸々な表現は、やはり『ソクラテスの弁明』であろう。ソクラテスは政治家、詩人、工匠といった当時の知識人たちのもとへ赴いては、彼らの無知蒙昧ぶりを完膚なきまでに暴露してしまった。彼らは、善美の事柄についてその本質を聞かれ、何一つ十分に答えることができなかったからである。赤恥をかかされた当人だけでなく、彼らを尊敬していた世の人びとも、ソクラテスのことを憎みに憎んだ。当然であろう。たった一人の不穏分子によって良識に対する信頼感はズタズタにされてしまったのだから。しかも市民への善意でそうしたというのだから始末に終えない。

とりわけ深刻であったのは、青年たちへの影響である。これがソクラテス告発の主たる事由であったことは想像に難くない。『ソクラテスの弁明』によれば、世の識者たちの無知を次々にあばき立てるソクラテスに、いつしか良家の若者たちが興味を持って接近するようになり、彼ら自身がソクラテスの真似をし始めて大人たちを吟味し出すに至り、「その結果、世間では、何か知っているつもりで、そのじつ、わずかしか知らないか、何も知らないという者が、むやみにたくさんいることを発見」する。「すると、そのことから、彼らによって調べあげられた人たちは、自分自身に対して腹を立てないで、私に向かって腹を立て、ソクラテスはじつにけしからんやつだ、若い者によくない影響を与えている、と言うようになった」という（23C-D）[2]。

これが、いわゆる「ソクラテス・ゲーム」の顚末である。なるほど、ソクラテス自身は市民同胞のためによかれと思って批判的思考の普及に努めたのかもしれないが、そのソクラテスに若者たちがやんやと喝采したのは、「知恵があると思っている人が調べられて、そうでないことになるのを、聞いているのが、面白いから」（33C）である。なぜ面白いのか。知ったかぶりをしている大人たちの化けの皮を剝がすという仕方で、権威をこっぱみじんに粉砕する破壊行為が、面白くないわけがない。そんな危なっかしい知の技法がお気楽なゲームとして流行し始めたら、これはもう脅威としか言いようがない。ソクラテスが世情騒乱罪で訴えられたのは、当然の成り行きだった。

古代世界のこの人騒がせな事件は、どこか現代の光景と似ていないだろうか。常識の立場に言いがかりをつけては「なぜ?・」「どうして?・」と甘えん坊のようにせがむ、あの「ボヘミアン化」した懐疑主義者たちの「偽りの探求」に。「無知の知」の自覚が居直りの論理として人気を博するばかりか、ことによったら人殺しの免罪理由にされかねないのが、現代の知的状況なのである。だとすれば、「なぜ人を殺してはならないのか?」という問いをゲーム然と投げかける今日の虚無主義者もどきの原点は、ソクラテスにかぶれたアテナイの若者たちにあった、ということになる。いや、哲学者ソクラテスこそ、この「面白い」無知暴露ゲームの発案者であった、と言わねばならない。

この事情の深刻さをつとに認識していたのは、ほかでもない、ソクラテスの弟子プラトンであった。ポリスの教育者を以て任じたプラトンは、この「青年への哲学の悪影響」問題を、主著『国家』の第七巻で論じ、かつその打開策をさぐっている。彼によれば「哲学的問答法」は国家の守護者の学ぶべき第一の学科であるが、その一方で彼は、「現在この問答の技術による哲学的議論には、どれほど大きな害悪がまつわりついているか」に警鐘を鳴らそうとする。その害悪とは、哲学的議論に「たずさわる人びとが〔…〕法を無視する精神にかぶれるようになる」ことなのである(537D)。(3)

「われわれは子供のときから、何が正しいことであり美しいことであるかということについて、きまった考えをもたされている」、「その権威に服し、それを尊重しながらね」(538C)。このような伝統的、常識的な道徳教育の重要性を、プラトンは何ら否定しておらず、むしろ「保守的」な態度をとっている。逆に、そうした「権威」を蔑ろにする「甘い言葉」の罠に対して、はっきりと距離を置いている。「これと相反する生き方が別にあって、これには快楽が伴い、われわれの魂に甘い言葉で追従して、自分のほうへ引き寄せようとする。しかし、少しでも節度のある人びとならば、そのような甘言には乗せられないで、むしろ先の父祖の教えのほうを尊重し、その権威に服するだろう」(538D)。権威に服して節度ある生を生きることは必ずしも楽ではないし、そこから逃げ出して安逸をむさぼることを説く誘惑も世の中には多いが、そういう安易な態度をプラトンは自堕落として強く戒める。ここでは服従の精神こそ「強さ」の証しである。

ところが、ソクラテスが開拓したような批判精神は、世の常識への挑戦、その転倒を明らかに含んでいる。伝統的価値観を教え込まれてきた若者が、「やがて問いを受けることになって、〈美しいこと〉とは何であるかと問いかけられ、法を定めた人から聞いた通りを答えたところ、言論の吟味にかけられて論駁されたとする。そして何度も何度もいろいろの仕方で論駁されたあげく、自分が教えられてきたことはなにも美しいことではなく、醜いことなのかもしれないと考えざるをえないようになり、さらに〈正しいこと〉や〈善いこと〉や、これまでに最も尊重してきたさまざまの事柄についても同じことを経験したとする」。すると若者はひどく動揺し「以前のようにはそれらを尊重すべきもの、自分の血縁のものと考えることはできず、さりとてまた真実のものを発見することもできない」ので、すっかりシニカル、いやニヒリスティックになってしまい、「例の追従者たちが誘《いざな》う甘い生活」に今度こそ引き寄せられてしまう、というのである(538D-539A)。

まさにそうではあるまいか。哲学が根拠への問いを武器に従来の伝統‐宗教‐権威の無根拠性を剝き出しにしてしまい、その廃墟のなかから各人が自由に、つまり勝手気ままにみずからの生き方を選びとるとき、そこに待ち受けているのは、歯止めなき快楽に身をゆだねることへと誘う「追従者たち」なのである。もちろん彼らは、無根拠に耐えつつ真理追求を諦めない哲学者ではない。権威の法衣を剝ぎとることで喝采をかちとり、人気者になることだけにご執心の学者先生《ソフィスト》なのである。

もちろんなかには、「私は受けねらいの社会評論家とは違う。自分の問題関心に忠実にやっているだけだ」と鼻白む者もいるだろう。だが、その彼らが「やさしい哲学」「子どものための哲学」を万人向けに売り出すとき、何かが狂いはじめるのだ。プラトンの危惧した「害悪」が、かくして世にまき散らされる。青年はおろか子どもたちまでもが、「なぜ人を殺してはいけないの？」「なぜ身を売ってはいけないの？」「なぜ勉強しなくちゃいけないの？」「なぜ親や教師の言うことをきかなきゃいけないの？」とやりだすのである。果ては、こうした傾向を知的進歩と見なす啓蒙主義者さえ現われる始末である。「しごく哲学的でよろしい」というわけである。そうではないのだ。これは、権威への服従から逃げ出すための恰好の口実として懐疑が乱発されているということなのである。哲学にとってこれほど不名誉にして恥辱はない。弱さの正当化のためのお手軽な道具と化した哲学。自暴自棄の快楽追求へとはやし立てる音頭取りとしての哲学。そういう可能性にこそプラトンは深い危惧の念を表明していたのである。

この「哲学の有害化」問題に関するプラトンの提案は、こうである。哲学の影響によって前途有為の若者たちが「前には法を尊重していたのに、無法者となった」りするという「いたましいことが〔…〕起こらないために」は、「そもそも若いときにはその味をおぼえさせない」ことが「重要」である。それというのも、「年端も行かぬ者たちがはじめて議論の仕方をおぼえると、面白半分にそれを乱用して、いつももっぱら反論のための反論に用い、彼らを論駁する人びとの真似をして自分も他の人びとをやっつけ、そのときそのときにそばにいる人びとを議論によって引っぱったり引き裂いたりしては、子犬のように歓ぶ」ということになるからである（539A-B）。

哲学は大人のためのものであり、またそうでしかありえない。子どもには哲学させるな。これが教育者プラトンの見解であった。自由精神の平等主義的大安売りは、「子犬」のようにキャンキャン権威に食ってかかる一方で安楽な生活には喜んで尻尾を振る幼稚な愚かさしか生み出さない。その程度の愚劣さによって、「哲学に関することすべてが、他の一般の人びとから不信の目で見られること」（539C）を、プラトンは何よりも恐れた。もっとも、誰にでも分かりやすい哲学の入門書が、そういう害悪を招くことすらしないとしたら、そんな去勢された軟弱路線を哲学と呼ぶわけにはますますいかないけれども。

六　ニーチェの憂鬱

やや長くプラトンに付き合ってきたが、これだけくどくど論じてくれれば、人を殺してはいけない理由を求めることがいかに愚かであるかは、さすがに分かってもらえるのではないかと思う。だが、そういう愚かなことは一切合財やめてしまえというのが最終結論であると受けとられてしまうのは、はなはだ遺憾である。もちろん、「砂糖を欲しがるように哲学的情報を欲しがる」とか、「哲学的議論を反論のための反論に用いて子犬のように歓ぶ」とか、そういった子ども騙しはもう勘弁してもらいたいが、だからといって哲学に固有な「なぜ?」の問い一般の意味までも打ち消すつもりは、私には毛頭ない。ただ、おのれの愚かさを弁えない哲学的問いは無意味だと言いたいだけである。それともう一つ、自分自身に突き刺さりもしない問いを弄んで自己正当化のダシにするのは醜いと言っておきたい。

遺憾ながら、そういう醜い居直りの論理がウヨウヨしているのが現状なのだが、その源泉は、少なくとも直接的にはソクラテスにはないことを、彼の名誉のために確認しておこう。現代の「子犬」が自分たちの血統書を発行してもらえると信じている当の元祖とは、先にふれた通り、ニーチェである。じっさい、ソクラテス、プラトン以来の哲学的伝統をこきおろし、キリスト教に因縁をつけて奴隷道徳呼ばわりした、大胆不敵な反逆者ニーチェこそ、かつてソクラテスがその栄誉に浴した「ニヒリストの頭目」たる資格を十分満たしている。現代はいわば「ニーチェ・ゲーム」が大流行なのである。問題は、ニーチェ自身において事情はどうなっていたか、である。

たとえば次のような有名な遺稿断片がある。「真理とは誤謬の一種である。つまり、それなくしては特定の種類の生物が生きることができなくなってしまうような誤謬である。生にとっての価値がけっきょくは決定するのだ」(『力への意志』四九三番)。ここから、今日全盛をきわめているプラグマティックな相対主義の旗手というニーチェ像ができあがる。かくして、ニーチェ・ゲームをマスターした子犬たち(このゲームを習得するには別にニーチェのテクストを読む必要はない。真似の真似で十分である)は、「真理なんて存在しない。たんに人間の生存本能から来る利害関心が真理という見せかけを作り出しているだけなのだ。真理探求の夢はもう終わった」とさも嬉しそうに結論づけるのである。だが、右の文章を書いたニーチェが、それを「結論」と考えていたとは到底思えない。この文章の自己論駁的性格を自覚もせずに真理を否定して事足れりとした物書きを、どうして「哲学者」と呼びえようか。これは、せいぜい思索的内省における反問の一つにすぎないのである。そんな断片のみを都合よく抜き出して相対主義の正当化のために用いるのは、ナチの御用イデオローグとしてニーチェをつまみ食いするのと少しも変わらない。

別の遺稿断片集を繙《ひもと》くとこうある。「認識の愛好者よ。そういう君は、人を殺す感情というものを学び知るために、まだ人一人殺したこともないわけだ」(『生成の無垢』一三九番)。この文章が語っていることは、そうたやすくゲーム化できそうにない。真理は誤謬にすぎないからと真理探求をさっさと打ち止めにしてしまう連中には、この断片は決して理解できないだろう。もちろんこれとて、ニーチェの「結論」ではまさかあるまい。先の断片と同じく、自己との対話におけるもう一人の自己が「君」と呼びかけてきた内容を書きとめたものであろう。筋金入りの哲学者であろうとしたニーチェが自分に向けて放った挑発的言辞がこれなのである。「もし、お前が哲学者たろうとして認識のためにどんな犠牲も厭わないというのなら、人を殺すときどんな気分を味わうかを知るために、みずから人殺しを買ってでるくらいでなければならないはずだ。そんな経験も積んでいないようでは、まだまだ哲学者としては半人前だな」。そうささやく声をニーチェは聞いたらしい。

「人殺しをあえて犯してまで知を究めたいという認識願望は、哲学者にとって誇るべき美徳ではあるまいか」――さすがにここまで言われたら、どんな呑気な啓蒙主義者といえど、ほほえましいとは思わないだろう。ニーチェが取り憑かれた「真理への意志」がいかに悪魔的なものであるか、思い知ろうというものである。しかも驚くべきことに、この問いかけは、「生にとっての価値が真理という誤謬を決定する」とした、先のテーゼと両立しうる。というのも、「どんな犠牲を払ってでも真理を」という欲望のままに生きることが、まさに「生にとっての価値」であるような種類の人間が存在してもおかしくないからである。たとえば、自殺者の気分をどうしても味わいたいとみずから命を断った酔狂者が、人類史上いなかったとは断言できない。

このような極限的ケースを持ち出すのは、「おのれ自身に突き刺さりもしない問いを弄んで自己正当化のダシにする」ことではないか、と反論されるかもしれない。しかしそうだろうか。われわれは人殺しの気分を知りたいとどこかで思っているからこそ、『罪と罰』の描写に引きずり込まれるのではないか。現代は殺人事件を題材とする小説や映画に満ちてはいないか。凶悪殺人犯の心理を覗き込むニュース記事が好まれるのはなぜなのか。味わえるものなら味わってみたいというのが正直なところではないか。

このような半ば倒錯した自問自答をニーチェも経験していたように思われてならない。おそらく彼は人殺しの挙には至らなかった。だがそれは、生存権の神聖不可侵という近代の人権思想の第一原則がブレーキとなったから、ではない。ラスコーリニコフ（彼はもちろん知への愛から殺人を犯したのではない）のように自己との不和に陥ったら、のんびりと思索などできなくなってしまうからである。ニーチェもまた、哲学者として「独居」を愛した。その平穏をみずから乱すほど触手が動かなかったのである。行為ではなく思索する自由だけで彼には十分だった。

そればかりではない。わざわざ人を殺さなくとも、ニーチェは別の仕方で「殺害者」の心境を味わい尽くしているのである。そう、彼は「神殺し」に手を染めたのだ。しかも合法的に。これほどの血わき肉おどる惨殺行為がほかにあろうか。

前に述べたように、「神の死」をニーチェ個人の手柄とするのは的外れである。しかし、彼が少なくとも神の殺害事件に関与したとの嫌疑は消えない。この事件の内情をこれ以上捜索することはできないが、もしその調査を本格的に行なおうとすれば、『ツァラトゥストラはこう言った』第四部の「最も醜い人間」の章あたりが有力な手がかりとなろう。以下では、やや別な角度からニーチェの心境を垣間見させてくれる、同じく第四部の「影」と題された章を瞥見するにとどめよう。

「影」というのは、神殺しを自認する「最も醜い人間」をはじめとする一群の「高等な人間」の一人である。『ツァラトゥストラはこう言った』に出てくる登場人物（動物や魔物も含む）が多かれ少なかれそうであるように、「高等な人間」たちもみな、ツァラトゥストラの、ひいてはニーチェの「分身」である。ニーチェの内面世界がいかに複雑怪奇なものであったかが今さらのように窺われるが、なかでも「ツァラトゥストラの影」を自称する謎めいた人物は、まさにツァラトゥストラ＝ニーチェの「ドッペルゲンガー」そのものである。「影」はたえずツァラトゥストラに寄り添い、その背後に隠れひそんでいる。その「影」とツァラトゥストラが対話を交わすのが、この章の内容である。

山中で、不可解にも次々に「高等な人間」――ツァラトゥストラの過激思想にかぶれて、普通の人間としては壊れてしまった奇人変人――に出会い、気の滅入るような話を聞かされてきたツァラトゥストラは、一人きりになりたくなったところを「影」に呼び止められ、いたたまれなくなっていったん逃げ出すが、気をとり直しておのれの「影」に向き合い、その告白を聞く。興味深いのは、その「影」の姿があまりに「弱々しく」「痩せ細って」「空ろ」に見えた、という点である。もちろん影なのだから当たり前といえばそうなのだが、ツァラトゥストラが「自分の目で影をまじまじと見たとき、幽霊に出会ったかのように驚愕した」というのだから、相当ひどい姿をしていたと言わねばならない。われわれは、鏡に映った自分や写真の映像、録音された自分の声などに接するとき、それがあまりに情けなくて慄然とすることがある。そういう経験と重ね合わせてみればよいだろう。ふだんは強すぎるくらい強い精神力を発揮しているはずのツァラトゥストラだが、さすがにこのときは精神的に少々参っていたのではないかと思われる。

「影」の言い分によると、彼はツァラトゥストラのあとを追ってわびしい漂白の旅を続けてきたらしく、あてどない流浪の人生に疲れ切った様子である。しかも、ただ随伴していただけではなく、みずから「いかなる禁断のもの、最悪のもの、最果てのものにも向かって行こうとした」という。彼は「禁断のものに対して恐れを知らぬこと」を美徳として誇るのである。「あなたとともに、私は、自分がかつて心から尊敬していたものを破壊した。一切の境界石と偶像を打ち倒し、最も危険な願望を追い求めた。――そう、私はありとあらゆる犯罪を一度は乗り越えたのだ」。そう「影」は言い切る。

まさにこれこそ、「知への愛のためには人殺しも辞するな」とみずからに言い聞かせ、「神を殺したのはこの俺だ!」と「最も醜い人間」に語らせた、ニーチェ自身の信条告白ではないだろうか。「自分がかつて心から尊敬していたもの」とは、プラトンがその重要性を説いた伝統的価値観のことであろうし、「境界石と偶像」とは、明らかに「法と権威」のことを指している(ギリシア語の「ノモス」の原義は「境界石」である）。そのような伝統－宗教－権威をことごとく葬り去ろうとしたのが、哲学者ニーチェなのである。たしかにそれは「最も危険な願望」であったろう。大伽藍を破壊し尽くす悦びは、廃墟に佇む寂寥と紙一重である。最高価値の息の根を止めるという極上の快楽をむさぼり味わった殺戮者は、いつしか鉛のような疲労に襲われ、憔悴し切った面持ちで立ち尽くす。「影」は嘆く――「ああ、一切の善、一切の羞恥、善人を敬う一切の信仰はどこへ行ってしまったのか。ああ、私がかつて持っていたあの無邪気なウソ、善人の無邪気さ、善人の高貴なウソの無邪気さは、どこへ行ってしまったのか！」

ツァラトゥストラにではなく、その「影」に、破壊者の憂鬱を語らせているニーチェは、おのれの哲学によって何が失われ、どんなにすさまじい空無がそこに現前するかを、自分自身の「道連れ」つまり自己のうちなるもう一人の自己の声によって聞かされたに違いない。たとえその破壊行為が「知への愛」ゆえであったとしても、それによって失われるものが自己自身の一部でもあった以上は、その自傷行為がいたたまれない疼きをもたらし、最終的には自己自身を全面崩壊させないではおかないことを、どこかでニーチェは自覚していた。それを知りながらあえて加速度的に突き進むことの、何と「愚か」であることか。「影」の章で「愚かさ（Thorheit）」という言葉をツァラトゥストラが口にするのは、おそらく偶然ではない。「影」の愚かさは、ツァラトゥストラ－ニーチェの愚かさであり、知への愛に憑かれた者すべての愚かさである。「影」は言う、「ツァラトゥストラ、あなたにはよく分かっている、安住の地を求めるこの探求が、じつは私の災難だったということが。私がそれに呑み込まれて、身を滅ぼすということが」。

七 「真理というものはない、何をしても許される」

「影」は、ツァラトゥストラ＝ニーチェの最も内密の分身であった。その過剰なまでに感傷的な愁訴からは、ニーチェの内面で繰り広げられた血塗られた葛藤の様子が透けて見える。神殺しに手を染めたニーチェは、わがうちでわが「道連れ」が自滅していくさまを目撃せずにはおれなかった。「地獄へ道連れ」とはこのことだろう。そういえば『罪と罰』のラスコーリニコフは、自分の分身としか言いようのない謎の人物スヴィドリガイロフに幾度も出会い、その自殺の報を聞いたのち最終的に自首することになる。自分のなかで何かが完全に潰え去ったことが、彼をして降伏せしめたのだろう。

だが、ニーチェはついに降伏もしなければ回心もしなかった。最終的に狂気に呑み込まれ、それこそ影のようなもぬけの殻の晩年を送るまで、哲学者として生き切ったのである。もちろんこれは、神殺しの場合「自首」すべき出頭場所がなさそうだったからではない。「どんな犠牲を払ってでも真理を」という欲求のままに生きることが、彼の場合「本望」つまり「生にとっての価値」そのものだったからである。みごと本懐を遂げた以上、それを撤回すべきどんないわれがあろうか。

そう考えれば、「影」もやはりツァラトゥストラの一分身にすぎないことが分かってくる。主人公と脇役のこの関係を「建前と本音」といった対で捉えるのは安易にすぎる。つまり、ニーチェは「本当は」哲学から逃げ出したかったのだ、とするのは感心しない解釈である。なるほど「影」の吐く弱音は、哲学者も生身の人間であることを何ほどか表わしている。そこには、凡人にも感情移入できそうな「かわいらしさ」が見つからないではない。だが、そのような弱さゆえの好意つまり「同情」こそ、ニーチェが断固拒否したものなのである。もし好意的解釈がありうるとすれば、「影」をツァラトゥストラの本体ではなく、あくまで随伴現象と見るのでなくてはならない。では、「影」を悲嘆に暮れさせるほど引っぱり回した、ツァラトゥストラの本体とは何か。言うまでもなく「真理への意志」である。

私は今、「言うまでもなく」と言った。だが、私のこの解釈に対しては「初歩的な誤りだ」との反論が寄せられるかもしれない。「だって、影自身「真理といえるものはない」とはっきり言っているじゃないか。しかもそれはツァラトゥストラの自説なのだ。一切の真理を否定したツァラトゥストラの本体が、どうして〈真理への意志〉ということになるのか。わけが分からないとはこのことだ」と。

そう、たしかに「わけが分からない」のである。真理への態度のこの「わけの分からなさ」がニーチェなのだ。それでいて、この不可解さを弁えないではそもそもニーチェを語ることができない。真理への愛憎相半ばする思い、その天邪鬼ぶりとにらめっこすることなしに、この哲学者と対峙できる見込みはない。

　たしかに、ニーチェは「影」の口を通して、「真理といえるものはない。何をしても許される(Nichts ist wahr, Alles ist erlaubt)」(Za, 340)と語っている。このやけくそのような発言は、現代の自暴自棄な「子犬」たちの口吻を思わせないでもない。いや、それでは話は逆であって、むしろ、今日増大しつつある儀式的懐疑主義者のほうこそ、ニーチェの口真似をしているのである。それほどこの種の開き直りはポピュラーとなった。だが、この真理の大空位時代に先駆けたニーチェ自身は、どんなことを「許された」として大々的に行なっただろうか。独居における思索とささやかな著述活動と読書三昧、ただそれだけである。「欲望の赴くままに生きるか、さもなければ、まるっきり生きないか」という「影」のセリフ――ハムレットを思わせないでもないが、ソクラテスの「ただ生きるのではなく善く生きること」のほうが近いだろう――は、ニーチェにとって、「破滅するまで哲学を」という生き方しか意味しなかった。つまり、一切のタブー抜きでとことん考える自由が「許され」ていること、それのみが彼にとっての快楽の泉だったのである。

「だが」と、ひとは言うかもしれない、「真理が存在しないなら、どうしてそんな無に摑みかかるような無駄なことをするのか。幻滅が待っているだけじゃないか」。なるほど「徒労」という言葉を「影」も口にしている。かつて真理と思われてきたものが片っ端から崩れ去るまで真理探求にのめり込むのは、みずから拷問を買ってでる愚かさでもあろう。だが、この自己否定こそ自由精神のゆえんなのである。他人の無知ぶりを暴露するのが面白くて「なぜ?」と問うのではなく、自分自身の拠り所を一つ一つ掘り崩していき無根拠の深淵を覗き込むのが嬉しくてならないという趣味こそ、自由人たろうとする哲学者の徳、つまり、知への愛の「気前のよさ」なのだ。

自虐的としか言いようがない自由精神のこの刃《やいば》は、ついに「真理」という理念そのものにまで向かう。ここでもう一度、『力への意志』の一節を思い起こそう。「真理」とは、「それなくしては特定の種類の生物が生きることができなくなってしまう」もの、とされていた。もしそうであるなら、それを「誤謬」であると言い切ってしまうこと、それゆえ「真理といえるものはない」と述べることは、まさに「特定の種類の生物が生きることができなくなってしまう」ことにならざるをえない。真理なしでは生きられない存在者が、その真理を否定することは、自己否定以外の何ものでもない。

もちろん、別な解釈も成り立たないわけではない。たとえば、「人間なんてしょせん真理と称してウソ偽りにすがらなければ生きていけない弱い存在なのだ」とする解釈もありうるかもしれない。この場合、そのように「人間」を見下している当人は、「真理なんて存在しない」と結論して何のさわりもなく生きていく自信があるらしい。だが、この種の「相対主義者」は、そういう言明そのものが「真理」を前提したうえで語らざるを得ないことに鈍感なのである。彼は自分自身を批判にさらす気前のよさをもたず、世のウソ偽りと都合よく折り合いをつけ居直っているだけである。

ニーチェ主義者ならともかく、ニーチェの自由精神は、残念ながらそういう居直りに甘んずることはできなかった。「真理といえるものはない」と一方で語る自己と、それでも性懲りもなく「真理への意志」を貫こうとするもう一人の自己との内的対話に、終生明け暮れたのである。これを矛盾と呼ぶなら、たしかに矛盾のきわみだろう。ニーチェもまた、ラスコーリニコフとは別の意味で、絶えざる内面の葛藤を生きていたのである。そうみずからを引き裂かないでは生きた心地がしない種類の生物こそ、「哲学者」と呼ぶにふさわしい。思えば、「私は何を知ろうか」と問い続けたソクラテスのアイロニーも、これと同じ水準にあったと言うべきであろう。

だとすれば、「真理なしには生きられない」とされた「特定の種類の生物」とは、じつは「哲学者」のことだった、と解するのが正しいのだろうか。それとも、すべての人間は真理なしには生きられない、とやはり言うべきなのか。なるほど、ニーチェによってとっくに死亡宣告が下されたのちでも、われわれは、科学技術から経済的豊かさまで、数多くの「神々」をひねり出しては、その慈悲にすがって生きている。その「誤謬」への信心ぶりに比べれば、新興宗教の狂信などかわいいほうである。哲学者の内的格闘が子どものお遊びとなり、ニーチェのパロディーが巷にあふれている現状は、人類が破滅への道を進んでいることを意味するのだろうか。現代人は、たいして気前もよくないくせに、哲学者の悲劇を見よう見真似で演じては自滅（じつは自己満悦）ゲームに打ち興じているのだろうか。この猿芝居は大袈裟なわりには見苦しいだけでちっとも面白くないように思われるのだが。

ツァラトゥストラは自分の「影」に、こう忠告していた。「君に迫っている危険は、小さなものではない、自由精神にして放浪者よ。〔…〕君も、とどのつまり、狭苦しい信心やら、頑固で強烈な妄想やらに陥らないよう、用心するがいい。これからは、狭苦しくて重苦しいあらゆるものが、君を誘惑してやまないだろうから」。これはニーチェ自身の自戒でもあっただろうが、われわれには、彼が後代のわれわれニーチェ主義者に発した警告に聞こえる。ちょうど、かつてソクラテス・ゲームの隆盛を苦々しく思ったプラトンが、その自堕落的末路に警鐘を鳴らしていたように。

現代は哲学が不人気であって誰も見向きもしなくなっている、とする議論は多い。だがそれは一面の真理にすぎない。現代ほど哲学がポピュラーになっている時代もまれであろう。哲学書を一行も読んだことのない少年少女が、「真理といえるものはない、何をしても許される」とニーチェ・ゲームの殺し文句を得意げに口にすることができるほどなのだから。ひょっとするとわれわれは、少なくとも健全な市民の立場に立つかぎり、プラトンにならってこう言うべきだったのかもしれない。「現代人に取り憑いた哲学病を食い止めるためには、青少年への哲学教育を禁止することが急務である」と。「哲学は〈成人〉指定にして絶対的少数者のひそかな愉しみにとどめておくべきだ」と。

真理のために人類が滅びるなら「本望」だろう。もっとも、そう思うのは私だけかもしれず、幸か不幸か、それは杞憂だとするほうが当たっている。だが少なくとも、哲学者もどきの自己満悦ゲームの解禁のおかげで破滅へ向かってまっしぐらというのは、誰だって願い下げに違いない。それが杞憂であることを私も人並みに願っている。

第三章　学問の危機と哲学――ニーチェの誓い

一　何のための学問か

日本の大学が世間から公然と無能呼ばわりされるようになって久しい。その凋落ぶりたるや、「象牙の塔から粗大ゴミへ」とでも形容したくなるほどの惨状である。無用の長物との烙印を押され浮き足立った大学関係者が「社会のニーズに即応した大学改革を！」などと叫ぶ姿はぶざまであり正視にたえない。学者と言えば偏屈な分からず屋と相場が決まっていたはずなのに、いつから彼らはかくも物分かりが良くなったのだろう。

昨今特徴的なのは、大学における学問研究に「そんなことやって何の意味があるのか？」という冷ややかな疑問がしきりと浴びせられることである。なるほど、アカデミズムにそうした問いを封じるだけの権威が盲目的に帰されていた時代に比すれば、そのような批判が投げかけられること自体は歓迎すべきであるかに見える。そう、もしこの問いが、既成の研究体制に対する原理的な異議申し立てであったとすれば。だが、遺憾ながら実情はそれと大いに異なる。「何の意味があるのか?」という疑問符の裏にひそんでいるのは、「そんな役に立たない虚学のごときに」という突き放した査定なのである。

　むろん学問無用論は今に始まったことではないが、今日深刻なのは、「何のための学問か」という疑念を突っぱねるだけの自負が大学からおよそ姿を消してしまったことである。学者たちはすっかり自信をなくしている。そのおどおどした様子は、疚《やま》しい良心に苛まれる罪人そっくりである。弱腰になった彼らは、無意味な研究という罪過に対するせめてもの償いとして、わがままな学生にも分かる軽妙な授業を心がけ、長年の看板を降ろして珍妙な名称にすげ替え、徒労と知りつつ神妙な「自己点検」に精を出し、官産からの資金調達に霊妙な術策をこらす。どれもこれも、自信喪失者に特有な弥縫・糊塗・虚飾・迎合の症例に過ぎない。こんな妙ちくりんな状況を「学問の危機」と称するのは憚られるが、それでも、大学人の多くが危機感を募らせているのはたしかなのである。

　そして、昨今の猛然たる虚学廃止論のあおりをまともに食らっているのが、大学における哲学研究である。それはそうだろう、「哲学に何の意味があるのか」と訊かれて、「かくかくの効用がある」と胸を張って返答できる哲学者などいるわけがない。いるとしたら、その人はもうとっくに哲学から足を洗っているのである。根っからの哲学者、たとえばソクラテスなら、嬉々としてこう聞き返すことだろう。「ぜひ教えてもらいたいのだが、あなたがたの言う〈意味〉とはそもそもどういう意味なのかね」と。少なくともここで熟考の余地があるのは、アカデミズムに押し寄せてきたこの「危機」の正体はいかなるものであるのか、という問題である。「何のための学問か」――なぜ私たちはそう問わずにいられないのか。

ところで、こうした学問の意味への問い、言い換えれば学問の意味空洞化に対する危機感は、何も今日突如として噴出した時代意識といったものではない。何につけ「効用」を求めてやまない昨今とは相当趣を異にしているにせよ、「学問の危機」という意識は、少なくともここ百年来、学問研究に深い影を落としてきた不断のモティーフであった。「〈何のために?〉に対する答えが欠けている」意味枯渇状況をニーチェにならって「ニヒリズム」と呼ぶとすれば、「何のための学問か」という懐疑の浸透傾向などは「ニヒリズム」の最たるものであろうが、学問に対するこの種の虚無感なら、すでに多くの先達によって鋭敏に感受され、率直に表明されてきたところであった。

二　二人の学者の証言

学問の意味への問いをテーマとしたものとしてまず思い浮かぶのは、社会科学者マックス・ヴェーバーの『職業としての学問』（一九一九年刊）であろう。第一次世界大戦末期の一九一七年になされたこの講演は、当時の学問における意味喪失のさまを如実に伝えるドキュメントと言えるものである。その話題の中心は、「学問の意味とは何かという問題（Sinnproblem der Wissenschaft）」、つまり「人類の生活全般のなかで学問という職業は何であり、またその価値は何であるか」という問題である。(1) なぜこのような問いをヴェーバーが取り上げたかと言えば、学問に寄せる当時の「若い世代」の思いに由々しい「変化」が現われている、と彼が感じとったからである。

学問を「真なる存在への道」としてとして賛美するプラトンに比べて、「今日とくに若い人たちの感じ方はとっくに正反対のものになっている。つまり、学問がこしらえる思想の世界とは、人為的な抽象からなる背後世界的（hinterweltlich）な国であり、そうした抽象はひからびた手で実生活の血潮や精気をひったくろうとするが、いかんせんそれを捕まえるに至らない」。(2) 若者たちは言う、およそ学問は「われわれは何をなすべきか、いかに生きるべきか」を少しも教えてくれない「無意味な存在」でしかない、と。(3) ヴェーバーは、学問一般への深刻な幻滅・失望感が、世界大戦によって疲弊しきった世の中をひたひたと覆い尽くしつつあるという事態をはっきりと見てとっている。そのうえ彼は、明らかにこの「学問の危機」が、ニーチェの予言通りに進行していることを感じとってもいる。

　事実と価値とを切り分ける実証主義的な考え方が完全に常識化してしまった今日では、もはや「科学」に「生の意味づけ」を期待する若者はいないだろうし、その思いが裏切られて絶望を覚えることもおそらくないが、ヴェーバーの時代にはまだ「何のための学問か」という問いは、実益を伴う研究のみを是とするシニカルな実利主義に成り下がってはいなかった。逆に言えば、彼が直感した「学問の危機」とは、一九世紀の実証諸科学の確立以降次第に有力となった事実と価値の二分法に基づくところの「生からの学問の乖離」という事態の表われなのである。生から決定的に断絶されるに至った学問には、もはや生を意味づけることなどできようはずもなく、せいぜい生によって意味づけられることを期待するのみであろう。つまり、「学問と生」という二項が分離独立してはじめて、「何のための学問か」という問いに対して「生のため」という唯一の模範解答が暗々裡に据え置かれることになるのである。科学を、実社会に応用できる技術を提供する手段とのみ解したり、せいぜい知的好奇心の便利な捌《は》け口として受け止めたりする今日の風潮は、ヴェーバーがかつて冷徹に凝視した「学問の危機」のなれの果てと言えなくもない。

　ところで、ヴェーバーとは別個に、しかも負けず劣らず真摯に「学問の意味への問い」に取り組んだ、同時代のもう一人の代表的学者として、哲学者エトムント・フッサールを挙げることができる。じつを言うと「学問の危機と哲学」という標題は、フッサール晩年の作品のタイトル『ヨーロッパ諸学問の危機と超越論的現象学』（一九三六年成立）をつづめたものである。この著作はもっと短く『危機書』と呼ばれたりもするが、概してその「危機」の何たるかが十分理解されているとは言いがたい。ところがこの書を繙けば、フッサールの抱いた危機感がヴェーバーのそれと同質であることが、ただちに見てとれるのである。

冒頭の第一節で「学問はたえず成果を挙げているのに、学問の危機などといったものが本当に存在するのだろうか」とみずから疑問を投げかけたのち、フッサールは第二節ではっきりと、「実証主義は学問の理念をたんなる事実科学へと還元する。学問の〈危機〉とは、生に対して学問が意義を喪失したということである」との見解を打ち出す。この第二節はそれ自体、フッサールの「実存的」危機意識を吐露したものとなっているが、その話題の中心は、「前世紀末から今世紀にかけて学問に関して生じた全般的な価値評価の転換」であり、それは「そもそも学問は人間存在にとって何を意味したのか、また何を意味しうるのか」という点に関わる。[4] 一九世紀に実証科学はその「繁栄」によって人びとを幻惑したが、その一方で「真正の人間性にとって何が決定的な問題であるか」について目をそらさせてしまった。この問題が表面化したのは、とりわけ第一次世界大戦後であり、「周知の通り、若い世代のあいだに敵対的な気分を引き起こすまでになった」と、フッサールは一九三〇年代中葉のこの段階で回顧するのである。[5]

「生が苦境に陥っているこの時代に――そうわれわれはよく耳にする――この事実科学は何も語ってくれない。事実科学は、現代という不幸な時代にあって宿命的な大変動にさらされている人間にとって焦眉の急である次のような問いを、原理的に排除してしまう。つまりそれは、こうした人間存在は全体としてそもそも意味があるのか、それとも無意味なのか、という問いなのだ」。「歴史の生起が幻想に過ぎない高揚感と苦々しい幻滅感との絶え間のない連鎖以外の何ものでもないようなこうした世界にわれわれはいったい生きていくことができるものだろうか」(6)。

当時の「若い世代」の心情を支配しつつあった学問一般に対する深刻な絶望感をこのように代弁して語るフッサールの口調に、他人事めいた響きは感じられない。フッサール晩年の思索は、こうした「生に対する学問の意味」への問いに捧げられたのだが、それは、もともと「学問論」という性格を色濃く帯びてまさに一九世紀末に成立した彼の現象学の総決算を意味するものでもあった。

三　原点としてのニーチェ

ところで注意すべきは、以上の二つの「証言」のなかで「若い世代」と呼ばれていた青年層に、以後のドイツ哲学界を担うことになるカール・ヤスパースやマルティン・ハイデガーも属していたという点である。第一次世界大戦直後と言えば、シュペングラー『西洋の没落』（第一巻一九一八年）やヘッセ『デミアン』（一九一九年）が熱狂的に読まれた混迷の時代である。ヴェーバーに近しいヤスパースが『世界観の心理学』を世に問い哲学上のデビューを飾ったのは戦後まもない一九一九年であったが、当時そのヤスパースと親交を結んで学問の刷新への意欲を語り合ったハイデガーがフライブルク大学私講師として本格的に講義を開始したのも同じく一九一九年であった。全集で出揃った当時のハイデガーの講義録を読んでいくと、「学問の危機」を深刻に受け止めたこの若き哲学者が、フッサール現象学に学びながらも微妙な距離を保持しつつ、みずから「根源学としての哲学」という新しい学問理念を打ちたてようと奮闘している様子が、手に取るように分かる。

この当時、ハイデガーは「事実的な生の経験」（訳し直せば「現実の生活経験」）という原領域を哲学の根源的エレメントとして掲げていた。それは、生からの学問の乖離の危機を乗り越える道を、生の遂行として哲学を再生することのうちに見定めようとする試みであり、こうした哲学構想は、のちに『存在と時間』において「実存」の分析論として結実することになる。その詳細は措くとして、ここで注目したいのは、学問さらには広く認識作用全般を、認識という仕方で実存する主体のあり方に基づいて意味づけようとする試みが、そこには盛り込まれている点である（いわゆる「学問の実存論的概念」）。日常的生活連関から理論的認識の発生を跡づけようとするこうした方向性は、むろん一つには近代自然科学の成立という問題をめがけているのだが、その学問論的野心はとりわけ、「歴史学の実存論的基礎づけ」という形で集中的に現われる。歴史学も一つのれっきとした実存の様式であり、歴史学者自身の存在が第一次的に前提されている、というわけである。

ところが、ここで私たちが改めて目にするのは、これまでの議論にも絶えず見え隠れしていたニーチェの「影」なのである。ハイデガーの歴史観に対するニーチェの影響に関して、ここで立ち入った検討を行なうことはできないが、ハイデガーみずから、『存在と時間』のなかで歴史学の意味づけの議論を締めくくるさい、ニーチェの論考『生にとっての歴史の得失』の重要性を表立って力説しており（第七六節）、その影響の大きさは容易に見てとれる。しかも、ハイデガーへのニーチェの影響は、たんに歴史の理解にとどまらず、学問さらにはそもそも認識という現象をいかに意味づけるか、という根本的な層にまで達しているように思われる。だがそれにしても、なぜ至る所でかくもニーチェなのか。

ところで、この『生にとっての歴史の得失』は、ニーチェの初期に属する作品『反時代的考察』の第二篇をなすものだが（一八七四年刊、続く第三篇も同年に刊行）、もちろんこの論文は、歴史学の「得失」を論《あげつら》う同時代批評などといった生易しいものではない。むしろそれは、一九世紀に現われた実証科学全般への深い懐疑を盛り込んだ根本的な学問批判の書なのである。もっと言えば、これは、二〇世紀になってようやく広汎に自覚されるに至った「学問の危機」の本質が、そしてその「危機」が人びとを根底から呪縛するさまが、あらかじめ描き込まれた、恐るべき予言の書なのである。このことは、最終節の次の箇所を読みとくことによって判然となるであろう。「ところで、生が認識や学問を支配すべきなのか、それとも認識が生を支配すべきなのか。生と認識のどちらの力がより高く決定的なのだろうか。誰も疑わないだろう、生こそがより高く決定的なのだ。なぜなら、生を絶滅させるような認識は、自分自身をもろともに絶滅させてしまうのだから。認識は生を前提としている。したがって認識は生を維持することに関心を抱いているのであり、それは、おのれ自身が生き延びることにあらゆる生物が抱いている関心とまったく同じである。だから、学問はより高次の監督と監視を必要とするのだ」（『生にとっての歴史の得失』第一〇節、UB, 330-331）。

ここには、「生が認識のためにあるのではない、認識が生のためにあるのだ」という価値序列の原則が表明されている。「生が歴史的知識の犠牲になるのはおかしい、歴史学はがんらい生に奉仕すべきなのだ」とするこの論考の基本的主張もこれに基づいている。

このようなニーチェの見解は、自然科学と歴史科学を二つの柱として全盛を迎えつつあった当時の実証主義的傾向に対する明確なアンチテーゼ以外の何ものでもない。ニーチェは、実証諸科学が制度化されてゆく時代の大きな流れのうちに、目的と手段の転倒という明白な病的徴候を見てとっているのである。もともと人間の生の営みの一つに過ぎないはずの認識作用、学問活動は、今や「客観性」という理念の主導のもとに、生から決定的に切り離され、自己目的化しようとしている。かくして、純然たる事実を微に入り細を穿《うが》って集積すればそれだけ知識は増大し、「科学の進歩」は約束される、といった進歩信仰がまかり通るようになる。諸学科が分岐し細分化されるのに応じて、学者もいよいよ専門化し各自に割り振られた一事しか顧みなくなり、学問に励めば励むほど「教養人」どころか「労働者」然としてくる。ひたすら拡大再生産を目指して邁進する学問の現場は、未熟な若者を「奴隷」として呑み込んで盲目的な「分業」を強いる「科学の工場」となる。どれもこれも「できるかぎり役に立とうと皆で一緒に励む労働の時代」の産物である（以上とくに『生にとっての歴史の得失』第七節を参照）。――一五〇年経った今日はどうであろうか。

認識によって生が蝕まれていくこうした本末転倒の病的事態に対して、ニーチェは生に健やかさを取り戻すための対症療法として、「生が認識に奉仕すべきなのではなく、認識こそ生に奉仕すべきなのだ」と説く。過去に関する認識の増大をもっぱらめざす歴史学の根本志向にあえて逆らって、生の健康のためには過去の「忘却」、つまり歴史認識そのものの廃棄さえ辞すべきではない、とまで言われるのも、そうした荒療治の一環なのである。

認識を生に従属させるこうした考え方が、ニーチェ以後の世代に決定的影響を及ぼしたのは明らかであろう。たとえば、ハイデガーには、学問的認識もまた世界内存在する実存主体のあり方であり、実存なくして認識は意味を持ちえない、とする考え方が見られるが、そこには、ニーチェ的な「生あってこその認識」というモティーフが窺える。先にふれた「学問の実存論的概念」にしても、生の光学から学問を見る試みの一つにほかならない。

ハイデガーだけではない。翻ってみれば、早くからニーチェの学問批判を重く受け止めていたヴェーバーはもとより、学問の危機への省察に晩年の情熱を傾けたフッサールにしても、ニーチェの次のような問いかけの圏内に知らず識らずのうちに引きこまれていたことはもはや疑うべくもない。「学問そのものは、今日の学問は――いや、そもそも一切の学問は、生の徴候として見るなら、何を意味するのか。何のためにあるのか、もっといじわるく言えば、どこから生じたのか――一切の学問は」(7)(『悲劇の誕生』「自己批判の試み」一)。

ニーチェはみずからのデビュー作を後年振り返って、「当時私が捉えることができたもの、危険にして恐るべきもの〔…〕、一つの新しい問題、それは学問という問題そのものであった、と今日の私なら言うだろう。学問がはじめて問題的なもの、疑わしいものとして捉えられたのだ」(8)(同上二)と意義づけている。ニーチェのそもそもの出発点となったこの「学問の意味への問い」は以来、二〇世紀初頭の学問論を深いところで規定し、実存哲学の成立を動機づけ、さらにその後も少しも衰えることなく、今日なお「何のための学問か」といったシニカルな疑問の形で現われている。もちろん、この「新しい問題」に気付いた者は他にもいたであろうが（彼の近辺ではたとえばブルクハルト）、ニーチェほどこの問題を執拗に追究し、後代に深甚な影響を及ぼした者は見当たらない。「学問の危機」という歴史的状況の本質に迫るために、ニーチェという原点に遡らねばならないゆえんである。

四　生のための認識

ところで、学問や認識一般を生の連関に引き戻すという考え方は、これはこれで、じつにさまざまな意味に解されうる。それどころか、認識を生の「利害関心」に沿って理解するという立場は、ニーチェ以降さまざまな認識理論の登場を経た現在では、むしろ常識的見解と化したとさえ言える。たとえば、認識をその前提たる社会的存在に向けて解釈する知識社会学やイデオロギー批判、知識や言語をその遂行状況に着目して解明しようとするプラグマティズムや言語ゲーム論、果ては、実践哲学の復権、第一哲学としての倫理学、理性の暴力論など、どれをとっても知を現実のただなかに位置づけようとする試みである。認識を世界内存在のあり方と解するハイデガーの説明も、実践優位の認識理解という面を強調され、プラグマティズムへの接近を云々されるほどである。

これと同類の実践優位は、ニーチェを解釈する場合にも取り沙汰される。これにはたとえば『生にとっての歴史の得失』という標題が、認識のもたらす「利得と損失」をもっぱら主題とした論考であるかに見えてしまう、といった事情も一役買っていよう。たしかに、このいささか皮肉のききすぎたタイトルをそのまま受けとれば、あたかもニーチェが実用的道具的知識論を提唱しているかのように見えてくる。同時代のイギリス功利主義哲学に対しては手厳しい評価を下しているニーチェだが、知をその効用において意味づけようとしている点では功利的知識観を共有している――などといった解釈が出てくるのも、その意味ではむしろ当然なのである。

もちろん、ニーチェは「認識は生に奉仕すべきだ」と言うことで、学問の成果を実生活に応用すべしとする実学主義を説いているわけでは毛頭ない。それでは、認識はそのつどの関心や視点によって制約された相対的なものでしかない、と主張しているのだろうか。たしかにニーチェには、真理という現象を、それを認識する側の利害関心の産物として徹底的に解釈しようとする強烈な志向が見られ、これをもって彼を現代の価値相対主義の元祖と解する論者もあとを絶たない。ニーチェこそ、認識のうちにひそむ「力への意志」を「真理への意志」としてあばき立て、西洋形而上学に終止符を打ち、「反哲学」の狼煙《のろし》を上げたのだ、と分かりやすく説く思想史家も現われたりする。

では、ニーチェは、認識一般を生活のための手段と見なし、真理をことごとく利害関係の総体に還元したのであろうか。およそ学問を功利的観点で評定すべしと説いたのだろうか。もしそうだとすれば、ニーチェは哲学者ではなかったことになる。少なくとも、ニヒリズムに陥った哲学者だったことになる。哲学が「知恵の愛求」にして「真理の探究」であり「学問中の学問」たろうとするものである以上、そうした理念をすべて格下げして事足れりとする者は、そもそも「愛知の人」とは呼べないからである。しかるに、ニーチェは――「反キリスト者」なら自称したかもしれないが――「反哲学者」を宣言した形跡はない。とすると彼は、認識・真理・学問を全否定して哲学と仲良く共倒れする「知のニヒリスト」だったのだろうか。それにしても、「ニヒリズムの病弊を告発して止まなかったニーチェだが、哲学者としてはみずから深刻なニヒリズムからついに脱することができなかった」というのは、あまり感心できない解釈である。

ここには、ある容易ならざる問題がひそんでいる。哲学者は、認識を現実の生の連関のただなかに置き戻したり、真理を生活を維持する手段と見なしたりするだけでは、あるいは、理論命題を実践活動から派生した随伴現象として説明するだけでは、そういう主張をしている当人がまさに普遍的真理をめざし理論的認識を行なっているかぎり、自分自身のあり方を少なくとも自己卑下することになってしまうのである。なるほど、哲学には「身の程を弁えよ」との戒めが古くから付きまとってきた。自己批判が哲学の不可欠の要素であることもたしかである。しかし、だからといって、分限をひたすら守って現実の生活に身をうずめればよいというわけではない。つまり、それでは哲学にならない。相対的知識に甘んじ実社会への貢献を取り柄とする、物分かりのいい哲学などあろうはずがない。それこそ「反哲学」と言うべきであろう。

ところが、こうした哲学の平板化・陳腐化の傾向が、ニーチェ以後の哲学の主要な動向をなしてきた。じっさい、プラグマティズムや日常言語学派はむろんのこと、生の哲学や実存主義も明らかにこの傾向を内蔵している。マルクス主義的唯物論に至っては、知の平民主義の最たるものであろう。二〇世紀前半のこうした諸思潮の後にタケノコのように現われた現代思想はいよいよ哲学からの撤退を売り物にしている。かくて、認識や真理という理念をポジティヴに掲げることがもはやできなくなった思想業界関係者は、もっぱら哲学を自虐的に蔑むことによって自己の免罪符を手に入れようとする。彼らにとって、哲学を虚仮《こけ》にし冷笑することこそ良識の証しというわけだが、どう見てもこれは賢者の証しとは言いがたい。それなら哲学などさっさと放り出してひたすら生活実践や社会活動に打ち込めばよいのであり、哲学にこだわればこだわるほど、それだけ自分のやっていることの下らなさ加減を証明するのがオチだからである。

それはともかく、そもそもニーチェを相対主義やら反哲学やらの元祖に祭り上げてよいかどうか、これが問題であった。「生のための認識」というニーチェの所説に対する私なりの解釈はこうである——。

『生にとっての歴史の得失』という論文は、学問論としてはそれだけ独立に読まれるべきではなく、それに続く『反時代的考察』の第三篇『教育者としてのショーペンハウアー』とワンセットで併読されるべきである。かの第二篇が、言ってみれば破壊的議論を前面に打ち出すだけに終わっているのに対して——この意味での「消極性」は著者みずから最終節で「節度なき批判」「アイロニーからシニシズムへ」(UB, 324) と自嘲していることからも窺える——、次の第三論文こそは、ニーチェ本来の「文化」の理念を正面から掲げ、理想的「学問」論を積極的に披露している。そこには、生にとっての手段であるにすぎない認識ではない、生にとっての目標となりうる至高の認識、一切の学問の究極的理想が、紛《まご》うかたなく示されている。そしてその「学問」こそ、彼の言う「哲学」にほかならない。

ニーチェにとって「哲学」とは、生が生きるに値するゆえんの「快楽の泉」であった。こうした哲学観は、初期から晩年に至るまで一貫して保持されている。「ディオニュソス的な知恵」と名指されたり、「愉しい学問」と讃えられたり、「ツァラトゥストラ」という人物によって形象化されたり、「新しい哲学者たちがやって来るのが見える」と予感されたりしつつ、彼にとってたえずあこがれの的であり続けたのが、この「哲学」なのである。ニーチェが「反哲学」をぶち上げたかに見えるのは、このかぎりなく高い理念を前にしては、いかなる既成の自称哲学も色褪せて見えるほかはなかったからである。この理想追求の凄まじさたるや、のっけからあの元祖ソクラテスを、哲学腐敗の首謀者として告発し反哲学の徒として葬り去ってしまったほどである。

五　認識のための生

ここで思い起こされるのは、ニーチェは「生への意志」を説いたのではなく「力への意志」を説いた、という点である。これは、プラトン『クリトン』の有名な言葉を借りて言えば、「大切にしなければならないのは、ただ生きることではなくて、よく生きることだ」という意味である。それゆえ、「認識は生に仕えるべきだ」というテーゼは、何といっても不完全さを免れない。なぜなら、そこには「いかなる生にか」という肝腎の説明が欠けているからである。生の価値そのものに関わるようなそういった説明はすべきでない、というのが現代人の大方の見方かもしれない。だが、その見方こそ、事実と価値の分離を主張する実証主義の支配下にある発想にほかならないのである。実証主義と対決しようとしたニーチェが、実証主義者よろしく価値判断を留保して「いかなる生にか」を明示しないままにとどめた、などということはありえない。「いかなる生をめざすべきか」について、なるほどニーチェは、『生にとっての歴史の得失』では、最後の最後に仄めかすだけにとどめている。この大急ぎのささやき声を聞き漏らす人が多いのはべつに怪しむに足らない。だが、不思議でならないのは、次いでただちにニーチェは「理想とすべきはこういう生だ」とアジテーションしているのに、その大音声をほとんどの人が聞き逃していることである。耳でも塞がないかぎり、そういうことにはならないと思うのだが。

さて、『反時代的考察』第三篇において、ショーペンハウアーに仮託して語られつつ次第に姿を現わす「哲学」の理念は、これはこれで、たいへん過激かつ危険な「恐るべき」性格のものである。というのも、この真の「哲学」は、一九世紀に国家の覚えうるわしく「制度化」されるに至った——そしてなんとか現在まで生き延びている——大学における講壇哲学という形態においては、まったく不可能である、と断言されているからである。たしかにこれは聞き捨てならない発言である。なにしろ、私たちが現に行なっている「哲学研究」の意味の一切が真っ向から否定され、百害あって一利なしと嘲弄されているからである。ニーチェからすれば、今日なお大学で

「哲学」を空々しく講じているわれわれはさしずめ、かつてショーペンハウアーが罵倒した「似非思想家の世継と後裔」のそのまた末裔、といったところであろう。ここまで言われて黙っているのは名折れというものである。いやしくも大学で「哲学」に携わっている者なら、ニーチェからとっくの昔に差し出されていたこの挑戦状の意味を真剣に熟考すべきだったのではないか。

ところが今日「ニーチェ哲学研究」はそれなりに盛んであるのにもかかわらず、ニーチェのこの挑戦状の意味するところはこれまで不問に付されてきた。ニヒリズム克服の思想史的意味だとか永遠回帰説の整合的解釈だとかいったことならいくらでも論文の種にされているというのに、である。そして現代、まさにニーチェの予言通り、「哲学」は物笑いの種となり侮蔑の的に下落し、かくして去勢化されて久しい哲学はさらに進んで安楽化の段階に進んできている。だがそれは、「認識への意志」にして「真理への情熱」であるはずの自己の営為に積極的意味を見出すことができず、哲学の可能性をかぎりなく低く見積もっては自嘲してお茶を濁すことしかしなくなった哲学業界の自業自得と言うべきではないか。「しょせん哲学なんて……」という思いに悩まされている研究者が、今さらしおらしく哲学的思考の応用可能性を説いても何の迫力もない。それが、哲学的伝統の副産物を性懲りもなく売り物にするだけの卑しい魂胆から来ている以上、もとより講壇哲学にとって恥の上塗りにしかならない道理である。

だが、こうした情勢にあるからこそ、ニーチェが高く高く掲げた「哲学」の理想が、もう一度顧みられねばならない。それ自体で生を価値あるものたらしめる最高の認識。生のための認識ではない、認識のための生。一切のタブーを排し、生の破滅をも恐れない愛知のあくなき試み。ニーチェはこう言っているのだ、実証科学のごときに生が危機に瀕するのは願い下げだが、哲学という人類の至上価値を追求する余り人類が破滅に追い込まれるなら本望と言うべきではないか、と。これは極論ではなく正論であり、もしそれが暴論に映るとすれば、それはそもそも哲学がそれだけラディカルな営みだからである。だから、かくも危険で恐るべき「学問」が猛威をふるうとき、他の一切の学問は今度こそ本当の「危機」を迎えることだろう。だが、それを穏便に回避しようとするすべての勢力に対しては、哲学を志す者は断固異を唱えなければならない。たとえそれが、民主主義であれ人権思想であれ、あるいはファシズムであれ反ファシズムであれ、それどころかヒューマニズムであれ平和運動であれ、そうである。まして、延命に汲々としている講壇哲学に至っては何をか言わんや、である。

ニーチェはなんと、大学から講壇哲学者を「追放」し「迫害」せよ、とまで言っている。だがそれは、それほどまでに哲学によせる彼の思いが激しかったからである。哲学を見かぎったからではなく、哲学を見くびって実証科学の仲間に入りたがっているような手合いが許せなかったからである。「ショーペンハウアー」とは、若きニーチェにとって、在野の「哲学的天才」の代名詞であったが、現実のショーペンハウアーが敵意を燃やしたヘーゲル哲学の成功以降アカデミズムに定着することとなった講壇哲学とは、その当初から、少なくともニーチェの目から見て、肥大化する実証科学の露払いか太鼓持ち程度の寄生的存在でしかなかった。つまり、その後も幸か不幸か追放も迫害もされず生き永らえ今日に至っている、哲学史研究を中心とした「大学の哲学」なる制度は、せいぜい二百年程度の歴史しか持たない眉唾物の存在だ、ということである。それが「歴史病」ならぬ「哲学病」を病んでいないかどうか、よくよく疑ってみた方がいい。

さて、ここで一つの問題が持ち上がる。わが国では、一九世紀末に明治政府の熱心な西洋学術移入政策の一環として、主にドイツにならって大学のなかに哲学の講座が開設され、その後設立された各大学もやはり哲学の教育課程を取り入れ、現在に至っている。そこで問題だが、この制度化された学問は、果たして哲学であったろうか。

だが、このくらいで、身の程知らずの曲学阿世の駄弁を連ねるのはやめにしよう。最後に、ニーチェをして存分に語らしめよう。そしてその反時代的な「暴論かつ正論」にしばし耳を傾けることにしよう。

六 『教育者としてのショーペンハウアー』第八（最終）節より(9)

「文化」の最高の目標は「哲学者を生み出すこと」にある。周知の通り、哲学者育成のプログラムを大胆にも提言したのは、『国家』篇におけるプラトンであった。「ところで、プラトンの考えは何ほどか実現されたように見えなくもない。なぜなら、現代の国家は今日、哲学の振興をみずからの課題と見なしており、一定数の人間にあの〈自由〉という恩恵を常時ほどこしているからである」(412)。

では、国家によるこうした哲学の振興策は「新しいプラトンたちを生み出すこと」を真剣にめざしているであろうか。残念ながら、「天性の大哲学者が生まれ出で、殖え続けることを邪魔しているのは、他でもない、国家に召し抱えられた出来の悪い哲学者たちなのである」(413)。「哲学の振興といったところでたかだかそれは、国家のおかげで今日では少なくとも一定数の人間が哲学をして暮らすことができるということでしかなく、しかもそれは、哲学によって生計の糧を得ることができるようになったというにすぎない」(413)。

かりにプラトンやショーペンハウアー級の大哲学者がいたとしても、「国家があえてそういう人間を引き立てて大学教授の職に登用するなどということは決してないだろう。なぜか。それは、どんな国家も彼らを恐れているからであり、引き立てられるのはいつでも、国家に恐れを感じさせないたぐいの哲学者のみだからである」(414)。

「だから、国家に召し抱えられた哲学者たることに甘んずる者は、真理をあらゆる隠れ家にまで分け入って追跡することを諦めてしまったかのごとく国家によって見なされることにも甘んじなければならない。少なくとも、彼が引き立てられ雇われているあいだは、真理よりもなお高次のものを彼は承認しなければならないのであり、つまりそれが国家なのだ」(415)。

講壇哲学の現状を診断するに、「とにかく国家に対する哲学の側の譲歩は現在ははなはだ大幅なものとなっている」(415)。それは三点にまとめられる。第一の譲歩は、国家に哲学者を選定する「権威」が委ねられている点である。第二の譲歩は、哲学者が大学で講義を行なうという「仕事」を課せられ「自由」を失っていることである。「ここで問題が生ずる。そもそも哲学者ともあろうものが、講義で話すための話題を毎日持ち合わせるなどといった義務を、良心に何ら恥じることなく負うことができるものだろうか。しかも、聴講を希望するすべての学生の前でそれを講義するなどといった義務を、である。〔…〕そういった思索は、はじめからいわば去勢されているのではないか」(416)。

第三の譲歩は、哲学史的な「学識」を売り物にすればよいとされる点である。「しかし結局のところ、現代の若者に哲学の歴史など何の関わりがあるというのだろうか。諸説紛々たる哲学史を教え込むことで、自説を持とうとする彼らの意気込みを萎えさせようというのか。〔…〕それとも哲学に対する憎悪や軽蔑を鼓吹するのが目的なのか。学生たちが哲学の試験にそなえて人間精神の最も辛辣かつ気違いじみた奇想や最も偉大かつ難解な着想を一緒くたに哀れな頭脳に押し込もうとして呻吟している様子を知っている者なら、この最後の考え方をほとんど認めたくもなるだろう」(417)。

「試験をくぐりぬけた者――何とまあむごい試験をくぐりぬけた合格者であろうか――は深い溜め息をついては次のように告白するのである、「やれやれ、哲学者でなくて本当によかった。普通の敬虔な国民でいて助かった、ありがたや」と」。「この溜め息こそまさに国家の狙うところであったとしたら、どうか。そして、〈哲学に引き込む教育〉がじつは哲学から引き離す教育でしかないとしたら、どうか」(418)。

「いずれにせよ、講壇哲学は今や落ちぶれて、世間一般の侮蔑と疑惑にさらされている。その理由の一半は、今日、教授に収まって大学を牛耳っている連中が、どれもこれもろくでなしの無能の輩ばかりだという点にある」(418)。

これが現状なら、「やがて、学問を学ぶ若者たちが、大学で教わる哲学など頼りとしないでやってゆくようになるのは疑いの余地のないことだし、また現に、学問と関係ない大人たちはすでにそんな哲学のお世話にならなくともやっているのである」(418)。

「最近の哲学者は、自分たちは本来、諸科学の境界を監視する見張り番にすぎないと主張して得意になっている。これにとくに役に立つのがカントの学説で、彼らはそこから呑気な懐疑主義を作り上げることに孜々《しし》として努めているのだが、そんな懐疑主義などいまに誰一人として気にかけなくなることだろう。昨今でもまだたまには一念発起してささやかな形而上学へとはばたこうと試みる者がいるが、その成果たるや例によってめまいと頭痛と鼻血である。〔…〕彼らは、快活な自信をきれいさっぱり失ってしまっているから、おのれの哲学のために生きる気概などこれっぽっちもみられない」(419f.)。

そういうわけで、「現状では疑いなく、個別諸科学に携わる人々の方が論理的で注意深く慎重で才覚がある。要するに、彼らの方が、いわゆる哲学者たちよりも哲学的にやっているわけである」(420)。

「ところで、これら一群の出来の悪い哲学者たちが笑うべき存在であるのはたしかだとして――それを認めない者がいるだろうか――、いったいどの程度まで彼らは有害な存在なのだろうか。結論を手っとり早く言えば、彼らは哲学を物笑いの種にするから有害なのである。国家公認の似非思想家どもが幅をきかせているかぎり、真の哲学のどんな偉大な影響も水泡に帰してしまうか、あるいは少なくとも阻止されてしまうのである」(421)。

「したがって、哲学から国家や大学による認可をすべて取り上げてしまうこと、および、真の哲学と贋の哲学を見分けるという、国家や大学にできるはずもない難題を国家や大学からはじめから免除してやること、これを私は文化の要請と呼びたいと思う。とにかく哲学者たちを野放しにしてみることだ。官職につく望みとかブルジョワ的な職種のポストを得る望みとかをすべて拒絶することだ。給料で雇うといった甘い汁で釣らないことだ。いやそれどころかもう一歩進めて、彼らを迫害し、白眼視することだ」(421f.)。

「国家にとって重要なのは真理そのものでは決してなく、ただただ国家に役に立つ真理だけである。より正確に言えば、真理であれ半真理であれ誤謬であれ、ともかく役に立つものなら何でもよいのである。したがって、国家と哲学の同盟が意味を持つのは、国家に無条件に役に立つことを、つまり国家の利益を真理よりも上位に置くことを哲学が約束できる場合だけである」(422)。

「今日のドイツ国家には権力がある。これに対して、当時つまりヘーゲルの時代には権力を手に入れようと欲していた――これは大きな違いである。国家はもはや哲学による認可を必要としていない。そのため国家にとって哲学は余計なものとなってしまった。国家がこのさい哲学の講座を廃止するなら、あるいは、今後おそらくそうなるだろうと予想されるが、たんに見かけの上だけおざなりに維持していくなら、国家はそれによって利益を得ることだろう。――だが、いっそう重要だと思われるのは、その程度に哲学をあしらう方が大学にとっても好都合だということを大学自身が弁えることである。いやしくも本物の学問の府であれば、生半可な学問もどきとの同居から解放されたあかつきには、それだけ自分にとって一歩前進と考えるに違いない。少なくとも私ならそう思うのだが。それに何より、大学の同僚からも軽蔑されているような学科を切り捨てることに原則的に賛成できないようでは、大学の沽券にかかわるというものだ」(424)。

「だが結局のところ――国家の死活や大学の振興がわれわれにとって何だというのか、何はともあれ地上における哲学の死活(die Existenz der Philosophie)こそが問題であるというのに。あるいは――私の言わんとするところを疑問の余地のない言い方で表わすとすれば――一人の哲学者が地上に出現することの方が、国家や大学が存続することなどより筆舌に尽くしがたいほど大切なことだというのに、だ」(425)。

「哲学は今日それほど尊敬されていないが、だとすれば、今日なぜ有力な将軍や政治家が哲学を信奉していないか、そのわけを問うてみるべきだろう。理由は簡単で、そうした人物が哲学を求めたとき、彼を出迎えたのが、哲学とは名ばかりの弱々しい幻影、つまり講壇的知恵や講壇的用心だったからであり、要するに、そのとき彼の接した哲学が物笑いの種でしかなかったからなのである。ところが、彼が本来求めていたのは、畏怖の念を与える哲学だったのである」（425f.）。

真の哲学とは「人間の努力の体系全体を一瞬にして転覆させてしまう」（エマソン）ほど「危険」きわまりないものなのである。そういうわけで、危険でも何でもない講壇哲学に対しては、ある哲学者（プラトン）についてディオゲネスが投げかけた言葉が当てはまる。曰く、「彼はあんなに長いこと哲学をやっていながら、誰かを苦しめたという話をついぞ聞いたことがない。それでいったい彼のどこが偉いと言うのかね」（426）。

「ところで、現状がそんなふうであるとするなら、哲学の威信は地に堕ちたというべきだ。どうやら哲学そのものが笑うべきもの、どうでもよい存在になり果てたかに見える。だから、哲学を心から愛する者は、それが混同であることを証明し、少なくとも、笑うべきどうでもよい存在であるのは哲学に仕えると称して哲学の面汚しをしているお門違いの連中の方である、ということくらいは明らかにする義務があろう。自身の行動を通じて、真理への愛がどんなに凄まじく恐るべきものであるかを証明できれば、なおよいだろう」（427）。

この最後の言葉が、哲学者ニーチェにとって終生の「誓い」（『この人を見よ』「反時代的考察」三）であり続けたことは言うまでもない。

Ⅱ　時代に抗して哲学する

第四章　戦争と平和の哲学――『放浪者とその影』より

一　戦争の時代の告知者ニーチェ？

二〇世紀を振り返ってアーレントならずともつくづく実感されるのは、この時代が「戦争と革命の世紀」だったという点である。(1) 二度にわたる世界大戦、とくに第二次大戦における全体主義の出現と原子爆弾の投下という未曾有の事態は、この一〇〇年を語るうえで最も特筆すべき出来事だった。また、ロシア革命とその後に続いた社会主義諸国家の成立は、その崩壊さえそう形容されたことからも明らかなように、この世紀を革命というキーワードによって特徴づけるに十分な衝撃力をもって受け止められてきた。たとえ今日「戦争」と「革命」という言葉が幸か不幸か往時ほどの喚起力をもたなくなり、それに代わって、宇宙進出や遠隔通信や遺伝子操作や環境破壊をもたらしてきたテクノロジーのそのつどの進展が、時代を劃する大事件であるかのように喧伝されるに至っているにしても、その動向の中核をなすのが「暴力手段の技術的進歩」(2)であること、そしてそれが「戦争による全滅の脅威」(3)を作り出してしまったこと、このことの重みは微動だにしない。また、「革命による全人類の解放への希望」(4)が見る影なく色褪せたかに見える現代でも、各種「改革」の小出しによって「社会問題」を解決するという発想自体は依然衰えを見せず、革命の代替としてますます猛威をふるっている。

われわれは、二〇世紀のそうした推移を見通していたかに見える一人の先覚者を挙げることができる。その世紀の始まる前年に世を去ったニーチェその人である。没後に現われたさまざまな思潮に対してニーチェが及ぼしてきた甚大な影響力については、もはや強調するまでもない。彼の下した「神は死んだ」という時代診断が、その後みるみる浸透し、今日では一般常識と化している点も、ここでは措く。そのニーチェは、来たるべき「戦争と革命の世紀」をどこまで予言していたのか。この点をしばし考えてみたい。

本章では、この二重のテーマ設定のうち「ニーチェと戦争論」のほうを取り上げる。もちろん「ニーチェと革命論」というのも、これはこれで興味深い論題である。千年期《ミレニアム》という区切りという点では、「ツァラトゥストラの千年王国」(5)という一種の革命思想について検討するほうがふさわしいかもしれないが、こちらは他日を期すことにしたい。以下では、戦争についてのニーチェのいくつかのコメントを手がかりに、どの程度まで彼を、二〇世紀という大戦争に見舞われた時代の告知者と見なすことができるかという問題に的を絞って考えをめぐらすことにしよう。そのさい、ニーチェが範を示してくれた「反時代的考察」の態度に学ぶことが肝要である。同時代に対してあくまで距離をとりつつ、同時代の本質に迫ろうとする批判のスタイルに、である。というわけで、戦争賛美を勇ましく高唱する復古調も、戦争全般を絶対悪として告発する良心節も、さしあたり問題外としておきたい。

二　戦争の讃美者ニーチェ?

私はたった今、戦争讃美の態度を遮断して考察する必要にふれた。しかしながら、この当たり前に見えることが、ニーチェを論ずる場合、決して当たり前でなく、それどころか論争の的となりうることを、まずは押さえなくてはならない。周知の通り、ニーチェは死後、ファシズムの御用イデオローグに祭り上げられた。そうした「政治利用」の事実的経緯にここで立ち入る余裕はないが、[6] ニーチェのテクストにそのように読解される余地がなかったとは言い切れない。

じっさい、古典文献学者の頃から古代ギリシアの戦士道徳に共感を示していたニーチェには、煽情的と言ってよいほど好戦的な発言が少なくない。[7] その最たるものとしては、『ツァラトゥストラはこう言った』第一部の「戦争と戦士」という章が挙げられる。そこにはこんな文章が並んでいる。

君たちが平和を愛するのなら、新たな戦争への手段として愛するのでなければならない。長期の平和よりも、むしろ短期の平和を愛するがいい。

私が君たちに勧めるのは、労働ではない。戦いだ。私が君たちに勧めるのは、平和ではない。勝利だ。君たちの労働は戦いであれ。君たちの平和は勝利であれ！

ひとは弓矢を所持してのみ、黙って静かに坐っていられる。さもないと、おしゃべりをして、けんかし始める。君たちの平和は勝利であれ！

善い目的は戦争さえも神聖にする、と君たちは言うのか。では、私は君たちに言おう。善い戦争はあらゆる目的を神聖にする、と。

戦争と勇気は、隣人愛よりも多くの大事業を成し遂げた。君たちの同情ではなく、勇敢さこそが、これまで不幸な人びとを救ったのだ。

善いとは何か、と君たちは尋ねる。勇敢であることが、善いことなのだ。(Za, 58f.)

こんな調子で果敢にアジるニーチェが、「戦争の時代」に軍国主義思想家の扱いを受けるようになったのは怪しむに足りない。逆に、第二次世界大戦後に一転して支配的となった反戦平和主義のイデオロギーにどっぷり浸かっている今日のわれわれには、今挙げたようなニーチェの文章は、ひどく耳障りに響く。それが好ましく新鮮に聞こえる、などと呟いたら最後、「保守反動」「全体主義」とすぐさまレッテルを貼られてしまう。そこで、篤実な研究者の間では、こういう問題的テクストはなるべく敬して遠ざけるか、あるいはニーチェの中心思想からの逸脱部分として処理するか、といった無難な態度がとられることになる。

だが、そもそも講壇哲学の枠を大きくはみ出す問題群をタブー抜きで縦横に論じたニーチェを、われわれ現代人の小賢しい良識が受け付けるかぎりでしか理解しようとしないのは、あまりに勿体ない。戦争についてニーチェが語ったことは、少しも古びていないし、戦争ずれした感のある現代人にも、依然として多大な示唆を与えてくれるように思われる。

なるほど、上に引用したニーチェの発言には、われわれの神経を逆撫でするものがある。「戦争」こそが「目的」であり、「平和」はむしろ「手段」にすぎぬと断ずる明白な価値転倒。戦争を何らかの大義名分によって正当化するどころか、「善い戦争はあらゆる目的を神聖にする」とまで言い切る法外な戦争讃美。命がけで戦いぬく「勇敢さ」を美徳として讃える軍人精神。平時からの武装の必要を説く臨戦体制論。——どれも、反戦平和主義のイデオロギーからすれば、あまりにも不穏当なものばかりである。

そこで、このままでは居心地が悪いと感ずる研究者は、ニーチェの言う「戦争」が何ら「現実の戦争」を意味するものではないとする、いささか技巧的な解釈を打ち出すことになる。もっとも、ニーチェのテクストに方向性の相異なる解釈を許容する多義性があるのは言うまでもなく、目下の場合でも、そこに「軍国主義者ニーチェ」のみを読みとるのは、「偏向」と言わざるをえない。『ツァラトゥストラ』の戦争論をどう解釈すべきかという点に関しては、ひとまず、以下のように整理しておきたいと思う。

1. ニーチェが鼓吹しているのはあくまで「認識における戦い」「真理をめぐる死闘」であり、そのような思想上の闘争を、現実の戦争と同列に論ずるのは的外れだとする解釈が、ひとまず成り立つ。じっさい「戦争と戦士」の章には「認識の戦士」という言い方が出てくるし、「自分の思想のために戦うべき」だという命法も見出される（Za, 58）。しかも、ツァラトゥストラが「戦士」たちに命じている「思想」とは、要するに、「人間とは克服されるべきものだ」と説く「超人」思想のことなのである。(8) それゆえ、「神の死」後、従来の価値を転覆させ新しい価値を創造するにあたって暴力行為や破壊活動が必要となるにしても、それは結局、思想上のことでしかありえず、それと現実の戦争とはレベルが異なる、と理解するのが穏当であるように見える。

しかし、この解釈にはいくつかの難点があると私には思われてならない。

まず、かりにニーチェの言う「戦争」が「認識」に関して言われているとして、すぐに問題となるのは、いかなる意味で認識が「戦争」と言えるのか、という点である。これはたんなる比喩なのか。それとも、認識にも生死を賭けた闘争という要素が現にあるという意味なのか。この場合、「認識」や「思想」とはいかなる種類のものなのか。知一般が「戦争」なのか、あるいはとくに「戦争」と呼ばれるにふさわしい知の形態があるのか。さらに、ツァラトゥストラが呼びかけている「戦士」とは誰のことを指すのか。――これらの問題は、『ツァラトゥストラはこう言った』第一部で展開されている超人思想の全容の解明へわれわれを差し戻す。ひいては、第二部――とりわけ「自己克服」の章――での「力への意志」と「真理への意志」との関係づけの精査へわれわれを差し向ける。このように、「戦争」論を「認識」論の枠内に回収しようとしても、それは問題を一歩ずらしただけの話であって、むしろこのずらしかえによって、ニーチェがわざわざ「戦争」という言葉を選んで言わんとしたことの意味が薄められてしまうとの危惧を抱かざるをえない。

それだけではない。われわれは「現実の戦争」と「思想上の戦争」をどこまで区別できるのだろうか。もちろん、ニーチェの脳髄の中にひしめいていた思念や妄想と、何百、何千万人もの死者を出した世界大戦とは別物である、と一応は言えるだろう。しかし、二〇世紀の戦争の多くには「思想上の戦争」という要素が濃厚だったし、宗教まで含めて考えれば、戦争には多かれ少なかれ「思想上の戦争」という面が備わっているものである。だとすれば、「現実／思想」という疑わしい区別を前提したうえで、ニーチェは「思想上の戦争」のみを論じていると見なして安心するのは、あまりに呑気すぎると言わざるをえない。

じつを言うと、私自身かつて「戦争と戦士」の章を読んだとき、そのあまりに好戦的な言辞に違和感を抱き、それを打ち消すべく、「ここで問題になっているのはあくまで知的闘争なのだ」

と解釈してすまそうとしたおぼえがある。だが今では、そのような物分かりのよい解釈は、ニーチェに好意的なように見えて、じつは彼の言葉をまともに受け止めようとしない頑迷さなのではないか、と思うようになった。軍国主義者というレッテルからニーチェを解き放とうと努めるあまり、そのテクストから毒気を抜き、良識派に仕立て上げるのは、かえって彼に失礼と言うべきである。

2.『ツァラトゥストラはこう言った』第一部で「戦争と戦士」に続く章は、「新しい偶像」と題され、そこでは、近代のいわゆる「国民国家（Volksstaat）」の虚妄が完膚なきまでに暴かれる。「この私、国家（der Staat）こそ民族（das Volk）である」などと大ウソをつくこの「冷ややかな怪獣」においては、「何もかもがニセモノだ」（Za, 61）。「国家と私が呼ぶところ、そこでは善人も悪人もみんなして毒を飲む。善人も悪人もみんなして自分自身を失うところ、それが国家である。万人がゆっくり自殺し――その自殺が「生命」と呼ばれるところ、それが国家である」（Za, 62）。このような国家批判を執拗に繰り広げたのち、ツァラトゥストラは同志たちに、「悪臭から逃れよ。余計な者たちの偶像礼拝から逃げ出すのだ」（Za, 63）と説く。国家の勢力圏からの離脱を力説するニーチェは、ここではどう見ても「非政治的人間」であって、「国粋主義者」「軍国主義者」というレッテルを貼るのは不可能である。

そこで、そのようなニーチェが「戦争」について語っているとしても、それは国家間の交戦状態とは何の関わりもない、とする解釈が成り立つことになる。これは1で俎上に載せた解釈路線を補強するものだが、やはり同様の難点をはらんでいるように思われる。

まず、ニーチェは「国家」と区別して「民族」という言葉を積極的な意味で使っている。つまり、善悪の価値基準を内発的に創造する共同体の意義は少しも否定されていない（このような民族観は「新しい偶像」の章にも出てくるが、より典型的には、同じ第一部の「千の目標と一つの目標」の章に見出される）。個人と共同体との関係は、ニーチェにおいてなお問題的なのである。孤独のうちへ逃げろ逃げろ、と彼が説いているからといって、それは一切の政治的なものとの訣別を意味するわけではない。むしろ、従来とは異なる新しい「民族」が生まれ「大いなる政治」が躍り出ることを、ニーチェは待望していたふしがある。こうした期待が、そのままの形ではないにしろ、二〇世紀に悪夢のような現実となって降り注いだとは言えないだろうか。少なくとも、民族の存否を決定するという空前の計画に手を染めた新種の支配形態が出現したという歴史的事実には、近代国民国家の化けの皮が剝がれてしまったということが与《あずか》っていたのであり、しかも、その虚妄性をいち早く察知していたのが、ほかならぬニーチェだった。だとすれば、彼を孤高の隠遁哲学者としてのみ扱い、政治的現実と体よく絶縁させるだけで、話が終わるはずもない。

3．「戦争と戦士」の章の後日談とも言えるのが、『ツァラトゥストラ』第四部の「王たちとの対話」の章である。ここには、「賤民の国」（Za, 305）の腐敗ぶりにホトホト嫌気がさし、そこから逃げ出してきた「二人の王」が登場する。彼らは、「戦争と戦士」で語られた好戦的フレーズ――先ほど掲げておいた箇所の一部――を盛んに引用し、ツァラトゥストラを讃える（Za, 307）。

というよりは、その勇ましいトーンに聞き惚れることによって王たちはみずからを慰めている。昔は良かった式の懐旧の念に襲われている、往年のいくさにおける「第一人者」の姿がそこにはある。かつて「王」とは、武勇に最も秀でた「同等者のなかの第一人者（primus inter pares）」を意味していた。彼らにとって「戦争」とは、おのれの卓越性を公然と示す檜舞台であった。その晴れがましい舞台が、平等主義と平和主義の時代に台無しにされてしまったことを、王たちは嘆く。たとえどんなに安楽な生活を保証されようとも、活躍の機会を封じられ、「汚い奴らのあいだで第一人者」（Za, 305）であるほかなくなってしまったフラストレーションが、王をして激しく「嘔吐」せしめるのである。戦いの場を奪われてしまったかつての「勇者中の勇者」は、哀れなくらいしょんぼりしている。そこで、みずからを奮い立たせるために、ツァラトゥストラの「好戦的な言葉」（Za, 307）にすがるのである。

戦争のない世に生きる不運を嘆くこの贅沢な不平は、平和を素直に肯定できずかえって逆恨みすら抱き、やたらと昔の戦争を美化したがる泰平の世の人びとに、何やら似ていないだろうか。「王」とは言わないまでも、戦いにおいておのれの力量を示し第一等の武勲を勝ちとることは、「戦士」にとって比類なき喜びであり、そういう彼らからすれば「戦争」とは、まぎれもなく自己表現の機会であった。それを求めるのは、殺戮本能とかいったおどろおどろしいものではなく、一種の表現欲求であり、公的なものへのあこがれの一形態なのである。その追求の機会が奪われることは、彼らにとって飼い殺しも同然である。かりにこの世から戦争が消滅したとしても、だからといって「戦争好き人間」が急に絶滅することはない。彼らの闘争心は、はけ口を求めてのたうち回ることだろう。戦争が執行猶予されているにすぎない束の間のモラトリアム期間ですら、そのありがたみが実感されるどころか、天下泰平ゆえの不平不満がくすぶっているのが実情である。戦争論が流行現象となったりするのも、その徴候と考えられる。いくさをしたいのにできないという宙吊り状態が、血の気の多い人間にとって不健康のもとであるのは、やはり認めなくてはならない。(9)

『ツァラトゥストラ』第四部にこうした展開が見られるということは、第一部の戦争論がそのように「現実の戦争」を論じたものとして一般に受け止められ、その好戦思想が政治的に歓迎すらされるであろうと、ニーチェ自身が予想していたことを示している。じっさい、そのような「好意的」解釈をされたツァラトゥストラは、とくに拒絶反応を見せていない。「二人の王」は、曲がりなりにも「高等な人間」のうちなのである。もとより「高等な人間」とは、時代の困窮のあおりをまともに食らって「半ば壊れた」(10)人間のことであり、彼らをニーチェは、完全に賛同のうえで描いているわけではない。しかしながら、平和には人間をどこか狂わせる面がある、という問題点をニーチェが提起していることはたしかだし、その点からしても、「戦争と戦士」の章の好戦的発言を最初から狭く解釈してしまうのは不十分ではないか、と思われる。

以上、やや長く解釈上の問題にこだわったが、ニーチェの戦争論を現実問題とまったく切り離してしまうことが得策ではないことは明らかになったと思う。とはいえ私は、戦争の讃美者というニーチェ像で満足するつもりは毛頭ない。ニーチェには、同じ問題をまったく別の見地から考察する複眼的な――つまり「遠近法的」な――思考が躍如としており、それが、何らかの党派的立場にニーチェを固定させることを困難にするとともに、彼の汲めども尽きぬ魅力の源泉ともなっている。同じことがニーチェの「戦争と平和」論に関しても言えることを、以下で見てゆくことにしよう。

三　非武装平和主義者ニーチェ？

平和は――少なくともツァラトゥストラの言う「長期の平和」は――人びとを生殺しの状態に置く。戦いにおいて勝利と栄光を得ようとする人間の根源的欲求を封じ込め、骨抜きにしてしまう閉塞状態は、いつしか疎んじられるようになり、人びとは次第に戦争に惹きつけられていく。生気の抜けた日常より血湧き肉躍る非常時に生きたいと願う者たちは、壮絶な特攻精神を賛美し始めることだろう。国際資本主義のビジネス戦士になることにおのれの「力への意志」のはけ口を見出す者もいれば、弱者をいじめいたぶることに快感をおぼえる連中も出てくるだろう。陰湿化した自己顕示欲が暴走する事件が頻発するのは、それだけ世の中が平和だからである。

戦争の欠如態としての平和は、人間をダメにする――そういう面があることは否定できない。

では、それとは別様の、もっと積極的な意味での「平和」というのは考えられないだろうか。たんに弛緩しただけの無為ではなく、優れた意味での行為と言えるような、「活動としての平和」というものは。

この問題に関して、ニーチェは非常に興味深い見解を述べている。『人間的、あまりに人間的』の第二の続編として一八八〇年に出された『放浪者とその影』の二八四番「現実的平和のための手段」[11]がそれである。「箴言」というにはやや長い断章だが、重要なのでなるべく逐一検討していくことにしよう。まずはその導入部分から。

今日では、おりおりの征服欲を満足させるために軍隊を保有しているのだ、とみずから認める政府は存在しない。そうではなく、軍隊とは防衛に奉仕すべきである、と主張される。その弁護人として、例の、正当防衛を是認する道徳が呼び出されることになる。

ニーチェは、ある奇妙な事実を確認することから始めている。近代国民国家は軍隊を常備軍という形で保有しているにもかかわらず、その大義名分として征服や膨張を持ち出す国は決してなく、軍隊はつねに「防衛」のためのものだとされる、という事実である。ニーチェの時代から軍隊とはすべて「自衛隊」なのであり、戦争を正当化するのは「正当防衛（Notwehr）」という理由以外にない。市民が自衛のためにピストルを所持することが認められるのと同じ論理で、国家レベルで「専守防衛」のための軍隊が容認されるわけである。

侵略の手段としての軍隊を否定し、自衛のためにのみ、ひいては平和維持の手段としてのみ軍隊の存在を肯定する、という「近代的」な考え方が一般的になったことは、人類の道徳的進歩を意味しているかに見えなくもない。だがニーチェは、まったく反対に、自衛のための軍隊という正当化のうちに、道徳的な不整合、つまり不誠実さを見出すのである。というのも、「それは自国には道徳性を、隣国には不道徳性を取っておくことを意味する」からである。そう言わざるをえない理由を、ニーチェはこう説明している——

なぜなら、わが国はどうしても正当防衛の手段を考えざるをえないとされるとき、隣国のほうは、攻撃欲と征服欲とに駆られていると考えられているに違いないからである。そのうえ、隣国がわが国とまったく同様に攻撃欲を否定し、あちらはあちらで軍隊を正当防衛の理由からのみ保持しているだけだと称しているにもかかわらず、われわれが軍隊を必要としている理由［として正当防衛］を挙げるとすれば、まさにこの説明によってわれわれは、隣国が偽善者にしてずる賢い犯罪者にほかならず、無邪気で不器用な生け贄を戦わずしてやすやすと奇襲せんとねらっているのだ、と宣言しているわけである。今ではすべての国がおたがいこういった対抗関係に立っている。つまりどの国も、隣国の悪意と自国の善意を前提としているのである。だがこういう前提は、戦争と同様に悪質な、いや戦争よりも悪質な非人間性である。それどころかこれは、根本においてすでに戦争への挑発と原因なのである。なぜならそういう前提は、すでに述べたように、隣国に不道徳性をなすりつけるものであり、そのことによって敵愾心や敵対行為を誘発するように思われるからである。

たとえば、A国が自衛のためにのみ戦力を保持すると主張する場合、A国は、みずからは先制攻撃する気の微塵もないことを宣言しながら、他国たとえばB国がA国に侵略してくることは大いに認めていることになる。しかるにB国も、これはこれで侵略の意図がないことを同じく主張しているわけだから、A国が「専守防衛」を掲げて軍隊を保有しB国を仮想敵国視する場合、A国はB国の侵略否定の主張などまるで信じていないと表明しているに等しい。つまり、相手国の言うことは信用できず、油断をすればいつ襲ってくるかもしれない悪辣な侵略者と見なしているのである。まったく同じことは、A国に対するB国の態度についても言える。それどころか、この手の相互不信があらゆる国々のあいだにみなぎっている歴然たる証拠こそ、どの国も自衛のための軍隊を有しているという事実にほかならないと、そうニーチェは言う。自国には侵略の意図を認めないのに、他国にそれを押しつける「自衛のための軍隊」論は、もうそれだけで独善的・敵対的な不正行為であり、戦争を誘発するつば迫《ぜ》り合いに等しいのだ、と。[12]

ニーチェは、このように自国に善意と道徳性を取っておき他国には悪意と不道徳性をなすりつける「自衛隊」正当化論を、「戦争よりも悪質な非人間性（Inhumanität）である」と厳しく批判している。注意すべきは、これが、人道主義的平和主義の立場からの発言ではないという点である。われわれはふつう、国際的にどんなに相互不信が行き渡ろうと、戦争さえ起こらなければ、平和な分だけましだ、と考える。とにかく戦争回避を、というのが至上目的であるなら、ニーチェのような言い方は決して出てこない。ここで「悪質」と非難されているのは、自分では人道的なジェスチャーを弄しつつ相手は陰険な侵略者と決めてかかる姑息さであり、それに比べれば、公然と侵略の意図を表明するほうが、まだしも「正直」であり「良質」だということになる。少なくとも、ニーチェが、戦争絶対反対の人道的立場ではなく、別種の「人間性」を基準にしていることは確認できるだろう。

この「人間性」がいかなる素姓を有しているかはのちに検討することにして、以上の議論からニーチェが引き出した「結論」を先に見ることにしよう。

> 正当防衛の手段としての軍隊という考え方は、征服欲と同様、徹底的に否定されなければならない。そしておそらくは将来、偉大な日がやってこよう。戦争と勝利、軍事的な秩序および知能の最高度の完成という点で傑出し、これらの事柄に最も苛酷な犠牲をささげることに慣れた一民族が、「われわれは剣を折ろう」と自発的に叫び出す日が。——そして、その国の軍隊全部を最後の基礎に至るまで粉砕する日が。

最初の一文が「結論」であり、あとはいわば「楽観的予測」といったところだろう。「征服欲を満たす手段としての軍隊」が否定されるとすれば、それとともに「正当防衛の手段としての軍隊」も否定されねばならない——ニーチェのこの考え方は、当時の現実からして、かなりユートピア的であったと思われる。では、今日ではどうか。二〇世紀に「偉大な日」は訪れただろうか。残念ながら、答えは否である。

世の中にはおめでたい人がいて、「ニーチェは戦後日本の平和憲法を先取りした先駆者であり、反戦と平和の誓いの預言者であった」とか言い出すかもしれない。もちろんニーチェのテクストをそのように政治利用することもできなくはない。軍国主義のイデオローグの代わりに、護憲平和運動の頼もしき後ろ盾を、かくしてわれわれは発見するわけである。しかしテクストを冷静に読んでみると、そうは問屋が卸さないことにすぐさま気がつく。一切の軍備を廃棄すると想定されているのは、「戦争と勝利、軍事的な秩序および知能の最高度の完成という点で傑出し」た屈強の一大軍事国家である。その最強国があくまで「自発的」に自国の軍隊を全面解除することが、ニーチェの待望した「偉大な日」なのである。これは、無条件降伏した敗戦国が、戦勝国から戦争放棄条項を盛り込んだ憲法を押しつけられる、という体たらくとは、わけが違う。負けたとたんに平和の誓いを売り物にし始めるような虫のよい国民が、ニーチェが要求する基準を満たしているはずはない。降伏が習い性となったような非武装平和主義など、歴史の道化以外の何物でもないだろう。

とはいえ、誤解のないよう一言しておけば、ニーチェから「押しつけ憲法」批判を引き出すのも等しく滑稽である。ニーチェの批判の矢は「自衛隊」正当化の論理に向けられているのであって、その「悪質な非人間性」を抉り出すことこそ、このテクストの眼目なのだから。もしそこから引き出すことのできる教訓があるとすれば、それは、既成の党派的主張のハク付けといった目先の関心を超えて、ニーチェが「平和」に関してどのような哲学的掘り下げを行なっているか、の一点にあるはずである。

では、ニーチェの「平和論」の特質はどこにあるのか。それは、平和を戦争の反対、その欠如態と見るのではなく、むしろ戦争の一環つまり勝利もしくは戦果と見立てている点にある。もちろんこれは、一方的勝利を掌中に収めた軍事大国がその覇権を誇るパックス何々式の安全保障体制のことでも、核抑止均衡ゲームのもとで一触即発の危機と隣り合わせの冷戦状態でもない。はたまた、「二度と戦争の悲惨さを繰り返すことのないように」と呟く、過去に対する後ろめたい反省の産物でもなければ、「戦没者の尊い犠牲を無駄にしてはならない」と叫ぶ、犬死にの無意味さを埋め合わせんがための平和の祈りでもない。そうではなく、自他ともに優秀性を認める国家が、その国威の最高の証しとして、他に先駆けて軍備を全廃する政策に果敢に打って出るという意味での「勝利」なのである。この場合、必要に迫られてではなく、あくまで自発的に軍隊を廃棄してしまう気前のよさこそ、平和という勝利を収めるための最も有効な手段、すなわち「武器」[13]にほかならない。

以上のような平和論をニーチェは、同時期の遺稿のなかでいっそう明快に、「最も勝利に満ちた軍隊を有する民族が、軍隊の廃棄を決心する日がいつかやってくる」という一文で表現している。クラウゼヴィッツふうに言えば、「平和とは、戦争においてとは異なる手段をもってする戦争の継続にほかならない」というのが、ニーチェの平和論なのである。ここで気づくのは、このような意味での平和を追求することは、先に見たニーチェの華々しい戦争論と必ずしも矛盾しない、という点である。そんなバカな、と言われるかもしれないが、じっさいそうなのである。「君たちの平和は勝利であれ！」とツァラトゥストラは二度も檄《げき》を飛ばしていたが、この要求は、軍備の廃絶という「平和戦略」にまさに当てはまる。また、「ひとは弓矢を所持してのみ、黙って静かに坐っていられる」という軍備肯定の一句などは最も両立不可能に見えて、決してそうではない。軍隊の廃棄こそ有効な武器つまり「弓矢」だと考えればよいからである。「戦闘的平和論」というのも立派に可能なのである。

ニーチェの平和論は、戦力の放棄が、無為無策であるどころか最高の「行為」でありうることを告げている。いやそれは、最高度の「戦い」であってよい。その場合、平和とは、戦って勝ちとられる戦果でこそあれ、ぬくぬく守り保たれるものではない。「平和を守ろう」といった現状維持的・既得権益的な掛け声は、ここでは意味をなさない。そうではなく、「平和を戦おう」こそ健全な自己主張というものなのであり、そこには人を窒息させるどす黒いニヒリズムの入り込む余地はないのである。

四　ソクラテスの弟子ニーチェ？

以上の議論に対しては、次のような反論が当然予想される。「苛酷な現実政治の力学を無視した空論など、政治的には何の意味もない。第一、国を守るという発想が、かけらも見られないではないか」と。これに対しては、別に再反論するつもりはない。私はニーチェのテクストの哲学的意味に関心をもってはいるが、飽かず繰り返される「自衛のための戦力」論には何の興味もないからである。というより、それに対するニーチェの鋭い批判のほうに、どうしても軍配を挙げたくなるからである。

私の議論がいささかなりとも現実との接点をもっているとすれば、それは、現日本の成文憲法が「戦力の不保持」を定めており、ニーチェの平和構想と何ほどかオーバーラップする点にある。しかし、くどいようだが、私は、改憲派同様、護憲派につくつもりもない。そうではなく、憲法の条文に現に記されている「戦争の放棄」という発想を、哲学的にどこまで解釈できるか、にもっぱら興味がある。要するに、その理想主義的性格はどこから来ているのか、を見定めたいと思うのみなのである。

そういう見地から、先に引用したテクストの続きを、さらに検討していくことにしよう。ニーチェはそれまでの主張をまとめつつ、こう述べている。

最も強固な防衛力を有していた者が、感覚の高みから、自己を無防備化すること、これこそは現実的平和のための手段である。そしてこの現実的平和は、つねに心の平安に基づいていなければならない。ところが、今日あらゆる国々でまかり通っている、いわゆる武装平和なるものは、心の不和であって、こちらは、自国をも隣国をも信用せず、半ば憎悪から、半ば恐怖から、武器を捨てないのである。憎んだり恐れたりするよりは破滅するほうがましである、そして、おのれが憎まれたり恐れられたりするよりは破滅するほうが倍もましである、――これがいつかはまた、あらゆる個々の国家社会にとっての最高の格率とならねばならない！

ふつう「現実的平和のための手段」と言われて思い浮かぶのは、軍事的均衡状態を作り出すための軍拡か、せいぜい軍縮といったところだろう。つまり、平和を獲得するためには何といっても自衛の手段が必要不可欠だとされるのであり、それは「武器」のことなのである。ところがニーチェは、軍隊の全廃こそ「現実的平和」の秘密兵器なのだ、と主張している。あえて「現実的」という言葉を使っているのは、半分は皮肉であろうが、半分はニーチェなりの情勢判断を働かせてのことだと思われる。つまり、このまま軍拡競争を続けていけば、いつか必ずや行き詰まり、人類は軍事力を持て余すようになる、と予感したのだろう。その「いつか」は、二〇世紀に早くも訪れたと私は思うが、この種の情勢判断には異論もあろうし、水掛け論になりかねないので、断定は避けたい。べつに現代でなくとも構わないのだ。いつの日か、的確な状況把握により、一切の軍事力を自発的に放棄する偉大な強国が現われる可能性が少しでもあるとすれば、ニーチェのテクストは十分意味をもつのだから。

さて、一読して分かるとおり、ニーチェは「現実的平和」とは別に、かつその基礎をなすものとして「心の平安」ということを問題にしている。「心の平安（Friede der Gesinnung）」という言い方をニーチェがすること自体、意外な気もするが、いったいこの言葉はどのような意味で用いられているのだろうか。

そのヒントは、続きの文章にある。「心の平安」の反対をなすのは「心の不和（Unfriede der Gesinnung）」である。これは「武装平和」つまり自衛のためと称して軍隊を保有し、そのことによってすでに国際関係上の憎悪や恐怖を認めている状態、を指す。ここでさらにニーチェは二通りの比較文を持ち出している。「憎んだり恐れたりするよりは破滅するほうがまし」で、さらに「おのれが憎まれたり恐れられたりするよりは破滅するほうが倍もまし」だと。同じ「心の不和」でも、「（誰かを）憎んだり恐れたりすること」よりも「（誰かに）おのれが憎まれたり恐れられたりすること」のほうが深刻な模様だが、それを見積もるうえで持ち出される比較項がまたふるっている。「破滅すること（zu Grunde gehen）」つまり死ぬことや殺されることのほうが、憎悪や恐怖によって引き起こされる「心の不和」に比べたら、まだましだというのだから(15)。

それにしても、なぜこういう物騒な比較が成り立つとニーチェは考えるのだろうか。常識的にはこんな暴論は認められるはずもない。どんなに相手を憎もうが相手に憎まれようが、命を失うよりはよっぽどましだと、誰だって考えることだろう。世の反戦平和論にしても「死の恐怖」に裏打ちされていないものは、まず見当たらない。この安全第一主義の常識を転倒し、「相手に不正をなすくらいなら死んだほうがまし」だとする勇ましさと潔さこそが平和の究極的基礎をなす「感覚の高み」だと、そうニーチェは主張している。自分にだけ善意を取っておき、他人に悪意をなすりつけるのは、他人に対して不正をなすことであり、そんな卑劣な真似をするくらいなら、いっそ信用した相手に裏切られて破滅するほうがましだ、と。憎悪や恐怖によって「心の不和」に悩まされるよりは、たとえ殺されようと一点の曇りもない「心の平安」を保っていたい、とする極度に潔癖な精神がここにはある。

ところで、この「不正をなしてみずからを汚すくらいならいっそ殺されたほうがまし」とする「感覚の高み」に、われわれは見覚えがないだろうか。わが魂を不正によって傷つけないためなら、わが身の破滅すら恐れるに足りない、とする繊細かつ大胆な感受性を、どこかで聞いた覚えはないか。――そう、これは、かつてソクラテスが身を以て主張したことだった。「心の不和」を潔しとしないここでのニーチェは、意外にも、ソクラテス的倫理の忠実すぎるほどの継承者なのである。この点をもう少し考えてみよう。

プラトン初期対話篇の最後に位置すると見られる『ゴルギアス』において、ソクラテスは「不正をなすよりは不正をこうむるほうがましだ」という命題を主張している。(16) これだけ見ると何の変哲もなさそうだが、もう少し具体化して、「不正な仕方で人を死刑にするよりは不正な仕方で死刑になるほうがましだ」と言い直せば、たちまちその意味するところは判然となってくる。つまりこの命題は、ソクラテスが選んだ生き方そのものなのである。アテナイの市民たちはソクラテスに有罪の判決を下し死刑にしたが、もしこれがソクラテスの言い分通り無実の罪を着せた誤審であったとしたら、アテナイ人は「不正をなした」ことになる。これに対して、ソクラテスは「不正をこうむった」ことになるが、彼の主張によれば、アテナイ人よりは自分のほうがましだ、ということになる。

さらに、やはりプラトン初期対話篇に属する『クリトン』でも、ソクラテスは脱獄を勧める友人に反論し、冤罪を免れるためとはいえ国法を破るという不正を犯すくらいなら、判決を受け入れて死ぬほうを選びたい、との考えを表明している。ここでも「不正をなすよりは不正をこうむるほうがましだ」という命題が妥当している。(17) そこに示されている倫理は、ソクラテスの実人生において選びとられているのであって、これを、ソクラテスに押し着せられた「プラトン主義」と片付けるわけにはいかない。それゆえ、それと同形の倫理をニーチェが打ち出しているとすれば、そのときニーチェは、一個のソクラテス主義者として語っていると言ってよい。

なるほど、ソクラテスの命題が一人歩きし始めて、「苦しめるあいつらより苦しんでいるわれわれのほうが〈善良〉なのだ」として、復讐したくともできない弱者の気休めに利用されるとすれば、ニーチェが批判してやまない「ルサンチマン」に陥っていることになろう。ソクラテスの場合でも、自分を死刑にしたアテナイ人への恨みつらみが陰湿な形で凝り固まったのが、かの命題だとしたら、あまり感心できない話である。だが、もしソクラテスがあふれんばかりの強さから「ぶざまな復讐はしない」という新しい価値を摑みとったのだとすれば、古代ギリシアの戦士道徳の一つの開花形態だと言えなくもないし、それをニーチェは、弱さを正当化する奴隷道徳だと無下に斥けたりはしないだろう。むしろ、ソクラテスは自己の破滅をも辞さない自由人の気前のよさ――ツァラトゥストラの言う「惜しみなく与える徳」――を力強く実践したのだ、ということになるかもしれない。

じつは、以上の私の解釈を補強してくれるテクストが、『放浪者とその影』の前年に出版された『さまざまな意見と箴言』――『人間的、あまりに人間的』の最初の続編――の第五二節に見出される。「不正をなすのは愚かである」というそのタイトルからして、ソクラテスの命題との近さを感じさせる。これも重要なので、全文を掲げることにしよう。

自分が他人に加えた不正は、他人が自分に加えた不正よりも、はるかに耐えがたい（ただし道徳的理由からでは全然ない、この点要注意――）。行為者は、本来つねに受苦者である。すなわちその人が、良心の呵責に敏感であるか、あるいは、みずからの行為によってみずからに対し社会をして武装せしめ、自分自身を孤立させてしまった、との洞察を受け入れることができるか、のどちらかの場合には。それゆえひとは、自分の内的幸福のためだけにも、つまり自分の気楽さを失わないためだけにも、宗教や道徳が命ずる一切はこのさい度外視しても、不正をこうむることよりも不正をなすことをいっそう警戒すべきだったのだ。というのも、不正をこうむることには、疚しくない良心、復讐への希望、正しい人々の、それどころか犯罪者を恐れる社会全体の、同情と賛意への希望、といった慰めがあるからである。――自分自身の行なったあらゆる不正を、他人から自分に加えられた不正へと改鋳し、自分自身が行なったことの口実のために正当防衛の非常大権をおのれに取っておく、といった汚い自己策謀を心得ている者も少なくない。つまり、そんなふうにして、自分にのしかかる重荷をずっと軽くしようとの魂胆なのである。(18)

冒頭の一文「自分が他人に加えた不正は、他人が自分に加えた不正よりも、はるかに耐えがたい」が、ソクラテスの命題と等価であることは誰の目にも明らかである。括弧内でニーチェはすぐに、これが「道徳的理由からでは全然ない」と注意を促しており、少し先には、「宗教や道徳が命ずる一切はこのさい度外視しても」という限定も見られる。しかし、「良心の呵責」、「疚しくない良心」といった言葉もニーチェは使っており、それが「道徳」となぜ無関係なのかは、一見しただけではよく分からない。

これを考えるうえでのヒントは、「自分の内的幸福のためだけにも、つまり自分の気楽さを失わないためだけにも」という理由づけにある。「他人に不正をなす場合、行為者自身もその行為の受苦者となる。なぜなら自己の内面の〈幸福〉つまり〈気楽さ〉を失ってしまうから。ゆえに、そんな自業自得の愚かしい行為など賢い人間なら選び取りはしない」というわけである。自分が自分自身にとってわだかまりなく呑気にくつろいでいられる状態が、「気楽さ」である。これに対し、他人に何らかの不正をなしてしまったとき、相手を自分の敵としてしまったこと、その復讐に怯えなければならなくなったこと、等々を思うと気が気でなくなり、のんびり思索にふける余裕などない。自分自身とのこうした不一致・不調和の状態が「良心の呵責」と呼ばれているのであり、その反対の「疚しくない良心」とは、自分自身と折り合いのついている平穏無事な心の様子を意味する。つまりここでも、先に見たような「心の不和」と「心の平安」のどちらが望ましいか、が問題になっている。そしてもちろんニーチェは、「心の平安」こそ最優先すべきだ、と言っている。「魂の配慮」に専心せよ、としたソクラテスと同様に。

このソクラテス的、ニーチェ的な選択は、あくまで自分本位の「気楽さ」を基準としており、不正をこうむった人（被害者）の苦しみへの同情に基づく、他者本位の「道徳」とは異質なものである。不正をなすことをもっぱら自分の都合で避けようとするこうした価値判断は、あまり代わり映えのしない消極的倫理にすぎないかに見える。しかしそれが徹底されると、かのソクラテスの壮絶な生き方にまで行き着くのである。それればかりではない。ニーチェの過激な非武装平和論もまた、「心の平安」を確保しようとする、この自己本位の倫理に根ざしていたのである。「現実的平和の手段」たる「戦力の放棄」は、「心の平安」つまり清廉潔白の「気楽さ」に基づくものでなければならない、というのがニーチェの考えだった。これに対して、自衛のための軍隊を保有するという「行為」は、他国に侵略者のレッテルを不当に貼ることで、「みずからの行為によってみずからに対し社会をして武装せしめ自分自身を孤立させてしまう」という「受苦」であり、かつ、そのような「自衛隊」正当化の論理には、「自分自身の行なったあらゆる不正を、他人から自分に加えられた不正へと改鋳し、自分自身が行なったことの口実のために正当防衛の非常大権をおのれに取っておく、といった汚い自己策謀」がひそむのである。――少なくとも、ソクラテスの弟子として語っているニーチェの言葉に従うかぎりは。

五　皮肉の効力は千年？

われわれはニーチェの平和戦略論の真意をさぐっていくうちに、ソクラテスの古風な命題に行き着いたわけだが、このことはどう考えればよいのだろうか。

まず、「不正をなすより不正をこうむるほうがまし」という命題は、昔も今も人類の普遍的真理とはなっていない。この潔癖嗜好はあまりに理想主義というか綺麗事すぎて、現実にはまるで意味をなさない、と言われてしまう面をもっている。その理想論に基礎を置く非武装平和論がこれまた現実離れした空理空論であることも、同様に否めない。人類は正当防衛の論理を否定できるほど強くはないのである。

それどころか、現代人は、ソクラテスが身を以て拒否しニーチェが悪質と非難した正当防衛論を首尾一貫させた結果、「核武装」さえ自衛のためには容認される、と口を揃えて言い放っている。この場合、核保有国が「隣国の悪意と自国の善意を前提」しており「そのことによって敵愾心や敵対行為を誘発」しかねない、というのもまさにニーチェの指摘の通りである。「自衛隊は核武装可能である」とする主張は、その意味ではむしろ現実に合致している――それがわれわれの「現実」だとすれば。

しかし、現代人は同じ現実の反面も知っているはずである。つまり、核兵器は戦争の無意味さを徹底的に明らかにしてしまった、というもう一つの真実を、である。この問題に関してニーチェは、これまで検討を加えてきた『放浪者とその影』第二八四節の残りの部分で、暗示的な発言を残している。当時にも「軍事負担の漸次的軽減」を唱える経済的見地からの軍縮論ならあったようだが、それをニーチェは「無駄な労苦」として斥け、むしろ軍拡路線が行き着く「困窮」の果てに、こう望みを託そうとする――

むしろ、この種の困窮が最大となったあかつきにこそ、この場合唯一救うことのできる種類の神が、最も近くにやってくることだろう。戦争の栄光という樹は、ただ一挙にのみ、つまり一瞬の電撃によってのみ、打ち砕かれうる。だがこの電光は、ご存じのとおり、雲の中からやってくる——すなわち高みから。

「唯一救うことのできる種類の神」がいったい何を指すかは定かではないが、[19]「戦争の栄光という樹」が、「雲の中から」の「一瞬の電撃によって」もののみごとに「打ち砕かれ」てしまったということなら、現代人にも思い当たるふしがありそうである。アメリカ軍による原子爆弾の投下以降、戦争に「栄光」などありえないのだから。

もちろん、ニーチェがここで「高み」と言っているのは、比喩的には、雲を集め雷を放つ主神ゼウスを表わし、内容的には、(近未来?)軍事超大国の「戦力放棄」戦略のことを指すのだろう。だとすれば、私の読解の仕方は誤読と言うべきかもしれない。とはいえ、二〇世紀のまがまがしい出来事を記憶に刻み込んでしまったわれわれには、この「誤読」は不可避的と言える。そこで、誤読ついでにもう少し「改釈」を推し進めてみたいと思う。

原爆の閃光によって「戦争の栄光」が無残にも打ち砕かれてしまった後でも、人類はよほど戦争好きと見えて、「核兵器」や「通常兵器」(!)による武装に余念がない。だが、そのような正当防衛論が互いに敵意を煽り立てるばかりか、万人の「心の平安」を脅かすものであることも明らかである。それゆえ、かつては「非現実的」としか言いようのなかった軍備廃棄論は、今日、必ずしも空理空論とは言えないものとなっている。そのあまりに皮肉のきつい哲学的発想は高級すぎて、現実主義者たちを納得させるには至らないかもしれないが、少なくとも哲学史的意義に関しては折り紙付きだと断言できる。そんな由緒正しくも強烈な「皮肉」を武器にして、断固「平和を戦う」イニシアティヴを選びとる国家は、現われないものだろうか。ソクラテス‐ニーチェの衣鉢を継いで哲学的平和戦略を推し進める国家やいずこに。

この問いそのものがわれわれには皮肉に聞こえてしまうのは致し方ない。なぜなら、「一瞬の電撃」ののち、不十分ながら地上に灯《とも》った「戦力の不保持」の平和戦略さえ、今や全面撤回しようと画策している国があるくらいなのだから。[20] そうはいっても、ソクラテスの命題が反駁できない真理を含んでいるかぎりは、ニーチェの皮肉な予言が無効となることもありえないこと、このことだけは、そう、向こう千年のために申し添えておくことにしよう。

第五章　強制としての道徳――『善悪の彼岸』より

一　ニーチェは「無道徳主義者」か？

ニーチェといえば、従来の道徳の根拠のなさをこれ見よがしに暴き出し、「一切は許される！」と公言した「無・道徳主義者（a-moralist）」という理解が相当行き渡っているようである。たとえば――本書第二章で取り上げたように――「〈なぜ人を殺してはいけないのか〉という問いに確固たる答えはあるのか」といった類の議論を囃《はや》し立てる論者たちは、表立ってにせよ、そうでないにせよ、ニーチェの道徳批判を後ろ盾としている。逆に、この種の「無責任」な議論に反論する真面目な道学者たちは、敵の本尊たるニーチェに反感を隠さない。どちらの側でも、ニーチェが道徳を否定したことは自明の前提となっている。だが、「ア・モラリスト」というこの肖像は、果たしてニーチェに相応《ふさわ》しいだろうか。

なるほど、ニーチェには、道徳全般を相対化していると受け取れるテクストが少なくない。よく引き合いに出される箴言にはこうある。「道徳的現象などというものはない。現象の道徳的解釈があるのみである」（『善悪の彼岸』一〇八番）。「観点（Perspektive）」が違えば解釈も当然異なってくるわけで、となると「道徳的」というレッテルそのものが相対性を免れなくなる。むろんここで、相対主義一般とニーチェの「遠近法」を分けて論じる必要が出てくるが、少なくとも、唯一絶対的な「道徳の基礎」を想定する立場をニーチェが一貫して斥けていることは動かない。だが、むしろ問題はその先にある。果たしてニーチェは、「道徳なるものはすべて恣意的な解釈に過ぎず、本当は何をしようと構わないのだ」と主張しているのだろうか。したい放題の「恣意の自由」を是認しているのか。「力への意志」説とは、欲望の赴くままに各人が好き勝手に生きることを全面解禁するものなのか。

以下では、今述べたような「道徳」の問題に関して、ニーチェ自身の言説のうちに通例のニーチェ理解とは正反対の面が見てとれることを示したい。先回りして言えば、道徳を否定したはずのニーチェが、そこでは「無道徳主義」の陥穽を衝いてみせる。「何をしても許される」という恣意の自由を奨励するどころか、道徳の命ずる厳しい強制に長い間服従することで、はじめて高次の自由が力強く立ち現われることを、ニーチェは説く。その場合、「人殺しをしてはならないかは個人の自由だ」といった議論は、甘やかされた坊やが駄々をこねている程度の愚問と化すのである。

二 「道徳の根拠づけ」vs「道徳の自然誌」

本章で読解の対象となる主要テクストは『善悪の彼岸』一八八番だが、その前に、この文章が置かれている文脈をざっと確認しておこう。ニーチェ円熟期の傑作の一つであるこの書は、表題にも示唆されているように、「善／悪」という既成の価値尺度に囚われることなく、哲学、宗教、政治、芸術、とりわけ道徳を考察することを狙いとするものである。なお、本書のタイトルの意味を手っ取り早く実感できる箴言として、「愛からなされることは、つねに善悪の彼岸で起こる」(一五三番)を挙げておく。恋愛事件(ゆえの刃傷沙汰)は「善／悪」の線引きとは無関係に勃発する。人が恋するのは、べつに「善良な市民」としてではない。「可愛さ余って……」の憎しみや復讐心もまた然りである。

さて、問題の一八八番は、『善悪の彼岸』の第五章「道徳の自然誌」の最初から三番目の節である。これを読解するに先立ち、その直前に挿入されている二つの節を瞥見しておく。とりわけ一八六番は、第五章全体の序論の感があり、無視できない。この冒頭の断章の主旨は、大仰《おおぎょう》な

「道徳の根拠づけ（Begründung）」を目論む「道徳の科学（Wissenschaft）」の的外れぶりを揶揄し、それに代えて、より堅実な「道徳の類型学（Typenlehre）」の準備作業としての「道徳の自然誌」を提唱する点にある。ここには、「道徳の根拠づけ」なるものを問い求めようとする発想への批判が早くも姿を現わしている。それにしても、「道徳の根拠づけ」と別系列の「道徳の自然誌」とは、いかなるものなのだろうか。

第五章の表題「道徳の自然誌（Zur Naturgeschichte der Moral）」は、『善悪の彼岸』の続編『道徳の系譜学（*Zur Genealogie der Moral*）』をただちに連想させる。一般に「自然誌（ナチュラル・ヒストリー）」とは、アリストテレス『動物誌』やプリニウス『博物誌』に代表されるように、自然界からさまざまな資料を収集・観察し、その多様な形態をありのままに記述・報告したものである。道徳をこの「自然誌」の対象に見立てた場合、「生まれ、育ち、産み、そして滅びる繊細な価値感情と価値区別の途方もなく広大な領域の概念的把握と総括的整理」と、「そうした生ける結晶化が回帰しながらいよいよ頻繁に形態化をとげる具体的ありさまを提示する試み」が、課題として浮上するのだ、とニーチェは言う。諸道徳の生態記述というこの「一見目立たない、埃《ほこり》と黴《かび》にまみれた課題」を実行するのは容易なことではなく、「どんなに繊細な手と感性であろうと、十分繊細とは言いがたい」ほどである。なお、この自然誌には「生体解剖（Vivisektion）」も含まれるらしい。

ところが、この控え目だが重要な作業を、「道徳の科学」を標榜する連中は軒並み傲然と見下している。「哲学者たちは揃いも揃って、道徳を科学として取り扱おうとしたとたん、笑うべき硬直した真面目さでもって、今挙げたような準備作業よりはるかに高次のこと、要求の高いこと、荘重なことをみずからに課した。つまり、彼らは道徳の根拠づけを欲したのである」（強調はニーチェ）。

ここで「道徳の科学」と呼ばれているものを、今日通用している諸学科から探し出すとすれば、哲学の一部門としての「倫理学」ということになろう。一九世紀に制度化された実証諸科学のご多分に漏れず、この新興科学もまた、道徳そのものを「与えられた（gegeben）」もの、つまり「所与の事実（Fakta）」としてあらかじめ定立することで成り立つ。この動きが本格化した二〇世紀には、各種の「道徳の根拠づけ」論が繰り出された。「〈善〉は定義可能か」といったように言語上の限界を反省する「メタ倫理学」や、旧来の社会契約論のより洗練された基礎づけを狙う「規範倫理学」などがこれに当たる。二〇世紀後半に名乗りを上げた「応用倫理学」にしても、生命倫理、環境倫理、情報倫理、ビジネス倫理、ケアの倫理といったテーマを次々に開拓し、所与の事実としてあらかじめ定立することにより活況を呈している。いずれの場合でも、何らかの哲学的基礎づけを供給してやることが肝腎なのである。

もっとも、ニーチェが言及している一九世紀型の「道徳の科学」と、その後台頭した「倫理学」とでは、違いがなくもない。「これまでどの哲学者も、道徳を根拠づけたと信じてきた」とニーチェは述べているが、じっさい、カント流の「先験的」基礎づけ主義と、功利主義的な「幸福＝快楽」還元論がどれほど異なろうとも、「道徳には根拠があるはずだ」という一点では一致していた。ところが、ニーチェによる「神の死」の告知をおそらく境として、次第に「根拠づけ不可能性」論が優勢となっていく。この暗雲垂れこめる現代の趨勢自体が「ニーチェ主義」の蔓延の産物と目されもするのだが、ともあれ、「道徳の根拠づけ」路線に対するニーチェの異議申し立ては、今日のわれわれの目にひどく分かりやすく映る。道徳の根拠を求めようとする試みに疑問を投げかけるニーチェの言辞に対しては、「そんなの当然じゃん」と冷たく受け流されかねないのが実情である。――ちょうど、「神は死んだ」の一句を、現代人が「何を今さら」と受け止めかねないのと同様に。

このように、現代では、ニーチェの口真似をしてキリスト教や形而上学を虚仮《こけ》にするのが半ば常識化しているように、道徳の無根拠さを指摘して過激さを装う言説も人気を博している。つまり、どちらもさっぱりラディカルでない。では、ニーチェの道徳批判はもはや歴史的役割を果たし終えたのか。そうではあるまい。「神の死」に関する解明が依然進んでいないのと同様、「道徳の科学」の代わりに「道徳の自然誌」という課題を掲げたニーチェの提案には、なお多くの示唆が含まれているように思われるのである。

もう一度『善悪の彼岸』一八六番を読んでみよう。そこで「道徳の根拠づけ」が批判されていたのは、なにも道徳が無根拠だからではなかった。そうではなく、一つには、この無骨な科学主義が「よき趣味に反する」からだが、もう一つのいっそう由々しい問題点は、「道徳哲学者」――

今日の言い方では「倫理学者」――が、自分の研究対象をごく限られた収集範囲からしか知らず、その知識が狭隘にして偏頗であるために、「道徳本来の問題を視野に収めることがまったくできなかった」という点なのである。ニーチェはこう診断を下している。「従来のいかなる「道徳の科学」にもなお欠如していたもの、それは、ひどく奇異に響くかもしれないが、道徳それ自体という問題であった」（強調はニーチェ）。道徳を正面から論じていると称して、じつは「道徳本来の問題」を迂闊にも見過ごしてきたというのが、「道徳の基礎づけ主義」に対するニーチェの批判のポイントなのである。

だとすると、次に浮上するのは、その「本来の問題」とは何かという問いであろう。だが、その答えはこの一八六番では与えられていない。わずかにヒントとして「多くの道徳を比較することではじめて浮上してくるもの」（強調はニーチェ）だと述べられている程度である。ここから推察されるように、「道徳の自然誌」という研究方向こそ「道徳本来の問題」に捧げられるものらしい。とすれば、その全容解明のための資料には事欠かないことが分かる。なぜなら、「道徳の自然誌」と題された第五章全体が、その恰好のテクストだからである。じっさいすぐ先の一八八番で、「道徳の自然誌」によって摑みとられた「道徳本来の問題」がさっそく正体を現わしてくることを、われわれは見るであろう。

その前に、もう少しだけ一八六番の「道徳の科学」批判を見ておきたい。そこで問題視されたのは、「道徳の根拠づけ」に拘泥するあまり「道徳本来の問題」への通路をみずから塞いでしまう偏狭さであった。「哲学者が「道徳の根拠づけ」と呼び、みずから要求したものとは、正しい光に照らして見れば、支配的道徳に対する善意の信仰の知的な一形態、支配的道徳の新しい一表現手段にすぎず、それゆえ特定の道徳性の内部での一個の事実でしかなかった」（強調はニーチェ）。つまり「道徳の根拠づけ」とは、一定の時代・階級・風土等に限定された道徳観念を絶対視する手の込んだ信仰告白にして広報活動であり、当該道徳の枠内にすっぽり納まってしまう体のものでしかないと、そうニーチェは言う。その典型として挙げられているのが、「何人も傷つけるな。むしろ、できるかぎり万人を助けよ」との博愛精神を「倫理学の根本命題」に据えたショーペンハウアーの事例である。この命題は、一九世紀に急速に支配的となった「同情」道徳――苦しみを共にし労わり合おう式の――を要約したものにすぎないのに、それをショーペンハウアーは唯一絶対の普遍的原理と信じて怪しまない。このような偏狭さによって、それと異なる道徳の可能性は一切排除され、同情道徳それ自体が問題化される余地もまた総じて失われてしまう。

　このように、ニーチェは、「道徳に根拠などないのだ」と暴露して事足れりとしているのでも、「だから何でも許されるのだ」と煽動しているのでもない。もちろん、「道徳について議論を重ねたってどうせ無意味だ」と冷笑しているのでもない。そうではなく、道徳を複眼的・多角的に見るさまざまな観点をまずもって確保する必要性を強調しているのだ。だから逆に、道徳の無根拠さを根拠として恣意の自由を肯定するポスト・ニーチェ的議論に対しては、おそらくニーチェはそのあまりに合理主義的な偏見を批判することだろう。根拠のないもの・不合理なものには従うべきでない、という先入見こそ、近代合理精神の奉じるところだからである。「無根拠さ」を指摘して鬼の首でも取ったかのように騒ぎ立てるのは、「根拠づけ」をやみくもに求める例の「科学」路線と同じ穴の貉《むじな》にすぎない。これに対してニーチェは、べつに無根拠だからといって道徳を斥けたりはしていない。

近代の同情道徳に凝り固まっているとニーチェに揶揄されたのはショーペンハウアーであったが、今日でも事態はそれほど変わっていない。ニーチェ主義のはびこる現状を憂えて現代にふさわしい「道徳の根拠づけ」の夢に再び取り憑かれる者も、あるいは、各種の応用倫理学を取り揃えて問題解決に取り組む社会実装型の研究も、外見上は隔たった各々の学説の根底に、「万人の苦しみを他人事と考えず、互いに支え合う思いやりに満ちた社会を築こう」式の不問のモラルを等しく隠し持っているとすれば、それはおそらく、ショーペンハウアーの「根本命題」を一歩も越えるものではないのだ。

三 「自由放任」vs「強制としての道徳」

やや「序論」に手間どってしまったが、ニーチェの道徳批判の眼目が、いわゆる価値相対主義の宣言にあると解するのが的外れであることは、ある程度明らかになったと思う。彼が一貫して称揚しているのはむしろ、道徳的と称される現象を、互いに拮抗する多様な観点から眺め、ひいてはそれらの序列を見定める複眼的な思考――「遠近法（Perspektive）」――なのである。だからこそ、道徳の多彩な諸形態を収集・記述する「道徳の自然誌」が求められるのであり、これから扱う一八八番などはその見本のようなものである。

ただそれに立ち入る前に、第五章冒頭から二番目の、比較的短い一八七番を瞥見しておきたい。一つには、そこにもニーチェの遠近法の実例が簡潔に示されているからであり、もう一つには、次の一八八番と内容的に連関しているからである。

一八七番で俎上に載せられるのは、「われわれの内には定言命法が存する」とするカント的言説である。義務の履行を無条件的に要求する実践理性が各人に先天的に宿っているとする、この種の道徳的主張は、ニーチェによれば、それを主張する者、ひいてはその道徳の創始者自身に関して、少なくとも次の一〇通りの内情を告げ知らせている可能性がある。すなわち、⑴自己弁護、⑵自己満足、⑶自虐、⑷復讐、⑸自己隠蔽、⑹自己神化、⑺健忘、⑻自己忘却、⑼支配意志、⑽服従意志。（なお、この枚挙の仕方は私なりのものである。）

これら一連の「情念（Affekte）」は、各項目どうし連係し合っているように見えるものもあれば、まるきり調停のつきそうにないものもある。たとえば、⑴は、道徳的主張を通じて他人に対し自分を正当化することであり、⑵の、自分自身と内的に調和することを重んずる道徳的主張と、両立可能であるように思われる。だが、一個の人間が⑴と⑵のあいだで引き裂かれることも十分ありうる。逆に、⑵が一見相容れない⑶の自己の破滅を欲するモラルと結びつくことだってないとはかぎらない。ソクラテスの場合まさにそうだった、とニーチェは言いたいかのようである。じっさい、「定言命法」の内実を、「ひとはおのれの魂を気遣うべきである」との義務と取ることがかりに許されるなら、ソクラテス一人を実例にとって、いっそう具体的に⑴〜⑽の間柄を思い浮かべることができよう。「ただ生きるのでなく、よく生きるべきだ（さもなければ死んだほうがましだ）」と説いて死んでいった愛知の祖については、この一〇通りくらいの、いやもっと多くの解釈の可能性がある。「道徳的なもの」とはかくも多義的なものなのだが、そうはいっても「相対的だから何でもアリだ」ということには必ずしもならない。可能な解釈は各々おのれを認めさせるべく他に闘争を挑むのであり、それらが相互に張り合って干渉し合う力の場こそ、「道徳的」と呼ばれる現象をなす当のものにほかならない。

　そうであってみれば、この一八七番の主旨が、カント倫理学の根拠のなさを暴き、その無効宣言を行なう、という点には存していないのは明らかだろう。「要するに、道徳とは、情念を身振りで伝える記号言語にすぎない」と締めくくられる本節を一読しただけでは、道徳の恣意的な解釈可能性を確認しているだけに見えなくもないし、それどころかカントの厳格主義をたんに揶揄するだけの戯言のようにも見えるが、決してそうではない。けっきょくニーチェは、カントの「定言命法」のうちに言い表わされている可能性が最も高い底意は、⑽の「服従」の徳の顕揚あたりだろう、と漏らしているが、そうした「服従」精神の唱導をニーチェが否定し去っているわけでもないことは、次の一八八番を併読すればたちまち明らかとなる。というのもそこでは、恣意の自由とは反対の「強制としての道徳」の価値が、繰り返し強調されるからである。

さて、ようやく問題の『善悪の彼岸』一八八番の読解に取りかかる準備が完了した。じつにこの節で対比されるのは、「自由放任という無道徳」と「長期にわたる強制としての道徳」という対である。まずは、いきなり本題が述べられる一八八番冒頭の文章から。

あらゆる道徳は、自由放任とは反対に、「自然」に対する、また「理性」に対する、一個の暴政である。だが、これはべつに道徳に対する抗議ではない。抗議ということになれば、これまた、何らかの道徳に基づいて、いかなる種類の暴政や非理性も許されない、と宣告するのでなければならないからである。あらゆる道徳に本質的で計り知れないほど貴重な点は、それが長期にわたる強制だということにある。

「道徳」とは「自然」や「理性」に対する「暴政」である、と最初に述べられるが、見られる通り、その場合の「暴政・僭主制（Tyrannei）」という言葉に、とくに否定的・批判的な含意はない、とすぐさま付言されている。「僭主制」――独裁者が全市民を抑圧し、ただ一人放恣な自由を行使する支配体制――は悪しき政治形態である、と見なすのは、それ自体れっきとした「道徳的」な態度決定であって、そういう類の価値判断はひとまず括弧に入れたい、とニーチェは言う。そこで、「暴政」に代えて、より穏当に見える「長期にわたる強制（Zwang）」という言い方が導入される。しかもその場合すぐさま、道徳のもつ強制性格は「本質的で計り知れないほど貴重」だとされる。「強制としての道徳」にははなはだ積極的な意味があることが認められているのである。

ところで、この書き出し部分でニーチェは、「自然」と「理性」という言葉を括弧付きで用い、それらを侵犯するいわば組織的暴力というふうに「道徳」を見立てている。とすれば、ここでの「自然」とは、人為的加工以前の「ありのままの姿・天然」という意味であろうし、その「自然」と対比された「道徳」とは、いわば「ピュシス」の対概念としての「ノモス」つまり「掟・法律」である。少なくとも、この場合「道徳」が、「自然」に対立するものと考えられていることは明らかである。だが、すぐ後でニーチェは、まったく別な意味で「自然」という言葉を用いることになる。「強制としての道徳」について論じることは、「自然」という観念を再検討することに通ずるのである。

さらに先回りして言っておけば、「自然」と並行して問題化されるのが、「自由」という観念である。最初からいきなり「自由放任（laisser aller）」というフランス語が出てくるが、これは「人為的介入を施されていないありのままの姿をそのままに放っておく・成り行きに任せる」という意味であり、自由主義経済のモットーたる「レッセ・フェール（laisser faire）」とほぼ同義である。道徳の次元でこれが語られると、「なるべく命令や強制を排除し、各人の自由に任せる」という意味になる。つまり「個人の自由の尊重」という考え方である。たとえば、「厳しい躾《しつけ》とか管理教育といった不条理な〈抑圧〉によって、子どものありのままの〈個性〉を窒息させてはならない」式の、いわゆるリベラルな教育観がこれに当たる。その背景には「人間は生まれつき自由に生きる権利を有する」と見なす近代的な「人権」思想があり、そこには同時に、文明社会の悪影響を免れているという意味での自由を「自然本来の状態」と考える特定の自然観が控えている。「放任」という意味において結びつくかぎりでの、このような「自然－自由」のペアに対して、ニーチェはあえて「強制としての道徳」を対置する。しかも、道徳の積極的機能とは、「ありのまま」の人間に暴力的に介入し、各人の「勝手気まま」を許さない強制力にこそある。これに服従することではじめて人間は向上するのだ、という。

なるほど、子どもを「放ったらかしにする」だけではクズのような若者が量産されるだけだろう。しかしながら、そこに「強制としての道徳」が導入されるとき、今度は、ロボットのような「服従－主体」が生み出されるだけではないか。「自由放任」に問題があるからといって「強制服従」を持ち出すだけでは、たんなる反動に終わるだけではないか。それは権威主義やら全体主義やらとどこが違うのか。

このような反応が返ってくるのは、ある意味でもっともである。道徳を、人間を抑圧する強制装置と捉え、かつそれを肯定するニーチェの見解は、人権派はもとより良識派の神経を逆撫でするに十分であろう。いずれにせよ問題の核心は、強制としての道徳が人間をどのように変えていくのか、である。これに対するニーチェの答えははっきりしている。「自由精神へ」というのがそれである。「服従」はこの高次の段階において「自由」と立派に両立する。いや「強制服従」こそ「自由への道」そのものなのである。

「自然」とワンセットをなす「自由」のこの意味転換こそ、この一八八番の主題にほかならない。これに立ち入る前に、冒頭に括弧付きで出てきたもう一つの「理性」という意味にも注意しておこう。「道徳とは「理性」に対する暴政だ」と言われる場合の「理性（Vernunft）」とはどういう意味なのだろうか。あるいは、道徳が「非理性」を強いることは許されるか、という場合の「非理性（Unvernunft）」とは何か。

「理性」という言葉も多義的で厄介だが、ここでは、物事の理由・理屈を重んじるという広い意味での「合理精神」という意味にとるのが妥当であろう。つまり、「道徳」という、それ自体は根拠なく合理性に乏しい「恣意的」なものが、「なぜ？」という問いを封じつつ、問答無用に人びとに押しつけられるからこそ、「暴政」とか「強制」とか言われるのである。「非理性」とは、合理主義の対極にあるこの「無根拠さ」のことであり、その意味では「不合理」と訳するほうが分かりやすいかもしれない。近代という時代がデカルト以来、「非理性（déraison）」の封じ込めを専らとしてきたことは、ニーチェの衣鉢を継ぐフーコーが『狂気の歴史』でつとに指摘したところでもあった。

だとすれば、ニーチェの道徳批判が「当為の無根拠さ」を暴くものでは決してないことが改めて分かってくる。道徳に絶対的根拠などない、というのはニーチェにとって当たり前なのだ。そもそも、人間のあいだで決められたものである「ノモス」が恣意的でしかありえないことは、古代ギリシア以来の常識であった。いや、古代ユダヤでも実質的には同じである。「汝殺すなかれ」の戒律は、神によって決められたことであって、神意に向かって「なぜ人を殺してはいけないのか」という問いを投げかけるのは、端的に無意味であったのだから。その神を前提せずに道徳の学問的根拠づけを目論むなどというのは、人間の根拠探求能力――哲学的意味での「理性」――を過信・盲信したお目出たさでしかない。そういう児戯に、現代人はさも重大問題であるかのように耽っている。「何事にも根拠がなければならぬ」との理性主義哲学の公式を、後生大事にモラルに適用しているのである。まさに「道徳の科学」の面目躍如といったところだろう。

四　韻律における強制と自由

さて、問題は「強制」と「自由」との関係である。ニーチェは、両者は相容れないどころか、「強制としての道徳」こそ「自由な精神」が成立するための不可欠の条件である、と考えている。ところで、われわれはこの種の議論をどこかで聞いたおぼえはないか。

そう言われてみれば、たんなる勝手気ままではない真の自由はむしろ自己拘束のうちに宿る、とする「自律としての自由」論こそ、定言命法を柱とするカントの実践哲学が繰り返し説くところであった。その意味では、ニーチェの「強制－自由」論は、先にふれたように、カント的な「自己服従」論とそれほど隔たってはいない。あるいは、「自由＝恣意」→「強制による服従」→高次の「自由＝必然」、という三段階を想定すれば、これを一種ヘーゲル的な弁証法的発展過程と考えることもできる。ニーチェはカントやヘーゲルとそれほど異なっているわけではない。いや、プラトンやストア派の重んじた自己支配の徳とも、デカルトやスピノザの自由論とも、そんなに遠くないのである。

いずれにしろたしかなのは、道徳の無根拠性からの怪しげな推論に基づく「一切は許される」という相対主義的帰結をもってニーチェ自由論の新機軸と見なすのが、的外れだということである。まさにその手の「恣意の自由」と正反対の「強制としての道徳」を、そしてそこから生ずる「自由な精神」を肯定しているのが、『善悪の彼岸』一八八番なのである。

もとよりニーチェは、自由について事あるごとに語っている。たとえば『善悪の彼岸』八七番の箴言にこうある。「**縛られた心、自由な精神。**――心をきつく縛って捕《つか》まえておけば、精神に自由をたっぷり与えることができる。私はすでに一度そう言ったことがある。だが、ひとは私の言うことを信じていないのだ。このことがまだ分かっていないのだとすれば」。

ニーチェは、自分の心の赴くままに生きよ、などと言ったつもりはない、と言う。むしろ、胸の内を厳しく抑制することによってはじめて精神の自由を手に入れることができる、ということを自分はつねづね強調しているのだ、と。ところが、どういうわけか、ひとはニーチェが、「世の決まりに従わねばならない根拠などない。何をしても許される。自分に正直に欲望を全開して構わないのだ」とばかり自由放任主義を語っているものと、てっきり思い込んでいる。これは、自分に都合よく解釈して肝腎なところは聞き流しているからだろう、というのである。ニーチェは、自分が人びとにどう受け止められるか、いや誤解されるか、恐ろしいほど自覚していた。しかもその誤解を予防しようともしなかった。恣意の自由を人権と履き違えて声高に主張するニーチェ主義者の自堕落な姿さえ彼の目には映じていただろうが、そんな程度で滅びる人間など勝手に滅びるがいい、と考えていたに違いない。

情念を束縛してはじめて摑むことのできる自由について、ニーチェは「すでに一度」述べたと語っているが、どこを指しているかは定かではない。というより、候補がありすぎて一義的には決めがたい。『善悪の彼岸』の第二章「自由な精神」から探しても、危険な試練を経なければ自主独立の境地はおぼつかない、とする四一番や、「権利の平等」と「すべての苦悩する者たちへの同情」を売り物にする似非自由精神たる近代民主主義者に抗して、むしろ苛酷な「長期の圧迫や強制」こそ人間の精神を力強く鍛え上げてきた、と説く四四番など、早くも有力な候補が見つかる。いずれもストア派ばりの禁欲の勧めが横溢している文章である。だが、「強制から自由へ」の精神の変貌について語っているテクストとしては、『ツァラトゥストラはこう語った』第一部本論の最初の章「三段階の変身」が、やはり最有力であろう。まさにそこには、服従と自由の弁証法が見られるからである。

この有名な章が言わんとするところを語り尽くすのは容易ではないが、あらすじは単純である。精神の成長が、まず「ラクダ」という忍耐・畏敬・服従の段階、次に「ライオン」という破壊・批判・自由の段階、さらに「子ども」という最高の「聖なる肯定」の境地、のつごう三段階の深化として語られる。「聖なる否定」を敢えてする「ライオン」のみならず、最終局面の「子ども」にも自由が、いやここにこそ真の自由が読みとれる。だが、目下の文脈で何より注目すべきは、第二、第三段階での精神の高みを手に入れるためにも、まずもってラクダのごとき服従の精神が必須だ、とニーチェが考えている点である。

従順な「ラクダ」が背負っている重荷とは、「汝なすべし（Du sollst）」という命法である。それは「ライオン」の「我欲す（Ich will）」という挑戦的意志によって打ち破られることになるのだが、そうであればこそ、第一段階での伝統的価値への忠誠心の涵養はいよいよ不可避となる。精神にとってこの関門は決して無しに済ますわけにいかない。個性を抑圧してはならないと、はじめから自由放任、勝手気ままに育てられた精神はひ弱でしかありえず、真の自由の境地に達することはない。苛酷な訓練を強制され、容赦のない圧迫に耐えることで、精神は健やかな強靭さを手に入れることができる。そうした重苦しい経験をバネにしてこそ、「ライオン」は敢然と既成の価値観や道徳を徹底して疑うことができる。もちろんそれは、たんなる反動であってはならない。つまり、これまで不本意ながら抑圧されてきた欲望が、その束縛から解放されるや、堰を切ったようにドロドロ噴出する、という意味での恥ずべき自由の謳歌であってはならない。そうではなく、あくまで、自制心と自尊心とを培った者の毅然とした節度ある自由の行使であるべきなのである。

だが、こんなふうに綺麗事を並べることにどれだけ意味があるのだろうか。強制から自由へ、といった安っぽい精神論など掛け声倒れではないか。調教や訓育を過度に強調することは、自由を根絶やしにする権威主義国家の滅私奉公のスローガンに使われるだけではないのか。現に、ニーチェの思想はファシズムのイデオロギー装置として機能したという前科がある。服従を美徳として讃えるのはあまりに危険ではないか。

ニーチェが「強制としての道徳」を積極的に認めていることが理解されがたくなっている理由の一つは、今挙げたような危惧がくすぶっているからである。軍国主義的教練の復活は、私も願い下げである。しかしだからといって、強制と自由の共属こそ望ましいという主張を引っ込める気にはならない。鎖や鞭による統制といった恐持《こわも》てのイメージ抜きに、「自由の条件としての服従」について説得的に語ることはできないものだろうか。――じつにその可能性をわれわれに示唆してくれているのが、『善悪の彼岸』一八八番なのである。

先に引用した本節冒頭の文章の続きは、こうなっている。

ストア派やポール・ロワイヤルやピューリタン精神を理解するためには、これまであらゆる言語を力強く自由にしてきた強制を思い起こしてみればよい――韻律的な強制、つまり押韻とリズムの暴政を。どんな民族においても詩人や演説家は、どれほど多くの困苦をみずからに課してきたであろうか。――仮借なき良心をその耳に宿している今日の若干の散文家も例外ではない。

「ポール・ロワイヤル」とは、近世フランスのカトリック原理主義運動である。「ストア派」が禁欲主義として名高い古代後期の学派であり、「ピューリタン」が刻苦精励を旨としたプロテスタント宗派の代表格であるのは言うまでもない。いずれも「強制としての道徳」の最たるものとして挙げられている。ニーチェはそれらを性急に斥けるのでなく、理解しようとする。なぜなら、「道徳の自然誌」は収集・記述を第一義とするものでこそあれ、科学性をひけらかして道徳の無根拠さを論《あげつら》ったり、人権を振りかざして服従義務の暴力性を告発したりするものではないからである。

ニーチェは、そのような「強制としての道徳」の理解を促進するうえで「韻律的な強制、つまり押韻とリズムの暴政」という別種領域との類比が好適である、としている。「韻（Reim）」とは、詩文中の音を質的に一致させる技法であって「頭韻」と「脚韻」に分かれる。「律（Rhythmus）」とは、音節の数を一定に揃える文学上の形式であり、日本語では五七五七七などがこれに当たる。この「韻律」にかなった詩作は「定型詩」と呼ばれ、逆にその束縛を受けないものはふつう「自由詩」と呼ばれる。
もし「自由詩」という意味でしか、つまり「本人の好き勝手な裁量が許される」という意味でしか、創作上の「自由」が語られないとすれば、「定型詩」のほうは、表現内容に無関係な「恣意的」形式を強制的に受け入れざるをえない以上、「不自由」の極みだということになる。つまり「ハンディキャップを背負っている」という意味で「不随意」である。たとえば「短歌」という形式は、たまたま日本語にそういうリズムによる作詩の伝統的パターンがある、というだけの話であり、ある詩想を歌い出すうえで、必ずそれに従わねばならない理由はいささかもない。ニーチェはそのような没根拠の束縛のことを「恣意的な法（Willkür-Gesetze）」とも呼んでいる。これが不合理で「問答無用」の強制であるのは明らかだから、「恣意的な法の暴政」という言い方もしている。

では、「強制としての韻律」の暴力は、詩人の自由を踏みにじるものであるのか。定型詩は想像力を窒息させるのか。そうではない。韻律に代表させる修辞上の約束事は、詩心を蹂躙するどころか、それをかき立て膨らませるのである。有無を言わさない言葉上の決まりに従うことによって、かえって叙情は洗練され詩形は彫琢される。そのような手続きを経ず、好き勝手に感情や思想を吐露しただけの「ありのまま」の言葉のほうこそ、文学としては低級で下品なのである。むろん「散文」というジャンルもあるにはあるが、「韻文」に比べて格は落ちる。少なくとも文学においては、一定の確固たる形式のうちに表現される自由こそ、つまり強制と両立する自由こそ、真の自由なのである。

ニーチェの提案は、このような詩作上の「強制」の意義と類比的な仕方で、道徳における「強制」の意義を理解できないか、というものである。詩人の自由な想像力は、韻律という偶然で非合理な形式に則ることで増幅され、そのいわれなき拘束を逆手にとることで作品のうちに具現される。それと同じく、一個の人間の精神も、合理的な根拠などあるはずもない道徳上の強制に服することによってはじめて優雅な自由の境地をかちとることができる。逆に、自由詩において作者の意図が空回りしがちであるのと同じように、自由放任の無道徳は、人間の欲望をいたずらに解放し品格を落とすだけである。

五　韻律と道徳とのアナロジー

韻律という文芸上の約束事との類比に基づいて強制としての道徳を意義づけることは、胡散臭く感じられるかもしれない。だが、もしひとが「自由」の観念を、好き勝手に何をしても構わないといった通り一遍の意味にも、はたまたカント流のひたすら謹厳な理性一辺倒の定式にも甘んずることなく、それに固有の「ゆとり」にそくして究明しようと欲するなら、定型詩における強制と自由との両立は、示唆に富む現象として立ち現われてくる。

詩人の創作現場を覗き込むのは困難だが、それでも、詩作が創造的なのは形式上の制約をものともせずその拘束をあえて引き受けることで逆に想像力を自由奔放に飛翔させうる点にあることなら、誰にでも了解可能であろう。ニーチェはべつに難しいことを言っているわけではない。大詩人とか文豪とか評されてきた人びとは、修辞上の恣意的な強制をみずから買ってで、その不自由さに耐えることで豊饒な表現可能性を創造してきた。その好例として、「仮借なき良心をその耳に宿している今日の若干の散文家」の一人だったはずのニーチェ自身を挙げることも、あながち的外れではないだろう。

ここで私は、近代日本の一人の詩人哲学者を想起しないわけにはいかない。一方で『偶然性の問題』という形而上学的作品を著しながら、他方で『巴里心景』をはじめとする詩歌をおりにふれ残した九鬼周造のことを、である。彼に「日本語の押韻[1]」という文芸論がある。日本の詩歌には長歌短歌など律格の伝統はあっても押韻に関しては確たる形式が存在しなかったが、九鬼はむしろ、日本語押韻の問題を「行き詰まっている現時の日本詩壇に新しい道を切り開く力を有っているもの」（二二三－二二四頁）として再評価を試みる。そこでまず「韻律の芸術的価値」全般を考察することから始めるのだが、そのさい、韻律をたんなる外的形式として斥けてもっぱら内的感情に従うべきとする自由詩本位の立場を批判しつつ、九鬼はこう述べる。

自由詩を主張する者は感情の律動に従うことを云う。然しながら、この場合の従うという意味は詩の律格に従う場合とは意味を異にしている。感情の律動とは主観的事実である。詩の律格は権威をもって迫る客観的規範である。両者の間には衝動に「従う」恣意と、理性に「従う」自由との相違に似たものがある。自由詩の自由は恣意に近いものである。律格詩にあっては詩人が韻律を規定してみずからその制約に従うところに自律の自由がある。（二二六頁）

個人的な感興の赴くままこれに従うのが「自由詩」であるのに対し、既存の詩型を尊重しこれに従うのが「律格詩」であって、両者において「従う」の意味は異なっている。前者は、外的形式への従属から脱し自己の感情にのみ忠実であろうとするが、後者は、逆に自己の主観的感情への囚われを避けるべく韻律という「客観的規範」をあえて受け入れる。「服従」の意味のこの対比は、それと結びついた「自由」の二義性として反復される。自由詩の「自由」とは面倒な約束事のないこと、外部からの強制の欠如であり、この「恣意」という意味以外に自由の観念を知らない者にとって、律格詩は「不自由」としか言いようがない。その場合、借り物の形式に無理にでも当てはめねばならぬという強迫によって、生き生きとした詩興は殺がれてしまう。だが、自由にもう一つの「自律」という意味があることを知っている者にとって事情はおのずと異なる。個人的心情への耽溺から抜け出すために、外部からの強制に身を曝しそれに鍛えられることを選んだ詩人は、格段に洗練された自由自在な詩境に分け入ることができる。創作のこの高次の「おのずから」つまり「自然」状態においては、韻律の束縛こそ自由の源泉なのだ。

注目すべきことに、今引用した説明のなかで九鬼は、自由詩と律格詩の対照的関係を、衝動に従う恣意と理性に従う自由との「相違に似たものがある」としている。「衝動／理性」という準拠対象の違いに基づく「恣意／自由」の区別は、カント倫理学やヘーゲルの自由概念を踏まえていると見られるが、この区別が道徳的規範の有無に関わることは言うまでもない。つまりここで九鬼は、道徳の次元での「恣意の自由／自律の自由」とのアナロジーに訴えることによって、自由詩と律格詩における「服従‐自由」の意味の違いを判然とさせようとしている。この類比の手続きは、ニーチェのそれとは逆向きであることが分かる。ニーチェは、韻律の横暴さがかえって創作上の自由を育むという事例から、強制としての道徳が自由の条件となることを類推させようとする。これに対し九鬼は、「恣意」と対比された「自律」という道徳的次元での自由を引き合いに出すことで、強制としての韻律に宿る詩的自由を理解させようとしている。

道徳と文学という異種領域に跨がる強制と自由のこの逆説的な両立可能性は、ニーチェや九鬼のような詩人哲学者が住み処としている遊動空間には、ごく馴染み深いものなのだろう。なお、九鬼は同好の士として、ポール・ヴァレリーの名をしばしば挙げ、ヴァレリーの対話篇『エウパリノス』中の言葉、「最大の自由は最大の厳格から生まれる」を好んで引く（二三五頁）。ところが、自由とは無拘束のことであると信ずる放任主義者は、抑制のきいた文体とか、煩瑣に見える形式のうちにこめられた詩趣とかいった境地があることを、理解しない。あけすけな消費欲求を全開させる新自由主義経済の暴政下では、既定の形式に託して詩情をうたう奥床しさなど見向きもされないが、それと命運をともにして前代の遺物となりつつあるのが、衝動をみずから抑制し理性の命ずるところに服すべしと説く、道徳上の厳格主義なのである。かくして、不合理な規制を邪魔物として敵視するリベラリズムの旗印の下、厳格な強制によって育まれる自由の古風な意味は忘却される。このさい、プラトンの対話篇からも警句を一つ引いておこう。「最高度の自由からは、最も野蛮な最高度の隷属が生まれてくるのだ」（『国家』五六四A）。[2]

ところで、九鬼が押韻の問題にこだわったのは、彼に詩心があったからとか、武士道的な服従の徳が好ましく映ったからというよりは、まずもって彼本来の高度に哲学的な関心によるものであった。ここにひそんでいるのは、まさしく「偶然性の問題」なのである。

押韻とは要するに「しゃれ」の一種であり「語呂合わせ」という言葉遊びであるが、そうした「韻の上での偶然の符合一致」に輝き現われる「哲学的美」（これまたヴァレリーの言）を、九鬼は愛惜してやまない。「いわゆる偶然に対して一種の哲学的驚異を感じ得ない者は、押韻の美を味得することは出来ないであろう。浮世の恋の不思議な運命に前世で一体であった姿を想起しようとする形而上学的要求に理解を有たない者は、押韻の本質を、その深みに於て、会得することは出来ないと云ってもよい」（二三一頁）。だからこうも言われる。「詩歌の押韻の本質はプラトンの『饗宴篇』の問題に関心する者によってのみ深く把握されることができる」（二三二頁）。韻のかりそめの響き合いに共鳴する官能を有する者は、永遠の美に憧れる形而上学的エロスの持ち主でもある。このように、「詩の韻は、偶然性の問題を蔵する限り、哲学的または形而上学的と云われることが出来る」（二三一－二三二頁）という主張こそ、九鬼の押韻論の賭金にほかならない。もとより偶然性は、必然性に対立する様相として自由と共属し合う。「韻の世界は拘束の彼岸に夢のように美しく浮かんでいる偶然と自由との境地である」（四四八頁）。

ここで九鬼の偶然論に立ち入ることはできないが、ニーチェもまた「偶然」に対する鋭敏な美的感受性を有していた（たとえば『ツァラトゥストラはこう言った』第三部「日の出前」を参照）。「困窮の転回」と解される「必然性（Not-wendigkeit）」論にしろ、永遠回帰を肯定する「運命愛」の思想にしろ、ニーチェの形而上学には九鬼の偶然論と共振する点が少なくないが、「押韻」の問題は、両者の核心思想に接近するための有望な小道であるように思われる。

ともあれ、ニーチェや九鬼がそれぞれの視点から着目したのは、韻律における強制と自由と、道徳における強制と自由とのアナロジーであった。九鬼は、後者から前者を類推させ、ニーチェは、前者との類比から後者を導き出した。これまた「偶然の符合一致」の美と言うべきか。だがニーチェ道徳批判の真意に関心を寄せるわれわれとしては、九鬼の韻律論そのものを道徳に関するアナロジーとして解釈したくなる。それゆえ九鬼が、近代日本の代表的詩人の一人北原白秋の次のいささか教訓的な言葉を引くとき、われわれにはそれが、ニーチェの語った「強制としての道徳」についての言明に聞こえるのである。

定型を自由ならずと為るは真に定型の中に精魂をこめ、道としての鍛錬を究むることの浅い人に多い。究めずしてほしいままに是非するは謬っていよう。真の遊びは定型の中にあって己を磨く者のみが知る。苦業は法悦を生む。（二三九頁）

文中の「定型」の語を「規律」に置き換えても意味は立派に通じる。いやむしろ、強制と両立する自由にひそむこの種の「遊び」の視点こそは、「ほしいまま」の自由だけが大手を振っている現代の道徳論議に一番欠けているものであるように思われる。

「鍛錬」や「苦業」に伴う強制とは、文学と道徳とを問わず、必要に迫られるという意味での「自然的必然性」ではない。むしろ、ありのままの自然状態を超えた自由な境地を求める者があえて引き受ける「自発的不随意性」のことである。もとはと言えば、おのれを磨くためにわざわざ艱難辛苦を買って出る気前のよさこそ、「リベラル（liberal）」の原義であった。同様に「自由人」とは本来、わがまま放題の生を生きる人とか、一切の規範を否定する人とかを指すのでは毛頭なかった。そうではなく、必然的とは言いがたい人為的拘束に物惜しみせず進んで身を開く、ゆとりと遊び心をそなえた宏大な精神を意味していた。「強制としての道徳」とは、遊びの精神の望むところなのだ。

六　「厳格で壮麗な馬鹿さ加減」

道徳の不合理で暴力的な「強制」が、必ずしも破壊的でも野蛮でもなく、かえって創造的で優雅でありうるということは、以上で明らかになったと思う。いかなる規範や風習、文化や芸術も合理的根拠に基づくのでなければならないと信じてかかるのは、「道徳の自然誌」から言って、幼稚な偏見と言うべきである。その反動として、根拠薄弱だからといって道徳一般の強制力にすぐケチをつけるのも、理性偏重の裏返しにすぎない。その前に、自分たちの携えている「理性」なる尺度がどれほどのものか、反省してみるべきだろう。まさにそうした反省こそ、ニーチェが「遠近法」と呼ぶ視界の広がりに特有なのである。

しかるに――ここで再び『善悪の彼岸』一八八番に戻ろう――、文化育成上の「強制」のこうした役割は、利得のための手段という価値基準で万事割り切る「間抜けな功利主義者」にかかると、「何を馬鹿げたことのために」と一蹴されるに決まっているし、不合理ゆえにわれ認めず、という原理を振りかざす似非自由精神の「無政府主義者」なら、「恣意的な法への屈服によるものだ」と非難するに違いないと、そうニーチェは言う。現代ではさしずめ、「人権の侵害」とすぐ因縁をつける僭主的人間や、「個性の抑圧には反対」と叫ぶリベラル派や、「根拠のない道徳に従いわれなどない」と居直るニーチェ主義者あたりが、ここぞとばかりに覇を競うことだろう。
だが――

> だが、驚くべき事実として、地上において自由、優雅、大胆、舞踏、巨匠的確かさといった性質を備えているもの、あるいは備えていたものはすべて、思想そのものにおいてであれ、統治においてであれ、言論や説得、芸術においてであれ、倫理においてと同様、「そのような恣意的な法の暴政」のおかげではじめて発展してきたものなのである。

文学上の「強制としての韻律」の創造性から引き出される一般論を、ニーチェはこう述べる。「自由」という主導語と並んで何気なく「舞踏（Tanz）」という言葉を挙げているところなどいかにもニーチェらしいが、ここで目を引くのは、「倫理（Sittlichkeiten）」のみならず、学芸や政治をはじめとする人類の文化的営為の総体が、不条理な法・掟の暴力的支配によって育成されてきた、と断じられている点である。いわれなき強制は文化一般の促進剤だ、というわけである。長期の苛酷な「修行」をくぐり抜けてこそ自在の境地に達するなどと聞けば、古い日本人なら、武術や技芸で語られる「道」を思い起こすだろう。なにも「大和魂」や「根性」ばかり連想しなくてもよい。つべこべ言わずに厳格な規律に服するゆとりこそあらゆる文化諸形態を発展させてきた普遍的基盤にほかならない、ということなのだ。

せっかく九鬼の押韻論を援軍に求めたのに、またぞろ軍国主義の鼓吹との嫌疑がぶり返しかねないが、「厳格な規律」とは、何も「軍規」のごとき強制服従装置ばかりではない。ここで、マスラオならぬタオヤメぶりの具体例をもう一つだけ挙げておこう。

古来、恋の道が「文化」を形づくってきたことを否定する者はいないだろう。騎士道の献身精神が奏でた宮廷吟遊詩人（トルバドゥール）のたおやかな調べは、ニーチェのお気に入りだったが（『善悪の彼岸』中最重要の二六〇番は、彼らの恋愛術つまり「愉しい学問」の讃美で締めくくられる）、和歌の道という幽玄な伝統を有している国民なら、文化創造にひそむエロスの奥義への造詣は深いはずである。この奥深い道に参入するには、それなりの精進とやせ我慢とが必要であった。とりわけ、相手を「説得」するための表現力を磨くことは必須であった。他の多くの領域と同じく恋愛方面でも「自由化」の進んだ今日では口説き文句など前戯程度の意味しかないが、かつて恋に生きる男女は、恐ろしくこみ入った修辞法をマスターしなければならなかった。愛人を讃える気の利いた歌の一つも即興で作れない者には、そもそも恋愛を語る資格などなかった。つべこべ言わずに厳格な規律に服する精神は、恋の道にも等しく筋金入りの苛酷さで要求された。この非情な掟を「恣意的な法の暴政」呼ばわりする野暮な合理主義者がお呼びでなかったのは、言うまでもない。

念のために言っておけば、有史以来の人類がこぞって、高尚だがじれったい恋の道に精進してきたわけではもちろんない。たいていの善男善女は、もっとストレートに生殖活動に励んできた。

動物の交尾と大差ない子作りが、類としての再生産を地道に支えてきたのである。それと異なるのが、人間的恋愛という文化形態を創造し洗練させてきた比較的少数の奇特な恋人たちであった。自然的必然性に駆られるがままの隷従状態――現代ではこれが「自由恋愛」と呼ばれる――を拒否した彼らは、不自然に見えて真にリベラルな恋愛に参与することを願い、そのための関門を引き受けた。そこに「厳格な規律」が待ち構えていることは、恋の道の志願者にとって、悩ましいことではあれ、自由の否定ではなかった。かえって彼らは、あえて難関に挑戦する気概を自由人として誇りに思ったことだろう。報われない恋のために一生を捧げるなどして、ハードルを絶望的に高く設定し自虐的所業に出たふしさえある。かくて恋愛は、高貴な精神がいそしむ優雅な遊びとなった。九鬼が「いき」という和語から引き出そうと苦心したのも、そうした遊び心にほかならない。

ニーチェが挙げているわけでもない、こうした「厳格な規律」の例を持ち出すのは、脱線もはなはだしいと言われるかもしれない（とはいえ、一八八番に続く『善悪の彼岸』一八九番でも「性衝動が愛（恋の情熱）にまで昇華した」史実が話題にのぼっている）。だが私は、この恋の道の例ほど、ニーチェが「強制としての道徳」を評するさいに用いた形容にピッタリなものはザラにない、とひそかに思う。すなわちニーチェ曰く、「このような暴政、このような恣意、このような厳格で壮麗な馬鹿さ加減（diese strenge und grandiose Dummheit）こそが、精神を教育したのだ」。「馬鹿さ加減」（ここは岩波文庫の木場深定訳に従う）というやや乱暴な言葉は、「非理性・不合理」の言い換えとも考えられるが、不思議と侮蔑的意味合いは感じられない。むしろ共感をこめた皮肉表現と見てよい。

「厳格で壮麗な馬鹿さ加減」によって精神修養に努めてきた人間文化の担い手の筆頭に、かの恋の求道者たちを挙げるのが適切かはさておき、ニーチェがこの一八八番でくどいほど力説しているのは、「放任という無道徳」ではなく「強制としての道徳」こそ、人類のすべての文化の出生の秘密に与《あずか》っている、というまさにこの一点である。

もう一度言うが、「天上でも地上でも」本質的なことは、思うに、長期にわたってたった一つの方向に服従させられている、ということなのである。そうすれば長い間には必ず、地上に生きることを甲斐あるものにする何事かが生じてくるし、現に生じてきた。たとえば、徳、芸術、音楽、舞踏、理性、精神性、――何かしら後光のさすもの、洗練されたもの、ものすごいもの、神的なものが。

以下さらに「長期にわたる精神の不自由」の実例が挙げられるが、そのなかには、「教会や宮廷の基準の内部で、あるいはアリストテレス的諸前提の下で物を考えるべしと、思想家がみずからに課した規律」から、「すべての出来事をキリスト教の図式に従って解釈し、いかなる偶然のうちにもキリスト教の神を再発見し、正当化しようとする、長期にわたる精神的意志」というものまである。古代ギリシア哲学を徹底的に受容することで壮大かつ精緻な体系を築いた中世スコラ学にしろ、キリストの教えにひたすら忠実であった護教思想家や修道士や宣教師の示した情熱的な不屈の信仰にしろ、みな根拠のない「長期にわたる強制」に服従したおかげで獲得した「理性」であり「精神性」なのだ、とニーチェは言う。じっさい、異教の哲学者の鉄壁の概念構成に自己を同化させるという不自由を耐え忍んだからこそ、中世キリスト教世界に絢爛豪華なスコラ哲学が咲き誇ったのだし、一切を神の栄光とその顕現という見地から説明し尽くす狂信すれすれの帰依が、非凡な宗教的人間を奇蹟的に輩出せしめた。これぞ「厳格で壮麗な馬鹿さ加減」の圧倒的勝利と言うべきであろう。

　われわれがここで出会っているのは、ギリシア哲学とキリスト教という西洋文明の二大支柱を破壊しようとした伝統の反逆者ニーチェではない。そうではなく、ヨーロッパ文化の成立パターンを多角的にさぐろうとする堅実な「道徳の博物学者」の姿である。一個の「いきなヨーロッパ人」でもあるこの収集家は、西洋の選り抜きの精神を教育してきた「厳格で壮麗な馬鹿さ加減」の典型例として、次の哲学史的事実も挙げている。

> 何千年もの長い間、ヨーロッパの思想家は何事かを証明するためにのみ物を考えてきたのであり——今日われわれは逆に「何事かを証明しようとする」どんな思想家にも疑念を抱くが——、彼らにとっては、彼らの厳密きわまる熟考の成果として現われるべきものは、はじめ

からいつも確固として決まっていた。

この例題としてすぐ思い浮かぶのは、「神の存在証明」であろう。歴代の哲学者たちは競ってこの難問に取り組んできたが、その場合「神の非存在」が証明されるということがあってはならなかった。「神は存在する」という命題は、最後に導き出される結論ではさらさらなく、不問の大前提であり、公理だった。とすれば、この証明問題は論点先取もいいところであり、そんな擬似問題が、科学的実証性を旨とする現代人に見向きもされないのも当然だろう。だが、かつての思想家たちはそうは考えなかった。彼らはこぞって、はじめから答えの決まっているこの問題に挑戦したのであり、その思考上の不自由に耐えることで、高度の哲学的概念性を誇る深遠な神学的議論を構築していった。そこに花開いたものこそ、「存在－神－学」とも称すべき西洋形而上学の壮大な歴史にほかならない。

思えば、形而上学の根本問題とは、みなそういう種類の強制装置であった。「魂の不死性」しかり「意志の自由」しかりである。近世になっても「神義論」にしろ「心身問題」にしろ、哲学の主要論題は、どれも答えの出ているものばかりであった。事実として心身は結びついており、神とは正義の別名だった。「外界の存在証明」など、よく考えてみれば「神の存在証明」に勝るとも劣らぬ珍妙な議論だが、哲学者は仲良くそのルールに服しては各々の哲学体系を築き上げていった。そう考えれば「他我の存在証明」も同類だし、現代人に人気の「他者論」なるものも、他者を神と仰ぐ新手の形而上学と言うべきかもしれない。

それはともかく、西洋形而上学の歴史が「厳格で壮麗な馬鹿さ加減」の生み落とした精華であったらしいことは、「理性」や「精神性」といったものの出生の秘密をわれわれに指し示していよう。逆に、「長期にわたる精神の強制」が総じて敬遠され、自由放任が個性や独創や天才を生むと信じられている時代が、長い目で見てどんな「文化《カルチャー》」を育むか、は想像に難くない。「教養」といい「陶冶」といい、かつて「文化」という言葉に含意されていたものが総じて、差別だとか暴力だとかいったレッテルを貼られる時代が、確実に到来しつつある。高尚、高雅、高踏、高貴といった文化の形容語はすでに死語と化した。「自由学芸」の没落も、むろんこの流れのうちにある。それらもまた「道徳の自然誌」の題材とすべきなのだろう。

七 「道徳の内なる「自然」」

ここで、西洋文化の源泉であった「強制としての道徳」によせての博物学者ニーチェの冷静な評価を、もう一つだけ引いておくことにしたい。

こういったおよそ暴力的なもの、恣意的なもの、厳格なもの、身の毛のよだつもの、反理性的なものがすべて、ヨーロッパ精神の強靭さ、容赦なき好奇心、動きやすさを育て上げるうえでの手段であったことが明らかとなった。ただしそのさい、同様にして取り返しのつかないほど多くのものが、力と知性の点で押し潰され、窒息させられ、死滅のやむなきに至ったことは認めなければならない。

ニーチェは「強制としての道徳」の暴力性や選別機能を平然とこう語る。今日では、「暴力」とか「差別」とかいった言葉を聞くだけでやにわに憤りをあらわにする向きが少なくないが、彼らに「道徳の自然誌」は無縁であろう。対するにニーチェは、道徳的強制に適応できず落伍し、没落していく犠牲者がおびただしく出ることを、一種の自然淘汰の法則として是認するのである。ここには何やら生物進化論に似た考え方が見え隠れしている。とすると、ニーチェの提唱する「道徳の自然誌」というのは、道徳方面での「進化論」を目指すものなのだろうか。

ダーウィンの進化論にニーチェがいかなる見解を抱いていたかをここで検討するいとまはないが、その基本線なら、今引用した箇所に続く、括弧に入れられた注記に示されている。「（というのも、ありのままの「自然」は、他のすべての場合と同じくここでも、まったく浪費的で無頓着な豪壮さにおいて現われるからである。この豪壮さは、ひとを憤らせるが、高貴でもある）」。――つまりニーチェは、稀少性を説明原理とする「自然の経済（エコノミー）」の観点から自然界に「適者生存」のサバイバル・ゲームを見出そうとするダーウィン流の行き方に異を唱え、「自然」はそんなケチくさいものではなく、むしろ「浪費的・贅沢な・惜しげもなく与える（verschwenderisch）」ものなのだ、と主張している。このような自由人的で貴族主義的ですらある自然観（『善悪の彼岸』では他に九、一三、一四番を参照）は、生きとし生けるもののうちに、自己保存的な「生存への意志」とは異なる、自己蕩尽的な「力への意志」を見出すニーチェ自身の根本思想に、明らかに連なるものである。

不条理な服従を長期にわたって強制されることを通じて高次の自由の境地を摑みとる、という苛酷な試練に耐えきれない精神は、すさんで病気になったり野獣化したり廃人となり果てたりして、一生を棒に振る。規律が厳しすぎて、ぐれる脱落者は、いつの世にもわんさといる。さもあらばあれ、そんな出来損ないの連中のことなどどうでもよい、と言わんばかりの「無頓着・無関心（gleichgültig）」な非情さを示すのが、「自然」なのだ、とニーチェは言ってのける。真の自由に到達するうえでの敷居が高いのは当たり前、選良にのみ許される文化創造のための捨て石となり、ここは気前よく滅びよ、というのである。

それにしても気になるのは「自然」という言葉のここでの用法である。冒頭で、道徳とは「「自然」に対する暴政」である、とされていた場合の「自然」とは、明らかに違う。じつは、『善悪の彼岸』一八八番のこれまで扱ってこなかった部分で、ニーチェは何度も「自然」という言葉を使っている。この問題を論じ残しては、この一八八番を読み終えたことにはならないので、以下かいつまんで整理し直してみよう。

最初に出てくる「自然」が、道徳という「人為」的な「法・掟」に対立する概念であって、ここでは「ピュシス対ノモス」なる図式が成り立つことは、すでに確認しておいた。「生のままの天然素朴の状態」という意味でのこの「自然」を「そのままに放っておく・保存する」のが、「強制」の反対の「自由放任」なのであった。

次に「自然」が出てくるのは、「韻律」という強制のおかげで文学の創造性が増強されるという事例を手引きとして、「恣意的な法の暴政」によってはじめて人類の文化一般が発展してきたという「驚くべき事実」が指摘された直後の、次の箇所である。「しかも、大真面目に言って、これこそが「自然」であり「自然的」であって——あの自由放任がではない、ということのほうが、よほどありそうなのだ」。ここではもはや「自然」は「人為」と対立させられていない。あるがままに放っておく「自由放任」ではなく、服従を強制してくる「法・法則（Gesetz）」の方こそ「自然」「自然的」だ、とされる。「ピュシス対ノモス」という構図はすでに破られ、いわば「ピュシスとしてのノモス」が問題になっていることが分かる。ここで「ゲゼッツ」が「自然《ナトウア》」と同一視されていることは、後続の説明からも明らかである。「どんな芸術家も、自分の「最も自然的」な状態が、つまり「霊感」の瞬間において秩序づけ定立《ゼッツエン》し意のままにし形づくる自由な営為が、自由放任の感情といかに隔たったものであるかを知っている。——そして、まさにそのとき自分が幾千もの法則《ゲゼッツエ》にいかに厳格かつ繊細に従っているかを知っている」。芸術家にとって創造上の「法則」に服従することこそ「自由」であり最高度に「自然的」なのだ、とニーチェは言うのである。

この「服従‐自由」論が、自己服従が同時に自己支配を意味するカント的な「自律としての自由」からそう遠くはないことは明らかだろう。どちらも「恣意の自由」あるいは「自由放任」に対立するものなのである。ニーチェに特徴的なのは、先に指摘したように、芸術とのアナロジーで道徳における自由のあり方を浮き彫りにしようとしている点である。だが、今や問題なのは「自然的」という言葉の意味である。ここで「自然‐法則」と見なされているのは何であろうか。弱肉強食・優勝劣敗という自然界の掟か。あるいは、それが時系列上に延び拡げられた自然淘汰なる生物進化の歴史法則のことか。それとも、高次の自由と連係する「自然淘汰」というものがありうるのか。――ニーチェの「道徳の自然誌」の意味するところに関心を寄せるわれわれとしては、ノモスをピュシスとして記述するというその発想の根底に置かれている「自然」概念に無頓着ではいられない。

「自然」という言葉のニーチェ的含意は、一八八番の最後の方ではじめてあらわとなる。先に取り上げた「厳格で壮麗な馬鹿さ加減」による文化形成論に続き、「奴隷制」もまた、「精神的な規律と訓育に欠くべからざる手段」であったと、いわば弁証法的に述べられたのち（ヘーゲル的な「教養（Bildung）としての労働（Arbeit）」論とは対照的だが）、まさに「道徳の内なる「自然」」という言葉が、おもむろに語られる。

自由放任、つまりあまりにも大きな自由を憎むことを教え、地平を制限され身近な課題を与えられることへの欲求を植えつけるのは、道徳の内なる「自然」にほかならない。——この「自然」こそが、遠近法の狭隘化と、したがってまた一定の意味での馬鹿さ加減とを、生と成長の条件として教えるのである。

「強制としての道徳」の背後に控えこれを命ずるのは「道徳の内なる「自然」」なのだ、とニーチェは言う。同じ事態は「自然の道徳的命法」とも呼ばれ、次のように定式化される——「汝、服従すべし。誰かに、長期にわたって。さもなければ、汝は破滅し、汝自身に対する最後の尊敬さえ失うのだ」。こうした「ノモスの内的ピュシス」は、人間の理性やら科学的な根拠づけやらを優に超えており、それゆえ不合理で馬鹿げて見える。だからこそ、これに反抗する理性主義者や人権主義者も現われるのである。じっさい、そのような「個人の自由」が存することなら、ニーチェも認めている。

この命法はもとより、老カントがみずからに要求したように「定言的」でもなければ（それゆえ「さもなければ」という但し書きがついている——）、個人に向けられているのでもない（自然にとって個人など何だというのか）。そうではなくむしろ、民族や人種や時代や階級に、なかんずく「人間」という動物全体つまり人類そのものに、向けられているのだ。

『善悪の彼岸』一八八番はこう閉じられる。カントの「定言命法」が強く意識されていたことが窺える終わり方だが、「「定言的」でない」からといって留保付きの自由選択であるとは限らない点に注意したい。「自然の道徳的命法」は「理性の道徳法則」にも増して、つべこべ言わさぬ厳格さをもって迫ってくるのであり、その意味では最大限に「無条件的」なのである。その拘束力はまさに「天下り的」と言える。というのもそれは、人間を、いや地上の一切を超えた「天」から降ってきて、人類全体に有無を言わさず押しつけられる苛酷な「至上命令」だからである。これに背くことは、「人間性」つまり「人間の天性」に悖《もと》ることであり、類としての自滅を意味する。

もはやお分かりだろう。ここでの「自然」は「天」と言うに等しい。したがってまた「自然の道徳的命法」とは、個人がではなく全人類がこれを拝しこれに服するところの、法外な「天‐命」の謂いだった。かくて、人類をしてその「天‐分」つまり「先天性（アプリオリ）」の「本分」を全うさせる、という破格の大義名分こそ、強制としての道徳の大いなる存在理由にほかならない。「道徳の自然誌」に裏付けられ浮上してくる「道徳本来の問題」というものがある、と先に仄めかされていたのは、じつに、この「天命」のことだった。

「道徳の根拠」を云々する議論が、ニーチェからすると生半可でしかないのは、一見不合理な道徳の根底に、類としての人間の育成を仕組む「天命・摂理」が存しているという意味での「道徳本来の問題」を、まるで取り逃しているからである。近代合理主義の間尺に合いそうもない「自然」概念が、ニーチェの道徳批判の賭金だったのである。

八　残された問題

『善悪の彼岸』には、他にも「自然＝天」と解すべき用例が見られる。とりわけ一二六番の箴言は、内容的にも「道徳の自然誌」と重なり合うものを含む。「民族とは、六、七人の偉人に到り着くために、自然がとる回り道である。――その通り。その結果、彼らをも一巡して回ることになる」。一民族の興亡の歴史は、ひとえに絶対的少数の「偉人」を産み落とすという「天命」に懸かっており、他の出来事はどれも脱線的挿話にすぎない。しかも、「自然＝天」の見地を貫くなら、ある民族から若干の偉人が輩出したこと自体、これまた、どこにでもある自然誌の一コマでしかなく、そんなちょっとした逸脱的徘徊など、すぐさま軌道修正されて無に帰してしまうに違いないのだ、と。

ここでは、進化論のみならず進歩史観全般が却下されている点に注意しよう。自然の永遠回帰の前では、どんな歴史的発展も無意味と化す。一八八番との連関では、「自然＝天」は人類（この場合は民族）にいったい何を命ずるのか、が明言されている点でも重要である。つまりこの場合の「天命」とは、ごく一握りの「偉人」の産出にほかならない。ニーチェがあみ出した別の言葉を使えば、「超人」の出現がこれに当たる。「強制としての道徳」という考え方は、大枠としてニーチェの超人思想と結びついたものだった。

もとより、ここで超人思想との連関を究明することはできないが、以上見てきたニーチェの道徳観に、当然投げかけられるであろう異論を、最後に一瞥しておきたい。「強制」どころか「天命」とまで道徳を「自然‐法則」視するのは、それこそ「絶対的根拠づけ」の極みではないか、しかもこの極端な「超‐合理化」は、人間的自由の全面否認に行き着くのではないか、との疑義がそれである。

前述の通り、ニーチェは「自由」に二種あることを認めている。一方は「恣意の自由」であって、こちらはたしかに疑問視されていた。だがこれとは別に、道徳の厳格な遵守を買って出ることを通してはじめて摑まれる自由もありうる、というのがニーチェのそもそもの論点であった。そのさい、芸術家の「自由な法則性」が引き合いに出されていた。問題は、この「創作上の自由」の本領がどこに見出されるか、である。

もしもここでの「自由」が、厳格な修練を経たあかつきには自分の意のままに創造活動を行なうことができる、という意味での「恣意の自由」の段階にとどまるとすれば、この議論の全体は、残念ながらみずからを裏切っていることになろう。しかも、「何かを作る」という「制作（ポイエーシス）」の観点からもっぱら人間事象における自由が論じられるとき、そうした危険性は、じっさいきわめて高いのである。

一定の意図のもとに、一定の道具を操り、一定の材料を加工して、思い通りに一定の作品を完成させる、という意味での「技術（テクネー）」は、なるほど厳格な修練を要するし、それをくぐり抜けることで、名人芸的な自由自在の境地に至ることもあるだろう。だが、そこで語られる「自由」は結局、「巨匠的確かさ（meisterliche Sicherheit）」とニーチェが呼んでいたもの、つまり技術的力能の占有とその円滑な駆使、に存する。その場合、制作者は全権をつかさどる「主人」の地位にある。一切はこの「専制君主」の裁量に委ねられているのである。これをモデルとして「自由」が論じられるかぎり、その自由は、どんなに洗練されようと、あくまで「恣意の自由」にとどまる。

このことは、人類という素材から「天命」により「偉人」や「超人」が産み出される、と考えられる場合でも、本質的には変わらない。その場合「天」は、いわば人間の理想型の制作者に擬されている。そこでは、加工材質たる人間には自由の余地はなく、せいぜい「巨匠的確かさ」にあやかることが期待される程度であろう。ニーチェの「自然の道徳的命法」論に、そのような窮屈さが、もっと言えば、プラトン以来の理想的僭主待望論の残響がひそんでいることは否定できない。ニーチェの言う「道徳の自然誌」に問題があるとすれば、それはまさにここであろう。制作とのアナロジーで道徳を、それどころか「自然＝天」を語ることには、おのずと限界があるはずなのだ。

だが「自由な創造」には、目標の定まった生産活動とは別の「遊び」という面もあり、これをわれわれは、偶然論に基づく九鬼の押韻論に認めた。偶然の出会いを遊び・賭けと受け止める自由人の余裕が、そこに垣間見られた。理想型の再現とは異なり、偶然的状況と戯れつつそのつど輝き現われる見事さを競う、いわゆるパフォーマンス芸術との類比が、ここで有望となってくる。それと呼応して、協働的自己示現という性格をもつ「行為（プラクシス）」にやどる自由の次元をさぐることが、今後の課題となろう。

第六章　科学は何のために？——『ツァラトゥストラはこう言った』より

一　超人、最後の人間、高等な人間

『ツァラトゥストラはこう言った』(1)には人間のタイプがいろいろ出てきて愉しい。なかでも有名なのは、最初に出てくる「超人」と「最後の人間」の対比であろう。

第一部の開幕早々、主人公は民衆の集まる市場に現われ、開口一番、「私は君たちに、超人を教えよう。人間とは、克服されるべきものなのだ」(二一頁)と語る。神が死んだ時代に、人間は自分が最高の存在だと自惚れてはならず、人間を超えた新種の存在、つまり超人をめざして没落を辞さず邁進すべきだ、と説くのである。その遠大な理想主義を、しかし民衆は受け付けない。

そこでツァラトゥストラが繰り出すのが、「最後の人間」の描写である。

自己満足して理想を見失った人間たちは、「われわれは幸福を発明した」と思い上がる。ぬくぬくした隣人愛と畜群的平等に安住し、ほどほどの労働と刺激を求め、何よりも健康に専心して長生きする。苦痛を避け快適さをひたすら追求する人類が行き着くどん詰まりを、ツァラトゥストラは「人間の末路」として描くのである。（三〇頁）

この末人論も民衆にまるで相手にされなかったツァラトゥストラは、失敗からさすがに学んで、不特定多数にではなく、少数の理解者にのみ語ろうと方針転換する。ツァラトゥストラは若き友たち、つまり弟子たちをもっぱら相手にするようになる。聞き手たる弟子たちは、必ずしも個性豊かというわけではない。第一部本論、第二部ともにツァラトゥストラの一人語りが多い。クライマックスの第三部では孤独の中での思索が中心となる。

ところが、第四部に至ると一変して、強烈な個性をもつ対話相手が次々に現われる。(2)「高等な人間」と呼ばれる第四部の登場人物たちは、多かれ少なかれツァラトゥストラの教えにかぶれ、おかしくなってしまった奇人変人ばかりである。従順で抜け目ない「賤民」から浮き、脱落したからこそ、彼らは「高人」と言えるのである。最後の人間とは別な意味で、高等な人間も、超人が到来するための捨て石であり、没落を運命づけられている。

その中の一人に、「知的良心の保持者」を自称する研究者タイプが出てくる。沼地に腕を浸して横たわり、ヒルが吸い付くに任せて観察に励むこの偏屈な学究も、ツァラトゥストラの教えのある面に忠実である。自分の血を吸わせて微細な「ヒルの脳髄」(四二四頁)を徹底的に研究する酔狂ぶりは、大衆に迎合する識者を酷評して「精神とは、みずからの生命《いのち》に斬り込む生命のことだ」(一七二頁、四二五頁)と言い放ったツァラトゥストラの知的ラディカリズムの写しなのである。ツァラトゥストラ自身は、「学者の家」(二〇九頁)の知的不誠実ぶりに愛想を尽かして逃げ出したという経歴の持ち主だが、学者を廃業したわけではない。知への愛へのひたむきさにかけては、学者の鑑《かがみ》なのである。

第四部後半では、王侯、法王から乞食、主人公の影まで、高等な人間が九名もツァラトゥストラの洞窟に集まり、無礼講の宴会が開かれる。ホストが外気に当たろうとして席を外すと、「魔術師」と呼ばれる演技派の歌手の出番となる。この怪しげな俳優は、真理探究との葛藤に引き裂かれる詩人の苦悩を切々と歌い上げる。一同ウットリ聞き惚れるが、知的良心の保持者だけはその虜にならずに、魔術師の一見しおらしい自己批判の調子にみだらな自己陶酔がひそんでいることを見抜く。「あんたは、純潔を讃えることでひそかに情欲をかき立てる者たちに似ている!」(五一五頁)――この告発自体、ツァラトゥストラの「純潔」道徳批判のなぞりである。続けて知的良心の保持者は、私がツァラトゥストラを慕っているのは、あんたたちと違って、堅固なものを求めてのことだ、として、学問の本義を論じ立てる。この場面を描く章が、「学問」と題されているゆえんである。

魔術師のワナにまんまと引っ掛かった連中と違って、自分は不確実なものに騙されはしない、

「私が求めているのは、いっそうの確実性なのだ」（五一六頁）と、知的良心の保持者は宣言する。「確実性（Sicherheit）」は、英訳[3]では security であり、「安全」と言い換えてもよい。これに対して、他の連中の求める「不確実性」は、「危険（Gefahr）」と言い換えられる。英訳では danger であり、セキュリティと反対の「リスク」とも言い換えられよう。

「学問は何のために？」という問いに対して、知的良心の保持者は、「安全つまりリスク回避のため」と答えているわけである。学問のめざすべき目的が問題とされているこの箇所に着目し、科学の由来と帰趨について思案をめぐらしてみたい。

二　恐怖か、それとも勇気か

ひとくちに「学問（Wissenschaft, science）」と言っても、伝統的な学問と近現代の科学とでは全然違う、と言われるかもしれない。しかし、この場面を描いているニーチェは、そのどちらも射程に収めているように思われる。

ツァラトゥストラが、古代の宗教家ゾロアスターに似つかわしくなく、近代科学の洗礼を受けていることは、神の死という時代認識からして明らかである。この場面では、知的良心の保持者が、デカルト的動機を洩らしている。「一切がぐらつき、あらゆる大地が揺れている今日」

（五一六頁）だからこそ、自分は確実性を求めてやまないのだ、と。

どっしりとして揺るぎないものと考えられてきた伝統的な学問体系は、じつは疑わしい基礎の上に成り立っていたにすぎない。一切を疑った果てに残る絶対に疑いえないものを見出し、その不動の基礎の上にまったく新しい学問体系を築き上げようと乗り出したのは、デカルトである。その確実性探求を根本から規定していたのは、天動説から地動説への劇変にはじまる知的大変革であった。科学革命からの衝撃を受けとめて、確実性を探し求める近代哲学が成立したという事情が、知的良心の保持者の言葉から洩れ聞こえてくる。大地が揺れ動く時代に、「いっそうの戦慄を、いっそうの危険を、いっそうの地震を」（五一七頁）欲しがるなど、たんなるロマン主義的退行ではないのか。――デカルト以来、無地盤性に悩まされてきた近代の趨勢からして、まずはそうした疑問が呈されるのである。

他方、これに続く知的良心の保持者の説明は、近代的問題意識というよりはむしろ原始的心性からの学問起源論となっている。

恐怖こそは――人類の先祖代々の根本感情にほかならない〔…〕。恐怖から、ありとあらゆるものが説明できる。原罪も原徳もだ。私の徳も、恐怖から生じてきた。すなわち、学問という徳も。〔／〕なぜなら、野獣に対する恐怖を――人類は、はるか昔から長い年月をかけて飼い馴らしてきたからだ。〔…〕そのような長期にわたる古い恐怖が、ついには洗練され、精神化され、知性化されて――今日では学問と呼ばれるようになった、と私には思われる。
（五一七―五一八頁）

ここに見られるのは、学問の恐怖起源説である。原始時代から人類は、未知のものに対して恐怖の感情を本能的に抱いてきた。だからこそ、その恐ろしさを克服すべく、未知を既知に変えること、つまり認識することを求めてきたのだ、というのである。その場合、学問とは「危険から救い出してくれる導き手」（五一七頁）とされている。

原野で野獣にいつ襲われないかと怯えて暮らしていた太古の感情が、未知のものの解明を促し、学問を発達させたというのは、なるほど分かりやすい説明である。今日でも、たとえば新型ウイルスが猛威をふるうと、得体の知れない感染病に対する恐怖心がかき立てられ、病原解明や医療技術開発が猛然と進む。ただし、その結果、新型ウイルスワクチンが開発されることで真に安心が得られるかは、また別の話だが。恐怖心が煽られるあまり、治験が十分でない接種が大規模に行なわれ、その結果かえって危険が高まることもある。

それはさておき、知的良心の保持者がこのように学問の恐怖起源説をぶっていると、洞窟の中に戻ってきたツァラトゥストラがそれを聞きつけ、一笑して、真理は逆さまだ、と言う。

なぜなら、恐怖などは――われわれの例外にすぎないからだ。むしろ、勇気こそ、つまり冒険や、不確かなもの、誰も挑んだことのないものにふれる悦び――そういった勇気こそ、人類の前史の全体にほかならない、と私には思われる。（五一八頁）

このようにツァラトゥストラは学問の勇気起源説を唱える。学問が成立したのは、恐怖に動機づけられた安全志向ではなく、勇気に導かれた冒険志向によってなのだ、と。

ツァラトゥストラが「勇気」を重視しているのは、ここだけではない。超人思想からして、進んで没落する勇気は欠かせない。市場で綱渡り師が曲芸に失敗して墜落したとき、ツァラトゥストラが、死にゆく者に対して、「あなたは危険な職業を選んだ。それは少しも軽蔑すべきことではない」（三三頁）と声を掛け、自分の手で葬ってあげたのは、相手の勇気に敬意を表してのことだった。また、永遠回帰思想の最初の予兆に襲われたツァラトゥストラが、その無気味さにおののきつつ語る、次のセリフは有名である。「勇気は最も優れた殺し屋だ。攻めてかかる勇気は、死さえ打ち殺す。というのも、勇気はこう語るからだ。「これが生きるということだったのか。よし、ならばもう一度！」」（二六一―二六二頁）

そのようにみずからを奮い立たせ、永遠回帰思想との格闘に向かっていったツァラトゥストラが、学問の勇気起源説を採る以上は、それが真理だと断じられているように見える。物語としても、ホスト役のツァラトゥストラの「勇気」を、客人全員が揃って讃え、みなで大笑いする、という流れになっており、勇気起源説に軍配が上がったかの如くである。だが、問題はそれほど単純ではない。学問の起源への問いは、○か×かの二択で答えられるようなものではないからである。恐怖と勇気は必ずしも背反するとはかぎらない。

三　驚きか、それとも疑いか

恐怖と勇気の結びつきに関しては、ツァラトゥストラ自身、第四部の自説ダイジェスト版のような章「高等な人間」の第4節で、こう述べている。「勇ましいといえるのは、恐怖を知りつつも恐怖を抑える者だ。奈落の底を覗きながら誇りを失わない者だ」（四九〇頁）。「鷲の勇気」と呼ばれるこの徳において、恐怖は不可欠の条件である。勇気とはたんなる無鉄砲ではなく、もちろん浮き足立つことでもなく、恐怖を冷静に認識したうえで抑制することである。学問の起源に見出される勇気も、恐怖と無縁ではありえない。

ところで、ツァラトゥストラのこうした勇気論は、じつは、古典的勇気論とそれほど遠いものではない。勇気は知識に帰着するだろうかと吟味したプラトンの議論（『ラケス』）や、それを承けたアリストテレスの勇気論と近しいところがある。『ニコマコス倫理学』第三巻第七章にはこうある。「然るべきものを、然るべき目的のために、然るべき仕方で、然るべき時に、耐えたり恐れたりする者、そして同様に〔こうした要件のもとに〕平静を保つ者が、勇気ある人なのである。なぜなら、勇気ある人は、事柄に見合った仕方で、理りの命ずる通りに恐れを感じ、行為する者だからである[4]」。勇気ある人とは、恐れを知らない人ではなく、まっとうに――理性的に――恐れる人のことである。

学問の起源をなすのは、恐怖か、それとも勇気か。この問いが二者択一ではないことは、じつに、古代と近代それぞれの哲学の起源論からも窺える。というのも、哲学の始まりは、周知の通り、古代では（Ⅰ）「驚き・驚嘆」に見出され、近代では（Ⅱ）「疑い・懐疑」に見出されたが、どちらにも「恐怖」と「勇気」の双面性があるからである。

古代ギリシアでは、まず（Ⅰ―1）、未知のものに対する驚異の念を出発点とし、無知からの脱却として知恵を愛求することに、学問探究の始まりが見出された。アリストテレスの『形而上学』第一巻第二章の学問論が、その代表である。それと似ているが別のパターンとして（Ⅰ―2）、不思議なことに遭遇して驚きに打たれ、全身全霊でその謎を究め、恍惚と見てとることに、哲学的生の本来形が見出される場合もあった。プラトンの『テアイテトス』や『饗宴』のソクラテス論が、その代表である。このように古代ギリシアにおいて、哲学ひいては学問一般の起源に位置づけられた「驚き・驚嘆（タウマゼイン）」には、未知のものを既知のものにして克服しようとする態度と、驚き怪しんで立ち尽くし進んで身をさらす態度という両義性があった。知へと向かわせる驚きにあっては、畏れと讃嘆は、相反するどころか一体である。プラトンにしろ、アリストテレスにしろ、驚きつつ知を愛し求めるには「閑暇・余裕（スコレー）」がなくてはならない、とした点も同じである。

　これに対して、近代哲学の始まりをなすデカルトの懐疑では、まず（Ⅱ―1）、不確実性の克服としての「絶対に疑いえないもの」の探求という確実性志向が、強烈に働いていた。前述の通り、知的良心の保持者も「一切がぐらつき、あらゆる大地が揺れている」という時代認識をベースとしていた。その一方で（Ⅱ―2）、いったん疑い始めたら、とどまるところを知らない懐疑に取り憑かれ、狂気すれすれまで突き進むという過激さが、デカルトにはそなわっていた。方法的懐疑は、一見お行儀よさそうに見えて、行き着くところ「欺く神」や「悪しき霊」まで呼び出す。「何か最高に有能で狡猾な欺き手がいて、私を常に欺こうと工夫をこらしている」[5]。この病的と言わざるをえない猜疑――デリダの言う「悪魔的誇張」――はもう、臆病どころか無謀に近い。スコレーかは分からないが、隠者の酔狂ではある。近代において哲学の始まりをなす疑いも、古代における驚きと同じく、恐怖心か勇敢さかの二者択一では説明しきれない。つまり、その両面がついて回るのである。

　では、現代ではどうだろうか。

　科学は、人びとが安心して生活できるためのものであり、その安寧を脅かす危険やリスクを回避するためのものだ、とする効用論が、今日幅を利かせている。知的良心の保持者の恐怖起源説は、現代人に受け入れられやすいものである。その一方で、「不安」や「戦慄」から哲学が始まる、とする哲学観もそれなりに健在である。ハイデガーは第一次世界大戦後に、恐怖との対比において「不安」という根本気分の開示機能を論じ、アーレントは第二次世界大戦後に、絶滅収容所と原子爆弾の「戦慄」から思考を再開した。(6)

二〇世紀哲学のこのような動向は、神は死んだと宣告して、ニヒリズムの到来を凝視したニーチェの「勇気から始まる哲学」の衣鉢を継いでいる。古今の「驚嘆」や「懐疑」からの哲学の始まり論の残響も、そこには聴きとれるだろう。

四　リスク回避とは違った何か

われわれはここで、もう一人の二〇世紀の哲学者に思い至る。かつてハイデガーに学び、アーレントの終生の友でもあったハンス・ヨナスである。その主著『責任という原理』(一九七九年)(7)のなかでヨナスは、「恐怖に基づく発見術(Heuristik der Furcht)」という一種の方法論を提起している。テクノロジーがもたらしかねない「危険」を見据え、未来世代のための倫理学を構築するためには、それが要請されるのだという。

危険が知られていないかぎり、何が保護されるべきなのか、なぜ保護されるべきなのかは分からない。こうしたことに関する知識は、いかなる論理や方法にも反しているが、危険に直面することから生じてくる。危険がまずわれわれに現われる。価値とは反対のものがわれわれを刺激し、知識よりも先に感情がかき立てられることによって、脅かされている価値の何たるかをわれわれは学ぶのである。(8)

この「恐怖に基づく発見法」をヨナスは、「危険な賭にさらされているということを知ってはじめて、危険な賭にさらされているのは何であるかが分かる」という定式で表現している。(9)危険から目を背けず、危険に目を向けて恐怖にあえて襲われることによって、危険に瀕しており、それゆえ守られなければならないものが何であるかが、見えてくるのだ、と。恐怖によって目を閉ざすのではなく、恐怖を逆手にとってよりよく見る目を養う――ここには、人類史的出来事とそのゆくえを冷静に見据える可能性が示唆されている。

ヨナスが二〇世紀後半に目の当たりにした科学技術文明の「危険」の最たるものは、一つには環境汚染であり、もう一つには遺伝子操作であった。人間の外なる自然と内なる自然の双方に仕掛けられつつある「まったく新しい規模をもつ、まったく新種の対象と結果を伴う行為」(10)は、取り返しのつかない仕方で人類の将来を塞ぐことになりかねない。この未曽有の危機が、恐怖に基づく発見法を要請したのだった。ヨナスが凝視した危機は、二一世紀の今日、ますます高まりこそすれ、収束の兆しはどこにもない。

ヨナスの提唱した発見法には、ニーチェが『ツァラトゥストラはこう言った』で登場人物たちに代弁させた二通りの学問観が、等しく内包されているように思われる。恐怖か勇気かではなく、恐怖と勇気を携えての複眼的視点。現代科学の由来と帰趨に目を向ける視野が、ここに開けてくる。

先にふれたように、現代の科学技術はリスク回避に役立つ、という通念が支配的となっている。この通念は、科学技術は安全確保のためにある、という信念と一つである。現代人の常識と化したこの観念複合《コンプレックス》を、一例を挙げて検討してみよう。

今日、自動車の運転操作を、人間が運転手として行なうのではなく、自動運転システムへ移行させる技術革新が急速に進んでいる。自動交通社会への全面的移行はまだまだこれからだが、部分的には、ギア自動変換装置《オートマチック》のみならず、衝突事故の可能性を察知して急停止する自動ブレーキ制御機能が、乗用車に標準装備されつつある。まさに危険回避のための技術革新であるように見える。

だが、自動運転システムが完備されることで、リスクがどこまで軽減されるかは、予断を許さない。システムを整備していく途上で、予測のつかない事故が起こるかもしれない。巨大システムの構築と維持のために社会全体にどれだけの負荷がかかるか、そもそも維持可能なのか――これは、やってみなければ分からない[11]。これまでとは違った種類の、その意味では想定外のリスクを抱えることになるのは間違いない。直接的には、運輸業界におけるドライバーをはじめとする失業や倒産等の影響も気になるところである。

それでも、自動運転システムの実現に向けて、人類はあくなき挑戦を続けることだろう。なぜか。リスク回避とは異なる目的が、そこにあるからである、つまり、新技術開発に挑むというプロジェクトそれ自体である。これまでの交通体系を総入れ替えして、新しいクルマ社会の創出に乗り出すという企てが、自己目的と化しているのだ。

もちろん、それ以外にも、一大プロジェクトに群がる無数の個人や集団の経済的利害が、そこには渦巻いている。企業も官庁も大学も学会も総出でうまみに与《あずか》ろうとしている。だが、実利一本槍では大義名分にはならない。そこで、表向きはリスク回避、安全確保という福利的効用がもっぱら強調されるわけだが、それでもまだ足りない。新しい企てに乗り出すということ自体が、人類の進歩の名の下にめざされているのである。

科学技術は、新しい始まりをもたらすためという究極目的をおびている。無謀と紙一重の冒険心がそこにある。

五　人工知能研究はどこへ向かっているのか？

自動運転交通体系を造り出すうえで欠かせないのが、人工知能である。人間の運転スキルをなしで済ませ、それとともに人為ミスをなくし、自動車事故を根絶しようとするプロジェクトにとっては、人間の運転手に完璧に取って代わる指令中枢の開発が急務だからである。同じことは、その他の分野でも漏れなく起こっている。オートメーションの導入とは無人化であり、人間なしで済ませることである。それによって人的トラブル（人件費支出も含む）を予防できるというわけである。逆にリスクが高まることもあるはずだが、それは予測不可能という理由で考慮外とされる。やはり、リスク回避だけが目あてではないのだ。

　では、人工知能の研究と開発はどこへ向かっているのだろうか。もちろんさまざまな方向へであろうが、最終的には、オートメーションが総じてそうであるように、人間が要らなくなる社会の構築へ向かっている。人工知能が人間の代わりをするといっても、人間が造り手なのだから用済みとなることはない、と言われるかもしれないが、人工知能が自己再生産能力をもつようになれば、自前で済むようになる。そんな日がすぐ来るとは思えないが、長い目で見ればその可能性は排除できない。

　用済みとなる人間の側からすれば、無人化がリスクなしだとはとても言えないはずだが、その失業リスクは特段問題にされない。いや、来たるべき社会の創出のためには、余計な人間が出てくることは、むしろ織り込み済みなのである。なぜなら、人間がいなくて済むように、もともと設計されているシステムを新しく始めることが問題なのだから。少子化が無人化と相性がいいのは明らかであり、両者は手を取り合って進んでいる。

　人間の知能レベルを超えた人工知能が近い将来、産み出されるだろう、と言われている。だが実際には、計算能力においてコンピュータはとっくに人間を超えていた。二〇世紀半ばの初代自動計算機《オートマトン》の出現以来、長らく取り組まれてきた課題は、人間の多種多様な知的営みを、計算可能な単位にどこまで還元可能か、という分析であった。チェスも囲碁も将棋も、投資の売り買いもスポーツチームの采配も、音楽や絵画やアニメや文学の創作も、歌曲の演奏も歌唱も作曲も、外国語の翻訳も通訳も、受験勉強指導も試験問題作成も、それどころか学問の営み全般が、計算可能な作業単位に還元可能なかぎりにおいて、すべて自動計算機によって代替される。つまり、人間は用済みとなる。不完全でムダの多い人間的労働に依存するよりも、精確で円滑な自動操作に任せるほうが、いいに決まっている。

人工知能の名の下に、人間は自分自身を乗り越えるものをせっせと産み出そうとしている。人間の自己克服――この気前のいいフレーズを、われわれはどこかで聞いたことがないだろうか。そう、ニーチェの超人思想はまさにそのことを語っていた。

人工知能研究がめざしている究極目標は、超人工知能の創造である。人知がその目標に向かっているとすれば、それは、ニーチェが一九世紀末にぶち上げた超人待望論を、驚くほど忠実になぞっているのである。「人間とは、克服されるべきものなのだ」と語ったツァラトゥストラの教え通り、人類は超人工知能を産み出すことで、自己自身を克服しようとしている。あえて危険に身をさらし没落することへ向かっている。われわれは、人知を凌駕した超人工知能が出現したあかつきには自分たちは用済みになっても構わないと、どこかで思っているのだろうか。自分を超える知能を創造するという、神ですらやったためしのない知的冒険に打って出ることができれば、みずからは滅んでも本望なのだろうか。

では、われわれは高人なのか。それとも末人なのか。どちらでもありそうで、どちらでもなさそうである。いずれにしろ、没落する運命を引き受ける勇気をわれわれがどこまで自覚的にもっているかは、定かでない。

さて、恐怖に基づく発見法に倣って、いや悪乗りするあまり、不穏な思弁的妄想が過ぎたかもしれないが、少なくとも次の一事は明らかになったように思われる。結論としても穏当であろう。——科学は人類の安全確保のために、という趣旨説明に一理あるとすれば、科学は人類の知的冒険のために、という趣旨説明にも一理あるとしなければならないこと、これである。

現代テクノロジーは、安全確保やリスク回避といった表向きの効用とは裏腹に、人類がこれまで築き上げてきた知的遺産を片っぱしからご破算にしてまで、超人工知能開発という人知克服プロジェクトに、前のめりに突き進んでいる。気がつくとわれわれは、人類を没落に追い込む冒険精神に付き合わされようとしている。超人が地上に出現するためには、最後の人間や高等な人間は喜んで没落するがいいと、そうニーチェはツァラトゥストラに語らせた。そのような捨て石の役柄を引き受ける気前のよさが、果たしてわれわれにあるのだろうか。

Ⅲ　ニーチェと哲学者たち

第七章　自由な死と死への自由——ニーチェから見たハイデガー

一　ハイデガーからニーチェへ、ニーチェからハイデガーへ

ニーチェの思想をその過激な魅力を減ずることなく解釈することはむずかしい。少なくとも私はこれまで、それに成功した研究論文に、ほとんどお目にかかったことがない。とはいえこのことは、なにも解釈者の側だけの責任ではないように思われる。ニーチェの思考そのものが、たんなる解釈以上の何かを要求するものであるかぎり、祖述を旨とする論文でそれを扱うこと自体すでに、徒労にも似た試みであるほかないのだ。

ニーチェ自身、忠実な釈義にこだわる文献学者気質に、烈しい、いわば近親憎悪的な敵意を隠

さなかった人である。没後一二五年に及ぶ厖大で詳細なニーチェ研究史の蓄積は、それだけでもう彼の高笑いを買うに十分値する。ニーチェを論じようとする者にとっての最大の敵は、ほかでもない、ニーチェその人である。思想史を塗り替えてしまった巨人に睨まれて、誰が尻込みしないでいられようか。(1)

しかし、そのニーチェに露も怯むことなく解釈を敢行し、それを通じて同時に自説を展開し、一つの雄渾な思想的対決のドラマを作り上げた稀有な成功例を、少なくとも一つ、われわれは知っている。言うまでもなく、ハイデガーのニーチェ解釈である。ハイデガーはニーチェ研究を流行評論から哲学的水準へ高め、独創的な哲学史的展望を切り拓いた。その圧倒的成果の恩恵にそれ以後の解釈史は浴している。強引な解釈は我田引水と陰口を叩かれることも多いが、それでも、名にし負う天邪鬼ニーチェをすらねじ伏せてしまう腕力には、誰もが敬服しないわけにはいかない。

だがここに落とし穴がある。それをわれわれはあらかじめ肝に銘じておかなくてはならない。ハイデガーは、「西洋形而上学の歴史の内部におけるニーチェの根本的立場」を「西洋形而上学の最終段階」として徹底的に読み抜こうとする。(2)「ニーチェの形而上学を熟考すること」こそ、「思索者としてのニーチェを真剣に受け止めること」だとする(210)このような解釈は、それまでのニーチェ研究を一新するだけの起爆力をもつものだった。「神は死んだ」というニーチェの言葉は「西洋の歴史の二千年の命運を告げている」(213)、つまり「西洋の歴史の根本運動」たる「ニヒリズム」を言い当てるものだという（218）。「力への意志」と「等しいものの永遠回帰」という謎に満ちた二つの理説は、「全体としての存在者」を、それぞれの「本質（essentia）」および「存在（existentia）」において名指しつつ、それらの統一において捉えようとする一つのまったき存在論の企て、というふうに独自に解釈される（237f.）。かくしてニーチェの思想は、「ニーチェ自身が直接に言いえたよりもいっそう判明に捉え」（233）られ、哲学史に不動の位置を占めることを約束されるのである。

他方、いかに「ニーチェが自分自身の哲学を形而上学に対する抵抗運動として了解している」にせよ、それは「形而上学のたんなる裏返しとして、逃れようもなく形而上学に巻き込まれている」（217）と診断される。ニーチェは、デカルト以来の「確実性」という真理概念を、力への意志がみずから定立する価値の正しさを正当化するという意味での「正義（Gerechtigkeit）」という新たな真理概念によって凌駕し、完成させている（244ff.）。「超人」という理念は、「力への意志という存在の命運のうちにあって、地球を統《す》べる支配を引き受けるべく定められている、あの人間存在の本質」というふうに解される（235）。結局、ニーチェによって通告された「無制約的な力への意志の支配が始まりつつある時代」にあっては、「存在は価値へと下落してしまった」のであり、一切の価値の価値転換による「ニヒリズムの克服と称されるものとは、まずもってニヒリズムの完成なのである」（258f.）。ニーチェが体現している通り、「その本質において形而上学はニヒリズムなのである」（264）。

以上のようなハイデガーの基本的立場は、ニーチェに対する仮借なき批判的対決のそれであり――そこにはナチズムへの怨恨らしきものが投影されている――、ニーチェの「力への意志の形而上学」(233)のうちに、能動的主体による客体支配の貫徹をモティーフとする近世以来の「主体性の形而上学」(244)の完成形態を見届けることにより、その射程範囲を封じ込めようとするものである。だがそこには、哲学の根本問題に挑んで身を滅ぼした真摯な思索者に対するハイデガーなりのオマージュが聞きとれる。われわれは、この稀有な思想的対決に強烈な印象をおぼえ、ニーチェを形而上学者として遇さねばならぬと説くハイデガーに圧倒されるのである。かくして、ひとはこう想到する。もしハイデガーの言うようにニーチェが西洋形而上学の最後を飾る哲学者であるならば、彼の悲劇的な生涯とは、自身が生きた時代の矛盾を一身に背負って倒れた一個の悲壮な放浪者の運命だった、と。ひたすら徹底して形而上学者であり続けること、それが彼の聖なる十字架だったのだ、と。

しかし――とわれわれはあえて言わねばならない――このようなニーチェ観が、一面的であるのは誰の目にも明らかである。西洋形而上学の衣鉢を継ぐ最後の正嫡としてのみ捉えるには、ニーチェその人はあまりに多面的であり、曲者《くせもの》でありすぎる。とりわけ問題なのは、ハイデガーの解釈を鵜呑みにして「西洋最後の形而上学者」に祭り上げたとたん、ニーチェがにわかに面白くなくなってしまうことである。それは、一つには、ニーチェが掘り起こした多岐にわたる根本的問いを、ハイデガーが存在論的に改鋳してしまっていることによる。ハイデガーのニーチェ批判は、ナチズムへの関与とその挫折を経た自分自身に対する一種の癒しとしてなされたふしがあるが、その個人的代償行為にわれわれが付き合わねばならぬいわれなどない。哲学者としてのニーチェの真価を求めるあまり、その思想をつまらなく見えさせてしまうような骨折り損は、このさいやめたほうがいい。

だが、そうはいっても、ニーチェを哲学者として扱うのをやめよ、と言いたいのではない。ハイデガー以後、ニーチェをもっぱら文明批評家、人間観察家、無神論者、詩人哲学者などとして理解する読み方は、もはや不可能となった。これは、ハイデガーのニーチェ論をなぞってニーチェを論じても始まらないのと同じことである。むしろ問題の中心は、ニーチェがハイデガーの力説する以上に巨大な哲学者であること、ここにある。ハイデガーが指定した特別席（ないしは嵌めようとしたたが）を、ニーチェはさながら舞踏者のごとくスルリと抜け出てしまう。それどころか逆に、ニーチェの巨大な問いかけに対する一つの回答を示したささやかな試みこそ、じつにハイデガーの思索であったと言ってよい。

この見方は極端だと言われるかもしれない。だがわれわれがまずもって再確認すべきは、ハイデガーが「ニーチェ以後」の人であり、ニーチェから計り知れない影響を蒙っている、というごく当たり前の事実である。ニーチェをハイデガーの整理に従って哲学史的に総括してしまう前に、われわれはまず、ハイデガーをニーチェ以後の哲学者の一人として括ってみる必要がある。ドゥルーズが正当にも指摘しているように、「ハイデガーはニーチェの可能性であって、その逆ではない[3]」のだ。

　このような位置づけは、わざわざ言い立てるほど新しいものではない、と逆に言われるかもしれない。なるほど、二〇世紀の哲学思潮の多くがニーチェの影響を明に暗に受けてきたのは思想史の常識だし、ハイデガーが二〇世紀初頭に有力であった「生と実存の哲学」――ディルタイ、ベルクソン、そしてなかんずくキルケゴールとニーチェ――を摂取して『存在と時間』を著したことも、この書の登場以来つねづね言われ続けてきた。「ニーチェ思想の洗礼を受けたハイデガー」といった程度を指摘するだけでは、ニーチェを巻き込んで壮大に展開されたハイデガーの哲学史的展望にとても太刀打ちできそうにない。

　以下で試みたいのは、そのような意味での「ニーチェからハイデガーへ」という連続的な思想動向の記述ではない。そうではなく、ひとまずはやはり「ハイデガーからニーチェへ」という逆行的問いなのである。しかもそれは、従来好んで取り沙汰されてきた「ハイデガーから見たニーチェ」という解釈方向ではなく、ハイデガー哲学の中枢にニーチェの突きつけた問いかけはどの程度まで食い込んでいるか、という往還的吟味なのである。つまり、本人が自覚的だったかは別にして、ハイデガーの議論がニーチェの挑戦的問いにどれだけ呼応し、どこまで応答しているかという物差しをあてがうことで、ハイデガー哲学のアクチュアリティを実測する、という方針をとりたいと思う。もちろん、ニーチェの問いかけから見たハイデガーなりの応答という課題に取り組もうとする場合、いかなる問題に着目してそのようなやりとりが交わされたと見なすか、が当然問題となるが、そういった議題を正当化する行程において、同時に、ニーチェを今日読み直す可能性をさぐるというもう一つの、いっそう重要なねらいもまた徐々に浮き彫りとなってくることだろう。

もう一つだけ言っておけば、以下で取り上げるハイデガーとは、『存在と時間』を中心にした、いわゆる前期のハイデガーである。(4) この書におけるニーチェへの言及の少なさにわざわいされてか、これまで前期ハイデガーをニーチェの視点から読み解く試みはそれほどなされてこなかった。だが、ハイデガーが一九三〇年代になってはじめて本格的にニーチェへのこだわりを見せ始めるのは、むしろ乖離しはじめてようやく自覚的になり、批判的かつ自己批判的になった、ということだろう。そもそもハイデガー自身の発言を真に受けて事が済むのなら、はじめから解釈など要らない。いや——このさい忠実に、ハイデガーの言葉に耳を傾けてみるのもよかろう。というのも、『存在と時間』準備中の一九二五年夏学期講義でハイデガーは、みずからの探究原理を宣言するさいに、こう述べているからである。「哲学とは無神論である。〔…〕そして、ほかならぬこの無神論においてこそ、哲学は、かつて一人の偉人が言ったもの、つまり「愉しい学問」になっていくのである(5)」と。

二　ハイデガーにおけるニーチェ的モティーフ

ハイデガーに対するニーチェの影響を見積もるうえで、何といっても無視しえないのは、一九三七年夏学期のニーチェ講義のなかで、ハイデガーが、永遠回帰思想における「瞬間」の概念を検討しているくだりであろう。というのも、そこでハイデガーは『存在と時間』における彼自身の見解を、ニーチェのそれにこれ見よがしに重ね合わせているように思われるからである。ニーチェに対するハイデガーの共鳴の度合は、この講義において一つの頂点に達しており、それ以降は下降線をたどり、批判的扱いが前景を占めるようになっていく。その意味で、この講義における「実存論的」ニーチェ解釈は、両者の影響関係をじかに証言する数少ない箇所の一つであると言える。(6)

たしかにその通りなのだが、私はここで、瞬間において成就する永遠回帰と、先駆的決意性という両人の根本思想を、「比較」しようとは思わない。その前に問われなければならないことがあるからである。すなわち、なぜこの二つはかくも同心円を描くことになるのか。それは両者のいかなる発想に基づくのか。そしてなにより、「ハイデガーから見たニーチェ」という視点からだけでは、ハイデガーの思考におそらく深いところで食い込んでいるニーチェ的モティーフを摑まえることはおぼつかないからである。

では、「ニーチェから見たハイデガー」という視点にとっての足掛かりは、どこに求められるべきか。ニーチェはハイデガーのいかなる点に食い込んでいるのか。そのような問題意識のもと、一方にニーチェ、他方にハイデガーを置いてみると、重大な並行性がいくつも見出されることに気づく。さしあたり目立つのは、次のような点であろう。

⑴ 自己に対する自己の関係。「力への意志」——より高きをめざす自己超克——と、「気遣い（Sorge）」——存在可能性の自己企投——という両者の根本概念には、自己に対する関わりが自己のあり方を規定する、という共通の発想が見てとれる。これは、そうした自己への関わりに二つの様態を認める（能動的／反動的、本来的／非本来的）という特徴についても言える。自己の自己性をめぐるこうした親近性が掘り下げに値することは間違いない。同時にそれは、ライプニッツ、シェリング、ヘーゲルという、ニーチェがそれに連なるとした「根源的意志の形而上学」とでも言うべき系譜[7]の最末尾に、『存在と時間』のハイデガー自身を位置づけることにもなるだろう。

⑵ 意味と根拠への問い。ニーチェは、「神の死」や「ニヒリズム」という言葉によってキリスト教ひいてはプラトン主義の批判を敢行し、現実存在をめぐる形而上学的な「なぜ?」の問いに対する答えの根本的欠如を指摘してみせた。それを受けてハイデガーは、「存在《ある》」ということの「意味と根拠」（vgl. SZ, 35）をもう一度考え抜こうと、形而上学の原点である古代存在論に立ち返った、と言えるだろう。もしそうだとすれば、ハイデガーの存在の意味への問いそのものが、

その総体と核心において、ニーチェの二世界論批判によせる一回答であったことになる。これは驚くべきことではないだろうか。

(3) 真理問題。「真理」という哲学の中心主題に根底から疑問符を突きつけたのがニーチェなら、その挑戦的問題提起を受け止めて、暴露と隠蔽の相克としての世界内存在の開示性という真理論を展開したのがハイデガーだった。ハイデガーがニーチェの「正義(Gerechtigkeit)」という概念を、デカルト以来の「確実性としての真理」の究極形態と見なしたことは、そう考えればまことに意味深長である。この点で示唆的なのは、ニーチェが批判してやまなかったもう一つの根本主題である「善」が、ハイデガーにおいてはすっかり影をひそめていることである(たとえば、良心現象に関する一貫した「没-倫理的」解釈を想起せよ)。

(4) 時間概念の転換。ニーチェが、過去をたんに過ぎ去った事実と見るのではなく、現在の生に突き刺さる力をもつアクチュアリティにおいて捉え、忘却・隠蔽や怨恨・復讐の相手として位置づけたとすれば、ハイデガーの「既在性(Gewesenheit)」や「負い目ある存在(Schuldigsein)」の概念は、まさにその存在論化と言ってよい。ニーチェ的な「負債としての過去」という時間概念の応用としては、フロイトの「生活史(Lebensgeschichte)」という発想が思い浮かぶが、ニーチェという共通の遺産の分け前に与《あずか》ったフロイトとハイデガーが同類の問題を扱い、同種の論理を動いているのは当然かもしれない。

(5) 「歴史的に哲学する」という態度。現にある支配的通念の存立機制を暴くためにその由来・

発生の歴史を辿るニーチェの「系譜学（Genealogie）」（それはしばしば語源解釈を伴う）が、「起源への遡行」という現象学の根本志向と一体化するとき、伝統的存在論の「解体（Destruktion）」というハイデガー解釈学に固有な方法スタイル（それは伝承された形而上学のずらし変えでもあった）が成立した、と考えられる。そしてもちろんハイデガーの場合でも、遡行の向かう先である第一の原初は、ニーチェと同じく、古代ギリシアひいてはフォアゾクラティカー（ソクラテス以前の哲学者たち）なのである。

以上のようにごく大雑把に瞥見するだけでもう、『存在と時間』期のハイデガーにおけるニーチェの影は明々白々と言えるだろう。なにしろ、(1)「自己」、(2)「存在」、(3)「真理」、(4)「時間」、(5)「歴史」という、当時のハイデガーの中心テーマが、どれもみなニーチェの思索と交錯する地点に成り立っているのだから。つまるところ、『存在と時間』の全体が、ニーチェ的モティーフに色濃く染め上げられているのである。

もちろん、このような多方面にわたる親和性はそれぞれ詳細な検討を要する課題であって、それらを逐一取り上げることはできない。以下では、両者に通底するもう一つの、しかも決定的と言えるモティーフを吟味してゆくことにしたい。それは、(6)「人間」に対する異議申し立て、つまり「ヒューマニズム批判」という根本態度である。ここには、ニーチェに対するハイデガーの応答関係の最もアクチュアルな部分が看取されるように思われる。というのも、世に言う「ヒューマニズム批判」とは、ある意味では、ニーチェがラディカルに提起し、続いてハイデガーが掘り下げたことで、その後（たとえばフーコーによって）受け継がれてきた近代批判の一形態である、と言ってよいほどなのだから。

人間という存在者を一切の価値の中心に置くのが「ヒューマニズム（人間中心主義）[8]」であるとすれば、その前提としての「人間」あるいは「人間性（人間らしさ）」という近代的理念に対して徹底した不信の念を表明して全面的な無効宣言を下し、もって抜本的な価値転換をはかろうとした人こそ、ニーチェであった。ここでのニーチェの基本語は、まぎれもなく「超人」である。われわれは、ツァラトゥストラが開口一番、「私はあなたがたに超人を教える。人間とは克服されるべき何ものかなのだ」（「序説」三、Za, 14）と述べているのを忘れてはならない。「超人（Übermensch）」という、この著しく構想力を喚起させる独特の用語は、「人間」の理念およびそれに支えられた近代的な価値基準全般がもはや失効しつつあり乗り越えられねばならないことを強く訴えかけようとする、優れてパフォーマティヴな概念なのである。逆に言えば、「超人」という語は、人間自身の「自己克服」という空虚な生の遂行形式以外の何も指示してはいない。その内実を充足させることは、無責任に各人に一切委ねられている。そこに月並みな進化思想との決定的差異がある。

これに対しては、ハイデガーが「ヒューマニズム批判」にはじめて手を染めたのは、戦後公刊された「ヒューマニズムについて／を超えての書簡（Brief über den Humanismus）」に顕著なように、後期の思索においてだと言われるかもしれない。たしかに、この書簡に見られるヒューマニズムへの根本的疑念が及ぼした影響力には計り知れないものがある。しかも、そこにはハイデガーなりの自己批判がこめられていると解されたりもする。だがそうした解釈は、前期ハイデガーの最重要語の一つをまったく考慮していないように思われる。つまりそれは「現存在」という概念である。『存在と時間』において、普通なら「人間」と記せばよいところを、わざわざそれを避けて「現存在（Dasein）」というぶっきらぼうな用語が当てられているのは、なにも著者の衒学趣味（のみ）ではないのだ。

ニーチェの「超人」が、人間を超える崇高（だがそれ自身は空虚）な理念を立てることで、人間を上方から限界づけ疑問に付す仕掛けであったのに対して、ハイデガーの「現存在」とは、これまで人間と呼ばれてきた存在者をあえて「そこに存在が開示される場」であるとことさら表現することにより、伝統的に人間に帰されてきた価値基準を括弧に入れて遮断する戦略的な――もっと言えば人を食った――概念なのである。したがって、存在が開示される場として「現存在」が存在論的に優先権を与えられるからといって、前期ハイデガーが人間中心主義に傾斜しているとする見方は、決定的に不十分である。そこに見出されるのは、むしろ中心の虚ろな空位状態なのだから。『存在と時間』の現存在分析論には、人間という概念によって封じ込められてきた「脱自」的な「超越」の可能性を露呈させ、もって近代的人間理解の限界を突破するという根本モティーフが秘められている。これをニーチェ的と言わずして何と言おうか。(9)

さて、では、両者において批判の的となる「人間」という理念とはいかなるものか。ここで気づくのは、ニーチェとハイデガーとでは問題化される「人間」の規定内容が相当異なっていることである。ニーチェでは主に、隣人愛や犠牲・奉仕を奨励するキリスト教的価値観の下での「人間的」という性格が、その欺瞞的仮面を引き剝がされ、かつそのデカダン的末路として「最後の人間（der letzte Mensch）」が戯画化される。[10] 一方、ハイデガーにおいては、まずもって「理性的動物」という古代以来の人間の「定義」における種差たる「理性（*logos*, ratio）」という規定が、その存在様式を審問され、かつその派生性を証示される。さらに、「神の似姿」や「思考するモノ」や「肉体、霊魂、精神」といった伝統的人間観もことごとく却下されるが、それは存在論的にいずれも不十分だとされるからである（vgl. SZ, § 10）。こう見比べてみると、両者の間では、同じく「人間」といっても、その言葉のうちに何を見出し、何を批判するかの具体的内実が、およそ隔たっているように見える。

だが、この相違に幻惑されてはならない。近代市民道徳の偽善性に批判の刃を向けたニーチェの超人思想が、当時としてアクチュアルであったことと引き換えに時代制約的特殊性を免れない、などとは決して言えない。それと同じく、西洋的人間観の全軌跡を射程に収めようとするハイデガーの現存在分析論が、原理的・普遍的である反面、現実味に乏しい抽象論に陥っている、などと評されるいわれもまたない。いかめしい「存在一般への問い」でいかに身を固めようと、近代的人間像への懐疑というニーチェが切り拓いた路線に沿って動いているかぎりで、ハイデガーは明らかに「ニーチェ以後」の人である。そしてそれは、彼自身が認めるか否かに関係なくそうなのである。

もちろん、ニーチェ以外の先蹤も少なくなかっただろうし、第一次世界大戦という由々しい世代経験が大きく影を落としている面も否めない。それでもなお、「人間」という理念が内側から朽ち果て、もはやポジティヴに語れなくなったという意味枯渇症状は、ニーチェが顕在化させ二〇世紀に送り込んだ思想状況にほかならず、そうした状況を鋭敏に察知した「ニーチェ以後」の世代にとっては、自分たち存在者のことを「人間」と呼んでその位格を自明視することはすでに封じられてしまっている。ハイデガーにおいて、「哲学的人間学」という当時盛んに言い広められた比較的新しい分野が、何を今さら鈍感な、といった程度の扱いしか受けていない事情も、同じ理由に基づくに違いない[11]。

ここには、ニーチェを創造的に受け止める一つの可能性が隠されている。もともとニーチェの人間鑑識眼そのものが、彼自身のオリジナルな資質というよりは、ラ・ロシュフコーらフランス・モラリストに範を仰ぐことによって培われ、研ぎ澄まされたものであった。だがその深さにおいて、ニーチェの眼光はモラリストの皮肉をはるかに超えており、不可謬な価値体系として近代に君臨するヒューマニズムにひそむ虚妄性をそのタブーもろとも追訴してやまない。しかしその一方で、ニーチェのうちにモラリストの軽妙洒脱な哄笑を聞きとり損なうなら、奈落まで沈み込ませる憂愁の哲人の姿しか見えてこない。それと同じように、ハイデガーからニーチェ的な時、い、か、い、に対する感受性を剝ぎとってしまえば、あとには、抽象論に偏する講壇哲学の化石の如きものしか残らなくなってしまう。このようにニーチェからの連続性を確認したからといって、ヒューマニズムへの疑念をその存在論的前提の解体まで推し進めたハイデガーの独自性はいささかも貶められないだろう[12]。その意味ではたしかに今日のわれわれは、「ハイデガー以後」を生きていると言わざるをえない。

さて以上において、「ニーチェから見たハイデガー」の少なくとも一つの局面が「ヒューマニズム批判」という共通の枠組に見出されることが示された。だが、これまでの議論はともすれば荒削りに傾き、具体的論証には程遠いレベルにとどまっていた。この欠を補うために、以下では、よりテクストに即した検討を行なうことにしたい。そのさい、次の見通しをもってこの作業に取り組むことにする。すなわち、「ヒューマニズム」はまずもって人間性の擁護を眼目とするが、この漠然とした一般的目標が人命の尊重という積極的形態をとり、かつそれが死の忌避という消極的方向において具体的に執行されるとすれば、「人間性＝人命」の反‐本質とでも言うべき死をどのように考えるか、という問題は、ヒューマニズムの再審理にとって欠くことのできない案件である、と。この見通しのもと、「ニーチェの死の理解から見たハイデガーの死の解釈」を浮き彫りにすることが、以下の課題である。

三　「自由な死」と「死への自由」

ところで、死というテーマに関しては、ハイデガーはともかくニーチェは、本格的に取り組んでいない、とする見方もありえよう。(13) 死が個人にとって一回かぎりの現象であるのに対し、ニーチェが論じた「等しいものの永遠回帰」は、まさに無限の繰り返しを特徴とする、というわけである。これに関しては、むしろ永遠回帰思想そのものが死という生の限界を突破する試みとして構想された、と解釈できる余地がある。(14) しかしここで、その解釈問題に立ち入る必要はない。そうせずとも、ニーチェは死についてじつに夥《おびただ》しく語っているからである。そもそも、若き日にショーペンハウアーを読んで哲学に目覚めたニーチェが、死について無関心だったはずがない。そのショーペンハウアーのいわゆる「ペシミズム」は、死という無意味なものを生が負わされていることの救いのなさを苦悩しつつ直視することを根本のモティーフとしていた。では、生を憎み現世を厭う考え方からの解放を終生の課題としたニーチェは、死に対していかなる態度を表明しているのだろうか。

『ツァラトゥストラはこう言った』には、すでにその第一部で、「死」を標題に盛り込んだ章が二つ見られる。「死の説教者」と「自由な死」がそれである。ユニークな内容をそなえたこの興味深いテクストを解釈するだけでもう、ニーチェにおいて死の問題は二次的だとする見解を覆すに十分であり、むしろお釣りがくるほどである。(15)

a 「死の説教者」

この章では、生の空しさを嘆き、生に憎しみを抱きながら、生への執着を断ち切れずに生半可なモラルを垂れ流している者たちの矛盾があばかれ、それほど生の否定を説きたいのなら、いっそ彼らにこそ、ずばり「死の説教」を贈ってあげよう、つまり御託を並べる前に早く死ね、というアイロニーに満ちた主張が展開される。(16) 自分のことは棚に上げてこの世に文句を言い、知らず識らずのうちに自分を否認するという自家撞着を犯している連中に、「自分はどうなのか（分を知れ）」という言葉を贈って一蹴するという、あの反転の論理である。(17) 自己を否定して肯定する自家中毒症状（いわゆるルサンチマン）を容赦なく穿《うが》つという点では、同じく第一部の「肉体の軽蔑者」の章の発想とよく似ている。(18)

このように、「死の説教者」という標題の意味するところは、苦からの救済や魂の平安を希求すると称する「永遠の生の説教者」たち（その教えを真に受ける者たちも含まれる）は、じつは「無常な生」に嫌気がさし、そこから離反することを願っており、つまり実質的に死にたがっているのだから、「死を説教されてしかるべき」（Za, 57）者たちだという点にある。そんなに生から逃避したいのなら、あるいは、漠然とであれ死へのあこがれを抱くのなら、望み通りさっさと死んで救われるがいい、と。苦に悩まされて生きる彼らにとってみれば、「死こそ救い」なのだ。「救いとしての永遠の生」の教え、それが「救いとしての死」の教えでしかないという皮肉。この逆倒せる事態をあからさまに衝くことによって、ニーチェは厭世主義に冷や水を浴びせかけるのである。

注意すべきは、ここでは死が生の対極に置かれていることである。死とは、生の圏外への離脱を意味する。生きることの反対現象、生の消滅、それが死なのである。だからこそ「生の否定＝死の肯定」という論理が出てくるのである。「生＝苦」を前提する厭世主義者たちが「死の説教者」と呼ばれるのは、彼らが、「死＝生の消滅」というもう一つの前提を携えて、「①一切の生は苦である、②ところで死は生の消滅である、③ゆえに死は苦の消滅、すなわち救いである」という推論を暗黙のうちに導いている、とされるからである。逆に言えば、この章で死は、②に見られる「生の消滅」という意味以上に立ち入って規定されてはいない。そのかぎりでは、死は「消極的」にしか主題化されていないと言ってもよい。

かくして死の愛好は、生を憎悪する厭世主義の論理的帰結にして倫理的格率であるかに見える。つまり、もし厭世主義者が喜んで死を受け入れるのであれば整合的であり、理にかなっている（結論がすでに行為であるのが実践的三段論法である！）。あるいは、人びとが「死こそ救い」と説教＝誘惑されてバタバタ死んでゆくのなら問題はない。だが世の実相は遺憾ながらそうした推論とは異なる。いくら懇切丁寧に諭されても、好き好んで死ぬ者はめったにいない。たとえ「死こそ救い」と思い込んだつもりの厭世家でも、欣喜雀躍と死ぬなど思いもよらない。生を憎悪することは死を愛好することを帰結しない。なぜか。手堅いはずの厭世主義者の先の論証が、重大な論理的欠陥をもつ詭弁にすぎなかったからである。

問題がありそうなのは、「死は苦の消滅」とする一見もっともらしい結論部を少し考えてみれば分かることである。というのも、それと正反対に「死こそは苦の源泉」かもしれないのだから。そもそも「生＝苦」とするペシミストにとって最も気に障る不倶戴天の敵とは、ほかでもない死という苦ではなかったか。彼らが生に救いがたさを見出す最大の理由は、死という最凶の苦悩を生が舐めさせられていることにこそある。では、どうしてそうした誤謬推論が出来したのか。死が苦としてではなく、よりにもよって救いとして見積もられることになったのはなぜか。

簡単に言えば、この推論では「死もまた苦」という素朴だが強固な実感が見失われているからである。たとえ生の内部を苦で埋め尽くしたとしても、逆にその生の内部だけで苦が数え尽くされるとは必ずしも言えない。生の囲い込みの外部に追いやられた死が苦であったとすれば、苦に満ちた生を抜け出して死に赴いても何にもならない。「死こそ救い」と説く教えは、人をたぶらかす妄言だということになる。もっとも、死の説教をどんなに浴びても誰しも死を躊躇するだろうから、はじめから信用されていないということになるが。

翻って見れば、生を罵りながら生に執着するという厭世主義者の矛盾した態度そのものが、「死もまた苦」あるいは端的に「死こそ苦」というテーゼ（これを④としよう）をすでに実証していたとも言えるだろう。そもそも「救いとしての死」という皮肉が皮肉として効くのは、死によって救われたいとは思わない人に対してだけである。わずかに残された「死こそ救い」という道さえ「死こそ苦」というテーゼによってみずから閉ざしてしまう厭世主義者の立場は、まさに出口なしの状況といったところである。しかも、どんなに生を否定しようとしても、その試み自体が、生きていること、その意味では死の否定なのだから、これはもうまったくお手上げではないか[19]。

ところで、これまで死は生の正反対だとされてきた。少なくとも最初はそのはずであった。だが、「死こそ苦」というテーゼ④が言えるとすれば、生の反対のはずであったその死に、よりにもよって生の専有物であるべき苦――なぜなら、生きている者だけが苦しむことができるのだから――が堂々と帰されてしまうことになる。ということは、「生の消滅」という死の消極的規定には明らかに不備がある、ということである。死は生の向こう岸ではなく、生のただ中に「現にある」。生きることにおいてこそ問題となるような死の現象、対岸の火事ではなく今ここで燃え続けている生の炎こそ、問題の中心なのだ。

ニーチェは、もちろん「生=苦」という厭世主義のテーゼ①を肯《がえ》んじないが、それに劣らず、「死=生の消滅」という死の理解②をそのまま受け入れたりもしない。では、生の内部で死はどのように見出されるのか。この焦眉の急たる問題を、「死の説教者」の章を承けつつ扱っているのが、第一部の後ろから二番目に位置する「自由な死」の章である。驚くべきことにニーチェはそこで、「死こそ苦である」とする強固な通念④さえも大々的にひっくり返そうとするのである。

b 「自由な死」

「死の説教者」の章は、現世に愛想を尽かし、生からの離脱を説く厭世主義のうちに「救われたいなら早く死ね」とする身も蓋もない「死への誘惑」を読みとり、そうした教えにみずから怯む（つまりなかなか死なない）という矛盾した態度をあばき立てることで、「死からの逃避＝生への執着」の傾向を逆にあぶり出す、という手の込んだレトリックを駆使するものであった。これは、不実な生への恨みから死を生半可に恋慕する屈折した生き方よりは、正直に生をいとおしむに如《し》くはない、という主張を示唆するものであり、背後世界論者や肉体の軽蔑者、純潔や隣人愛のモラルへの批判と同じく、「率直な生の肯定」という価値転換の理念を浮かび上がらせる巧みな修辞法である。[20] だがその一方で、この章では、死を見つめるよりは、生へ向き直ることこそが第一義であった。ではニーチェは、死そのものに対していかなる態度を表明しているのだろうか。今やわれわれは、面と向かって死が扱われているテクスト、つまり「自由な死」と題された章に立ち入らなければならない。

本章は、生の否定をいかに覆して生の肯定へ転ずるか、という『ツァラトゥストラ』第一部のそれまでの議論全体（広くは超人思想全般）を締めくくり、続く第一部最終章「惜しみなく与える徳」へ橋渡しする役目を帯びた重要な章だが、「ハイデガーにおけるニーチェ的モティーフ」

をさぐる目下の課題にとっても、慎重な吟味を必要とする主要テクストである。なぜなら、後述するように、ハイデガーはこの章を少なくとも意識して『存在と時間』の死の分析を手がけているからである。このことは、ハイデガーがこの「自由な死」の章中の一文、「自分で真理や勝利をつかんだはずが、老けこんでもう手遅れの者も少なくない」(Za, 94)を明示的に引用していること(SZ, 264)からも明らかである。[21]

本章の議論は、先の「死の説教者」における主張を引き継いでおり、ここでもツァラトゥストラの口吻は、生きるに値しないそれこそ「死すべき者ども」に対して「生まれぞこないはさっさと死ね」と言い切って憚らないなど、過激をきわめている。だが、この章に秘められた過激さには、厭世主義批判といったレベルをはるかに凌駕する何ものかがある。それが何であるかが突き止められねばならない。

まず、この章の基本的発想を一言で表わせば、それは「死への寛大さ」とでも形容すべき立場である。みずからの死を従容として受け入れることのできる度量が、「ゆっくりした死」(Za, 94)のみを欲する狭量と対比される。死は喜ばしい訪問客であるかのごときである。不意に訪れることの遠来の客を歓待することができるよう、日頃から準備怠りなく充実した生を生きることが何よりも望ましいとされる。この接待の用意――つまり「死の稽古」――が首尾よくなされたあかつきにこそ、「ふさわしい時に死ぬ」という満願が成就するのだ、というのが、この章の基本的考え方である。だから、順風満帆の生のさなかに「勝利に満ちて」、死が「祝祭」となるような死の迎え方こそが「最善」であり、「次善は、戦いのさなかに死んで、大いなる魂を気前よくあげてしまうこと」（Za, 93）だという。

見られる通り、ここには、「死の説教者」における「死＝生の消滅」という消極的規定を超えた、「死＝生の完成」という死生観が開陳されている。死によってはじめて生は円成へともたらされる、けだし死は讃えられるべきかな、というわけである。

だが、死を「肯定」するこのような「積極的」態度に対しては、「命をそんなに軽んじてよいのだろうか」といった当然の疑問がすぐさま湧き起こってくるに違いない。「大往生」ならともかく「玉砕」まで賛美するのはいかがなものか、と。[22] まぎれもなくそれは「人道に反する」見解であり、まさに「アンチ・ヒューマニズム」の極致である。たとえば、「死の説教者」と「自由な死」の章にはともに「余計な者たち（die Überflüssigen）」という言葉が出てくる（Za, 55, 93）が、この煽情的言辞が、「あまりに多くの」「生まれてこなければよかった」人間たちのことを指していることは言うまでもない。また、やはり第一部の「戦場と戦士」と題された章では、「散華の美学」とでも言うべき「戦死のすすめ」が熱っぽく語られる。万事こういった具合だから、良識ある人権擁護派からすると眉を顰《ひそ》めたくなるのも無理はない。では、選民思想や戦争賛美につながるこうした野蛮で危険な前近代的発想は、今日取り上げるに値しないと、そう言うべきなのだろうか。[23] 断じて否。

ニーチェは、「誰もが死を重大視する」こと、「死ぬということになればもったいぶる」ことを鋭く指摘する（Za, 93）。これこそは、「人命の尊重＝死の忌避」を核心とするヒューマニズムの根底にひそむ傾向だが、この暗黙の前提それ自体は、ヒューマニズムそのものの内部では決して問われることがない。つまり、「なぜそれほど死が重大なのか」という問い返しは、あらゆる博愛精神にとってタブーなのである。その意味では、ニーチェは、人道的立場の外側にことさら立つことによって、ヒューマニズムにその出生証明を突きつけようとしている。はっきり言おう。ここで問題となっている「死ぬということになればもったいぶる」のはどういうわけか、という不遜な問いは、「人間的」な、つまり生身の人間の口から発せられうる種類の質問ではもはやない。言い換えれば、この大胆きわまりない問いを摑むことによってわれわれは、「人間性に対する挑戦」としての超人思想の核心にふれるのだ。その意味で、この「自由な死」の章は、ニーチェ的「反人間主義」のクライマックスと言ってさしつかえない[24]。

　ニーチェが「死に対する寛大さ」を超人的態度として理想化しているということは、逆に言えば、彼が人道主義のうちに「死に対するケチくささ」を敏感に察知してしまったということでもある。では、この「死ぬことを惜しむこと」は、あえて人間を超え出た立場から見た場合、どのようなものとして映ずるであろうか。このことを熟考するとき、われわれは、超人思想による人間理解の最深部へ分け入ることになる。

c 「吝嗇の精神」

ここで、ニーチェ的発想に沿いながらも、いささか大胆に、「死に対するケチくささ」の起源への肉迫を試みることにしよう。

誰もが「死ぬということになればもったいぶる」――そう、死にも何らかの「意味」が確保されなければならない。そしてその「補塡」によって、死という受苦は埋め合わされ贖《あがな》われなければならない。なぜなら、もしこの「意味付与」にしくじり、死が端的に無意味なものとして露呈してしまえば、死すべき生からおよそ意義や価値といったものが総じて脱落してしまうからである。

一般に、何かを行なう「価値」があると見なされるのは、それをして「割に合う」ときである。つまり、相応の「見返り」が「対価」として得られる場合「やりがい」が認められる、というしくみになっている。たとえば、汗水垂らして精を出す「労働」の価値は、それを行なうことによって得られる「儲け」「報酬」に応じて評価される。この査定が度を超えて低い場合には、その労働は「割に合わない」とされ、甲斐のない無駄な労苦、つまり「徒労（umsonst）」として疎んじられてしまう(25)。

では、全体ないし総計としての生、要するに人生に関しては、この事情はどうなっているだろうか。そもそも人生が生きるに「値する」のは、生きていて何かしら「甲斐」があるからである。もっと言えば、それが「ペイする・もとがとれる（Es lohnt sich）」はずだからである。辛い人生は何としても報いられなければならない。苦は楽によって償われなければならない。そうでなければやっていられない、と誰しも思う（そんな保証はどこにもないのに）。ところが、どれほど「有意義」に生きようとも、その生の営みが、死という途方もない苦しみを終始「抵当」に入れての運用であり、「最終決算」においてその「ツケ」を支払わなければならない定めだとすれば、この無慈悲な「未払い分の押収」に際して何らかの「粉飾」を施さないかぎり、けっきょく帳尻は合わず赤字に終わってしまう。死にも「せめてもの見返り」が見出されなければ、人生の差引勘定がマイナスで終わるのは目に見えている。それでは困るし何ともやりきれないから、死という損失分を穴埋めするような「報い」が苦肉の策として案出される。かくして、「尊い犠牲」とか「常世《とこよ》への門出」とか、とにかく「死に甲斐」が捏造されたりする。[26]そのようにしてあみ出された飾り立てられた「ひからびた花輪」（Za, 94）をはなむけとして供しつつ、ひとは必死になって「死をもったいぶる」。

だが遺憾なことに、この種の糊塗はうまくいったためしがない。というより、塗りたくれば塗りたくるほど見え透いてくる。ではどうするか。できるだけ死という支出を遅延させ、その負債を隠匿することで、生全般の不健全財政のあからさまな露呈を予防しようとするのである。「ゆっくりした死」――可能なかぎり生き永らえる＝少しずつ死んでゆくこと――、これが生の絶対目標となる。内実はさておき、とにかく数字で示される「寿命」が増えれば増えるほど、「長寿」すなわち先送りに成功したと持てはやされ、ありがたがられる。巨額の借金を返済できない債務者が破産を恐れて、債権者を拝み倒してまで支払い期限を猶予してもらおうとするように、死という借りを返す見込みのないまま空ろな生を送る者は、このツケが回ってくることを何よりも忌避し、一刻でも延期させようと「必死」になる。「ゆっくりした死」を目指すこの懸命の努力こそ、もう一つの「死をもったいぶる」作法にほかならない。死という滞納金の返還要求に対し、あの手この手を尽くして支払いを渋るケチケチぶりこそ、「人命の尊重＝死の忌避」というヒューマニズムの精髄なのだ。

以上が、死をひとが「もったいぶる」ゆえんである。つまり、死によって生がむざむざ空費されるのを「もったいない・惜しい」と思うからこそ、粉飾会計をあえてしてまで死を「もったいぶる・惜しむ」のである。ここに見られるのは、すべてにおいて「割りに合う・もとをとる」ことを至上とし、死によって生がムダにされることを潔しとしない「吝嗇《りんしょく》の〈精神〉」とでも言うべき強力なエートスである[27]。ここでは人生もまた営利事業か何かのように得失計算の対象とされてしまう。

死を意義づけ、「もったいぶる」手段として多用される装置として、「犠牲」という観点があるが、この「何かのための犠牲としての死」という聞こえのよい見方をニーチェは一貫して疑問視している。「犠牲」とは、「身代わり・生け贄」という意味であるが、もっとドライに言えば「コスト」ということである。「犠牲者」はしばしば美化・英雄視されるが、何のことはない、それは、死者をコストとして打算的に見積もることなのだ。だが、この世にしろ、あの世にしろ、人命の「対価」となりうるような意義が、いったいどこに存在するというのだろうか。「犠牲」という言い方は、せいぜい後の祭りの慰めの空文句に過ぎず、それどころか往々にして、血にかこつけては担ぎ出されるすり替えの論理でしかない(28)。

コスト計算は何も会計学のみの専売特許ではない。見返りを要求しないはずの清貧な宗教にしても「死の利ざや」に頼っているのが実情である。「受難」はひとをして一層の狂信へと煽り立てる。キリスト教が累々たる殉教者の山を築いた（つまりそれだけ多くのコストを支払った）その見返りに永遠の「真理」を手に入れた、といったウェットな論理がいかに虚妄であるか、をニーチェは繰り返し告発している(29)。そして、このような「コストとしての死」というすり替えの論理の最大の餌食になった者こそ、のちに世界宗教の教祖に祭り上げられたかの若者にほかならない(30)。また、罪深き全人類に対する罪なき神人による「贖《あがな》い」というトリックをもののみごとに駆使して、この若者の惨憺たる死にざまを、栄光ある救済事業にまで高め、ついにはお釣りが来るほど「もとをとる」ことに成功したあの大立者を、ニーチェはつねづね忌み嫌ったのである。

それにしても、かくも「吝嗇の精神」がはびこるということは、深く重い意味を持つ。先に、「死に対するケチくささ」を問いただすとは「人間を超えた」問いだと指摘しておいたが、このケチくささに嫌気が差すということは、人間であることそれ自体に嫌気が差すということである。人間の卑小さに対するツァラトゥストラの吐き気とは、そこまで徹底的に「非人間的」な、いわば「悪魔的に誇張された」嫌悪だったのではないか。

もっと踏み込んで言おう。死をもったいぶるのは、たしかに人間の弱さかもしれない。だが、それをケチとか卑しいとか言ってしまったら、それこそ、ギリギリの人間の尊厳といったものまで見失われてしまう。民族全体の絶滅政策や内戦における大量殺戮、さらには大災害による都市壊滅や市民への無差別テロなどの光景を目の当たりにして、「死に対して気前よくなれ」と説く方が無茶であり、呑気な思い上がりと言うべきではないか。

ニーチェなら、死に関する「吝嗇の精神」とは、前向きにそのつどの生を肯定して生きることができず、マイナス面を埋め合わせることに汲々としている「余計な者たち」の弱さだと、そう言うことだろう。それこそは、人類に取り憑いた「ニヒリズム」というデカダン的病魔なのだ、と。だが、そこまで「ニヒリズム」を無責任に拡大解釈してどうしようというのか。われわれは、ニヒリズムの救いがたき蔓延を告発するニーチェに対して、その底意をさぐりつつ、こう言い返すべきではなかったか――「誇張された吐き気を持ち出して泥沼化させたのは誰だ」と。「ニーチェによるニヒリズムの克服とは……」、「永遠回帰とは……」と気軽に定式化してすます解釈者は世に多いが、真摯なニーチェ研究者たろうとするなら、なまじ小綺麗な祖述に終始するより、それこそ「こんな邪悪な懐疑精神には付き合いきれぬ」とうっちゃる方が、かえって忠実な解釈というものではあるまいか。(31)

このように、「自由な死」の章に見られるツァラトゥストラの教説には、はなはだ問題的で破壊的な意味合いが含まれており、それを真面目に受け止めなければならないいわれはない。だがその一方で、「なぜそんなに死にこだわるのか」と問うほど向こう見ずで徹底した懐疑の試みは、哲学史上の新しい始まりを予告しているのではないか、とも思われてくるから不思議である。(32) 人間であることそれ自体に嘔吐を催すほど突き詰められた懐疑精神とは何を意味するのか。少なくとも、ここでもう一度、超人思想とはたんに人間性への侮蔑に終始するものであっただろうか、と問い直す必要はあろう。

d 「死への自由」

死に関してもとをとろうとしてかえって元も子もなくなるニヒリズムから離脱するための処方箋として描かれるのが、「自由な死（der freie Tod）」の理念である。これは、「私が欲するから私にやってくる」「私の死」だとされる（Za, 94）。「自由」という語の意味が問題となるところである。さらに、「死に対して自由であり、死に際して自由（frei zum Tode und frei im Tode）」（Za, 95）という別の言い方も出てくる。「自由な死」と「死への自由」という二通りの表現の関係は分かりにくいが、それにも増してここは、ハイデガーの「死への自由（Freiheit zum Tode）」（SZ, 266）という概念との関連が気になるところである。

ところで、この「自由な死」を、「自由に選びとられた死」「意志的な死」という意に解して、ニーチェはここで「自殺の自由」を奨励している、と考えるのは的外れである。「死への自由」とは、血気盛んな「青年」にはとうてい手に負えぬ、生に熟達した「壮年《おとな》」にのみ許される自由豁達な教えなのだ、とはツァラトゥストラ自身述べるところである（Za, 95）。もちろん、ニーチェはおりにふれ自殺の積極的効能を説いているし、(33) 先に見た「死の説教者」の章にしても、皮肉まじりとはいえ、進んで命を断つことを勧める傾向を明らかに帯びている。「自由な死」の章でも、「ゆっくりした死の説教者」ばかりが世にあふれていることに焦《じ》れ、「すみやかな死の説教者が来てくれたらよいのに」とツァラトゥストラみずから嘆願しているほどである（Za, 94）。だが、繰り返すが、「自由な死」の理念とは「自殺のすすめ」などといった生易しいものでは断じてない。

じっさい「自殺」は——古代ならいざ知らず、現代においては——どう見ても「死をもったいぶる」典型的態度でしかない。自殺を試みる人は死を気にしないどころか、死にこだわりがありすぎるからこそ自殺を考えるのである。それは「死へと開かれたあり方」どころか、「死へと塞ぎ込んだ態度」と言うべきである。そんな程度の閉塞を説く教えなら、取り立てて顧みるに値しない。しかるに、ツァラトゥストラの言う「死への自由」とは、われわれをもっと遠く、もっと上方へと引き上げる、かぎりなく開かれた理念なのである。しかもそれは、「死に向かって自由たれ、という命法が、崇高な理想だからではない。そうではなく、この要求が、われわれ人間に向かって、それこそ「人間をやめろ」とでも言わんばかりの人を食った無理難題だからなのだ。

『ツァラトゥストラはこう言った』第二部の終幕近くに位置する「救い」という章には、「意志は、過去を意志するに至ってはじめてみずからを救うことができる」とする驚くべき考え方が出てくる。しかし、どんなに頑張っても、少なくとも人間の「意志は、遡って意志することができない。意志は、時間を打ち破ることができない」(Za, 180)。取り返しのつかない過去に関して、いくら事後的に「そう私が欲したのだ」(Za, 181) と言って主導権を握ろうと試みても、しょせんは強がりにしか聞こえないのであり、このことをニーチェは百も承知している。だから、この章の教説は「遡って意志することを、誰がもう意志に教えたというのか」(Za, 181) という疑問形で結ばれ、この段階では「意志のアポリア」を確認するにとどまっている。この難問はそのまま第三部へ持ち越され、けっきょく「永遠回帰」思想として結実することになるのだが、それはともかく、ここで強調されてよいのは、いま問題となっている「死への自由」つまり「こだわりなく死に身を開く」という理念が、過去を意志する「逆向きの意志」と同じくらい顚倒した荒唐無稽な要請だという点である。

　そもそも「死に対して寛大となる」など、いのちを気に病んであくせく暮らしている人間には、逆立ちしたってできることではないのだ――人間が人間でいるかぎりは。せめて自分のいのちを惜しみ、可能なかぎり引き伸ばして「もったいぶる」ことで、欠如を抱えた生をどうにかバランスをとってやりくりしているのが人間というものである。何も好き好んでケチケチしたいわけではない。死に気前よく接するだとか、喜色満面に死を迎え入れるだとか、そんなゆとりを享受するには、人間の生はあまりに貧しく乏しい。不如意な生に切《せっ》歯《し》扼腕《やくわん》している意志に向かって「死への自由」を説いてみたところで、空念仏でしかない。絶望し果てた者が自分の最後の存在証明を得たくて死に縋《すが》るというのは、生への未練の裏返しだし、一握りの功成り名遂げた人物でさえ、嬉々として死を欲するなどおよそありえない。もしかりに欣喜雀躍として死ぬ人間がいるとすれば、その人は、死への欲動に溺れた変質者か、熱狂的法悦状態にある狂信者かのいずれかであろう。悦ばしい死を理想とするツァラトゥストラの教えとは、それほど奇態な妄言と見るべきなのである。

　だが、にもかかわらず――あるいはそれゆえにこそ――われわれには、自分の負っている限界、つまり生の有限性をはみ出す可能性が、微かに与えられているのではないか。つまり、不在なるものを描き出し創り出す「構想力」という人間的自由が。この天賦の力を自由自在に羽ばたかせることによって、あの「死に対する寛大さ」という恬然《てんぜん》として人間を超えたまさに超然たる境地も、はるかに遠望できるのではないか。そしてその彼方では、あのしつこい「吝嗇の精神」もいつか、死さえも歓待しうる超人の雅量に取って代わられる。それは、「ケチケチしているから何もかもがもったいなく見えるのだ。見返りを求めることをやめ、そのつど生を贅沢に満喫し、肯定できるようになるとき、死すらも悦ばしい賓客としてもてなすことができるようになる」といった境涯である。

　たしかに、絵に描いた餅とはこのことかもしれない。だが、人間の限界を超越し、自由な想像を羽ばたかせるというあくまで人間的な可能性の発露であるこうした「構想（Entwurf）」を、ナンセンスの一語で斥ける権利を誰が持っていようか。これをナンセンスというなら、そもそもナンセンスでない生がどこにあるのだろうか。「永遠の生」や「神の国」といったたぐいの、人間の思考可能性の埒外にひねり出された捏造物に比べれば、死をプラスに転じる超人思想のほうがはるかに親しみやすいと言うべきである。[34]

「序説」に続く第一部冒頭の章「三段階の変身」において予告された、超人の発する「聖なる然り」(Za, 31) は、かくして、「死に対するわだかまりが消え、死すらも全的に肯定する」あふれこぼれるような自己是認の理念にきわまる。「死を苦とのみ考えるから見返りが欲しくなる。むしろ死とは人間に与えられた贅沢であり、自己を享受する千載一遇のチャンスなのだ」とする価値転換に。「自由な死」の章に続く第一部最終章「惜しみなく与える徳」に横溢しているのも、この見返りを求めない豪奢な思想にほかならない。[35]

ここまで来ると、「超人思想」とはそもそも何であったかが、ほの見えてこないだろうか。それは、一言で言えば、ニーチェ流の「ユートピア構想」であったのだ。少なくとも私にはそう思われてならない。古くはプラトンのイデア論的国家構想以来、哲学者たちは、現実を冷徹に見据えつつ自己の理想を不在の場所に描き込んできた。そうした夢想にこそ人間的自由の至高の証しがあったのであり、またそこから、現実を根底から批判する視座もたゆまず培われてきたのである。哲学が高邁な理想を語りえなくなって久しいが、ニーチェは、超人という奇想天外な理想を繰り広げてみせることで、屈折した形でではあれ、彼にとってのユートピア的世界をわれわれに語ってくれている。人間性の冒瀆をも畏れず超人の理想を高く掲げること、それもまた人間存在の尊厳を裏書きする一つのかたちなのだ。そのように夢想する自由を、現実的でないとあっさり切り捨てたり、危険思想としていたずらに斥けたりするほうが、よほど人間性を侮蔑する行ないと言うべきである。[36]

さて、ここで「ニーチェの死の理解」についての議論をひとまず締めくくることにし、そこから今度は「ハイデガーの死の解釈」へ向き直るべく試みたい。

e 「死への存在」

もう一度確認しよう。「超人思想」とは、苦悩のあまり「生の否定」に陥っている脆弱さを脱し、歓喜に満ちて「生の肯定」をなし能う強靭さへ向かおうとするニーチェ的価値転換の折り目をなすものであった。「自由な死」の章で打ち出されているのは、そうした「生の肯定」の総仕上げ、その画竜点睛とも言うべき「死の肯定」なのである。以前に見たように、死の説教者たるペシミストたちは、生から逃れようとして死にあこがれを抱くという意味での「生の否定＝死の肯定」という短絡的な発想を抜け出ていないが、「自由な死」というまさしく超人的な教えは、生と死を丸ごと肯定しようとする。ここでは「生の肯定」と「死の肯定」は、互いに矛盾するどころか立派に両立する。これは、「死の説教者」の章では、死が生の彼方に位置づけられ消極的にしか規定されていなかったのに対して、「自由な死」の章では、死は生のただ中に見てとられ、いわば「生きられた死」とでもいった積極的な形で究明されていることによるものと考えられる。

なるほど、生と死を互いに否定し合う正反対の現象と捉えれば、死を憎むことが生を愛する証しであるかに見える。[37]じっさい人命尊重主義は死を生の圏内から一掃することによって生の穢れなき価値をゆるぎないものにしようとする。しかし残念ながら、死を厭うことイコール生を慈しむこと、というふうには単純に割り切れないのである。生きることに後ろ向きな厭世主義にしても、「すみやかな死」を前向きに説くことは絶えてなく、むしろ「私に聞こえるのは、ゆっくりした死を説き、「地上的なもの」の一切を我慢しろと説教する声ばかりだ」（Za, 94）と、ツァラトゥストラを嘆かせるほどである。近代医学を装備したヒューマニズムが「死の制圧」を念願とするのも、地上の生を謳歌しようとの錦の御旗を表向き掲げてはいるが、じつは生の無意味化という内的危機を取り繕うために死を外敵扱いし攻撃することで威信を辛うじて保とうとしているだけであろう。死に想いを寄せるペシミズムも死と苦楽を共にする気などさらさらなく、生を神聖視するヒューマニズムも生を心底侮蔑するニヒリズムの別名かもしれないのだ。どうしてこういう要領を得ないことになるのか。それは、死を羨望する厭世主義にしろ、死を敵視する人道主義にしろ、「死＝生の消滅」という前提を共有しており、そのかぎりで同じ穴のむじなだからである。

だとすれば、死をできるだけ回避することによって生に至高の価値をあてがおうとするヒューマニズムも、ペシミズムと同様に、その手続き上、ある重大な欠陥を蔵していると言わざるをえない。厭世主義が苦に満ちた生から逃避するために死にあこがれるあまり、死もまた苦であるという実感を閑却しているのとあべこべに、人道主義は、生にとっての最悪の苦と目される死を除去することによって苦なき生を偏愛しようとするに急なあまり、そうした生の安楽化が生の意味を蝕むニヒリズムを加速してしまうという皮肉に無頓着なのである。[38] 生から死の影を一掃するなど、はじめから無理な注文なのだ。なぜなら、生を悩ましているのは、生の向こう岸でくすぶっている「死んだ死」ではなく、生のこちら側にあって生と内密な間柄にある「生きられた死」以外の何物でもないからである。

死は生の対極ではなく、生と共に一つの全体をなす。その意味では「生を生きる」とは同時に「死を生きる」ことなのだ。生が死の一部なのか、死が生の一部なのか。むしろ両者は一体となって「生きられた死を生きる」とでも言い表わしたくなるような全体的現象をなすと言うべきだろう。それは、死と無関係な生のバラバラな「断片（Stücke）」がかき集められて合算された総計としての「寿命」ではなく、生と死が互いに非独立な「契機（Momente）」として共属し合ってそのつど生起する不可分の統一的事態としての死‐生、つまり「いのち」なのだ。ここでは、生だけ肯定して死の方は否定するというわけにはいかない。「死の否定」は、「生の肯定」ではなく「生の否定」を意味する。もっと言えばそれは、「生の部分否定」どころか「生の全否定」に等しい。死の絶滅を念ずるヒューマニズムが逆向きのペシミズムでしかないゆえんである。

翻ってみれば、「自由な死」の章で提唱されている「死の全肯定」という法外な理想が「生の全肯定」という超人思想の完成を意味するのも、こうした事情によることが分かる。ツァラトゥストラが「完成をもたらす死を、私は描いてみせよう」（Za, 93）と述べて、「自由な死」の理想を語るとき、そこには明らかに「死＝生の完成」とする死の把握が見られるが、その場合の「完成」とは、死去に際して有終の美を飾るという意味のみならず、死の肯定を欠いて生の肯定は成就しないという含意において理解すべきである。そしてその根底には、生と死とを不可分の統一的全体において捉えようとする死生観がひそんでいる。

死を惜しみケチケチすることは生を惜しみケチケチすることだ、豊かな生を真に享受する者は死に対しても気前よくふるまう、といった極論に近い理想論を高らかに宣《の》べ伝える「自由な死」の章における死の理解は、生死の分離不可能な全体性を基礎に据えている。このことは、今やたしかなことだと思われる。ニーチェが――「自由な死」という言い方は微妙だが――「死への自由」という表現で表わそうとしているのも、末期の死に際の心境などではなく、死をいかに積極的に生きるか、という生き方の問題にほかならない。

ただし、こうした読解は、ニーチェのテクストからじかに引き出されたものというより、『存在と時間』におけるハイデガーの死の解釈を手がかりとしつつ導かれたものである。というのも、いま暫定的に性格づけた「生きられた死を生きる」という全体現象のことを、ハイデガーは術語的に「死への存在（Sein zum Tode）」と名付けるからである。(39) つまり、「死への存在」という一種矛盾した表現が表わしているのは、「臨死体験」とかいったものではもちろんなく、つねにすでに死という終わりへと関わりつつ現に生きているわれわれの存在する仕方――「死につつあること（Sterben）」と呼ぶべき事態――のことなのである。しかもその場合、終わりとして問題になる死は、あくまで「可能性としての死」なのであって、現実に出来する「落命（Ableben）」としての臨終ではない。要するに、ここでも問題なのは、あくまで生き方つまり「存在する仕方（Seinsweise）」なのである（vgl. SZ, 247）。

その意味では、ニーチェの死の理解が生と死と全体性に基づいているとする解釈は、「ハイデガーから見たニーチェ」でしかない。「生の哲学」の素朴さを乗り越え、全体と部分の現象学に基づいて「死への存在」という独自の存在論的概念を提起したハイデガーの死の分析に、われわれは多大な恩恵を蒙っており、そのかぎりで「ハイデガー以後」を生きていると言わざるをえない。だがその一方で、われわれは以上の確認を経てようやく、「ニーチェから見たハイデガー」を、つまり「ニーチェ以後の人」としてのハイデガーの姿をはじめて見出すことができるのである。

f 「死への自由」ふたたび

以下では、「ニーチェの死の理解から見たハイデガーの死の解釈」という問題群の、ほんの一断面を取り急ぎ瞥見するにとどめたい。もちろん、残された課題の大きさのほどは承知しているつもりである。

先にふれたように、ハイデガーは『存在と時間』の第五三節「死への本来的な存在の実存論的な企投」のなかで『ツァラトゥストラはこう言った』の「自由な死」の一句を引用している。その箇所でハイデガーは、それがニーチェからの引用であることを、通例のように脚注に明記するという仕方ではなく、何気なく本文の引用の直後にニーチェの名をカッコに入れて付すという仕方で記している。この明らかに疎略な扱いは、何を意味しているのだろうか。もし、わざわざ正式に断るまでもない、と引用者が考えているのだとすれば、かえって事は重大である。なぜなら、もしそうなら、そこでの本文の記述は言うまでもなくニーチェの考え方を下敷きにしている、と著者自身認めていることになるからである。

とはいえ、浩瀚な『存在と時間』において、ニーチェの名前は、注も含めて三度しか出てこない(40)。アリストテレスとカントを双璧として頻出する錚々たる哲学者たちに対する取り扱いに比べて、そんな行きずりの言及など無視して構わないという割り切り方も当然ありえよう。だが、そこをあえて重視したらどうなるだろうか。たしかに、状況証拠なら無くもないのである(41)。

まず、「自由な死」の一部が短く引用されているこの第五三節は、全体として、『存在と時間』の死の分析の最後に位置するきわめて重要な節である。それまでは、準備的考察を経た上で、もっぱら日常的な「死への存在」のあり方が、非本来的な「死からの逃避」として特徴づけられ、それを通して「死のまったき実存論的概念」が取り出されていたのみであった。つまり、遅まきながら本節に至ってようやく、「死への本来的な存在」のあり方が、おそるおそる描き出されるのである。「おそるおそる」というのは決して言いすぎではない、日常において非本来性にどっぷりと浸かっているのが、われわれの「死への存在」というものであり、その現事実の重みが強調されればされるほど、そこから離脱して本来性へと立ち返るというお話が空想じみてくることは避けられない。「そのように疑わしい実存的な存在しうることを実存論的に企投するなどというのは、空想じみた無謀な企て（ein phantastisches Unterfangen）ではないのか」とハイデガーも自問しており、よほど慎重を期さないと「虚構を創作するだけの勝手気ままな構成（eine nur dichtende, willkürliche Konstruktion）」に終わってしまう、との危惧の念を告白してさえいる（SZ, 260）。それどころか、本来性の企投を一通り終えた本節の最後においてもまだ、それは実存論的可能性にすぎないから「実存的には何といっても空想じみた無理難題（Zumutung）にとどまっている」（SZ, 266）とクギを刺している（このコメントはむしろ、続く良心論における本来性の実存的「証し」の議論への布石という意味を持つのだが）。

それはともかく、本節では、すでに獲得された「死のまったき実存論的概念」——「最も固有な、没交渉的な、追い越しえない、確実な、しかもそれでいて無規定的な、現存在の可能性」——を手引きとして、「死への本来的な存在」つまり「死への先駆（Vorlaufen）」が次第に浮き彫りにされてゆく。ニーチェの引用があるのは、そのうちの「追い越しえない可能性」に関わる段落である。そこでのハイデガーの引用の仕方は的外れに思われるのだが（前出注21参照）、大事なことは、その箇所でハイデガーがおもむろに「自分自身の死に向かって先駆しつつ自由となること」を強調するに至っている、という事情である（SZ, 264）。「死への自由」とニーチェへの言及が並んでいるという事実。これは偶然であろうか。

さて、以上のような経緯を経て、いよいよこの節の締めくくりとして、「実存論的に企投された死への本来的な存在の特徴づけ」が取りまとめられる（SZ, 266）。「死への先駆」の定義がなされているこの箇所こそ、「ハイデガーにおけるニーチェ的モティーフ」が存在するとの疑いをいよいよもって強めさせるに十分である。なぜなら、この（手際がよいとは言えない）長い一文による要約は、全文すべてイタリック体で強調されているのだが、その末尾にわざわざゲシュペルトで二重に強調されつつ「死への自由（Freiheit zum Tode）」という言葉が、これ見よがしとばかりに明記されているからである。これはニーチェの「死への自由」という理念を承けているとしか思えない。

先に見たように、ニーチェの「死に対してこだわりなく身を開く」という意味での「死への自由」の構想は、人間的現実をはるかに超えた無謀きわまりない理想の樹立という性格を帯びていた。ハイデガーは、その理想主義的とも言える「情熱」[42]を正面から受け止め、しかも「死への存在」という新たに彫琢された概念を駆使しつつ、伝統的な「人間」の概念に対する仮借なき異議申し立てを遂行することによって、ニーチェのモティーフをみずからの存在論的企投のうちに根付かせた、と言えないだろうか。

もちろん、ニーチェとハイデガーとでは、同じく「死への自由」と言っても、その内実は相当異なっていよう。ニーチェの法外さはひょっとすると改鋳されてしまっているかもしれない。この点に関してはなお一層の慎重な検討を要する。(43) だが、状況証拠を通してに過ぎないにせよ、『存在と時間』の現存在分析論における核心部分をなす本来性の企投のうちに、ニーチェの超人思想に追いつこうとしているハイデガーの姿を認めることがもしできるとすれば、ニーチェというたぐいまれな先人に対する一つの応答の試みとして、『存在と時間』を解釈することもあながちできないことではないと思われるのである。

以上、本章では、ヒューマニズム批判という観点、それも、死に対する態度に焦点を絞り、ニーチェとハイデガーという二人の巨星をいわば実験的に対話させようと試みた。もちろん、そのように限定的な視点からでは、当初掲げた「ニーチェから見たハイデガー」という巨大な問題群のごく一部を扱ったにすぎない。しかもその重心は、もっぱらニーチェ解釈に置かれていたと認めざるをえない。むしろ本論は、ハイデガーからニーチェへのシフト、いわば転向の軌跡を示すものであり、これに続くニーチェ研究のための露払いの役目を果たすべきものである。

第八章　同情について――ニーチェとアーレント

一　「同情批判」の意味

ニーチェと言えば、キリスト教の仮借なき批判者として有名である。そんな人の思想を、キリスト教主義大学の教員が宗教委員として宗教センターで、よりにもよって宗教週間のレクチャーで取り上げるのは、どう見ても不適切ではないのか?――そう疑念を抱かれてもおかしくない。(1)キリスト教の精神について学生に啓蒙活動をするのが宗教委員のつとめのはずなのに、ニーチェの反抗的言辞を吹聴しにやってくるとはどういう料簡だ、これだから哲学をやっている連中というのは……(ため息)、というわけである。

もちろん私は、ニーチェの口真似をして、「神は死んだ――ついでにキリスト教主義の大学も」などと言うつもりはない（言ってしまったが）。かえって、「神は死んだ、だって？――そんな当たり前のことを今さら蒸し返すなんてアブナイ人たちじゃない」とあっさり言ってすまそうとする今日的風潮には、深い憂慮をおぼえる。「敬虔」という言葉が死語となりつつあることは、われわれ現代人の精神の脆弱さを表わしこそすれ、決して褒められた話ではないと、これでも思っている。しかしだからといって、ニーチェのキリスト教批判の意味を脇にどける気にはなれない。むしろ、キリスト教再生の可能性をまじめに考えようとすればするほど、彼の鋭い問題提起には耳を傾けざるをえないと思う。もう少しはっきり言おう。ニーチェからの挑戦状を真摯に受け止めようともしないで、今日キリスト教を護持できると考えるのは、見込み違いもはなはだしい。第一、チンピラ哲学徒の挑発程度で腰が引けてしまうようでは、キリスト教徒の名が泣くというものだ。

さて、「ニーチェのキリスト教批判」とひとくちに言っても、さまざまな広がりがあり、それらを逐一検討するわけにはいかない。以下では、題目に掲げたように、「同情」というテーマの一側面に絞って話を進めたい。ニーチェは多くの著作で「同情」についてあれこれ論じているが、今回注目してみたいのは、ニーチェの「同情批判」の意味である。

「批判（Kritik）」――ギリシア語の *krinein*（選んで分けるの意）が語源――とは、しばしば指摘される通り、物事の理非を「弁別する」というのが本来の意味である。たんに否定し去ることではなく、意味上の境界線を引き、認めるべきは認め、却《しりぞ》けるべきは却けることである。言うまでもなく、カントの「認識批判」はこれを目指すものだった。まさにそれと同じ意味で、ニーチェは「同情批判」を行なった、と考えられる。全否定という暴力は思考の死を意味するだけである。カントの批判哲学にならって「道徳的諸価値の批判」（『道徳の系譜学』序六、GM, 253. 強調はニーチェ）という課題を掲げたニーチェが、「同情道徳」（同箇所にも出てくる表現）を一切合財切り捨てたとは、とても考えられない[2]。同情道徳に関しては、ニーチェの論難の激越さばかりが目がつくので、そこに微妙な両義性がひそんでいることが見過ごされやすいが、ここは、慎重にテクストを読みとく心構えが必要なところである。同じことは、ニーチェのキリスト教批判全般についても言えるはずである。

とはいえ、このように慎重居士を決め込むと、業を煮やして不満を漏らす人が出てくるかもしれない。「それにしても、同情道徳をこっぴどくやっつけたニーチェの思想はしょせん、キリスト教とは水と油であらざるをえないのじゃないか？」と。そこで、この疑義を払拭すべく、キリスト教の問題を真摯に考えたもう一人の近代哲学者の言葉を紹介しよう。

> トランプのすべてのひとり遊びのなかで願いごとをするのが最もみじめなことであるように、同情的であることは、普通理解されている意味では、社交上のあらゆる技巧と老練のなかで最もみじめなものである。同情は悩めるものの益になるどころか、かえってその同情によっ

て彼のエゴイズムをかばってやるようなものである。こういうことについて、われわれはさらに深い意味で考えるようなことをしないで、ただその同情によってなんとか気休めをしているのである。

ニーチェの著作のなかに出てきてもおかしくない文章だが、これは、キルケゴールの『不安の概念』（一八四四年刊、ちなみにこれはニーチェの生年）の一節である。[3] この文章が置かれている文脈（「悪魔的なもの」がテーマ）はこのさい度外視して、一読して明らかなのは、キルケゴールがここで、同情の二通りの意味を区別している点である。まず「普通理解されている意味」において同情は、対他関係における「最もみじめなもの」であり、悩んでいる他者のためになるどころか、その他者を甘やかし増長させるだけである、とされている。これに対して、たしかに同情には「さらに深い意味」もあるが、たいていのひとはそこまで考えることを怠っており、第一の意味の同情のレベルでお茶を濁して「なんとか気休めをしている」にすぎないという。また、同書の別の箇所では、「自分がそんな人間にならずにすんだことを神に感謝するというようなめしい同情」の「感情的で涙もろい仕方」が問題視されているが、[4] これも第一の意味の同情と考えてよい。悩んでいる人も同情する人も精神的に堕落させるような同情が、あたかも美徳であるかのように大っぴらにまかり通っていることが、冷静に指摘されている。キルケゴールのこうした批判は、ニーチェの同情論と同一平面上に立っていると言えるだろう。

では、キルケゴールは同情の第二の「さらに深い意味」をどのように解しているだろうか。この点についてはしかし、ここで取り上げるのは差し控えたい。というのも、同情の「エゴイズム」的な側面を徹底してえぐり返すことをせずに、他方のいわば積極的側面をすぐさま持ち出すことは、両者の「弁別」どころか「混同」を招きかねないからである。「批判」というのは、却けるべきものを厳しく却けることから始まるのであって、そうした容赦のない吟味をくぐり抜けることなしに曖昧さを温存したままですますのは、すべてをごっちゃにして追認することになってしまい、けっきょく元の木阿弥になりかねない。

たとえば、日本語で「同情」というと、ネガティヴな語感を伴うのが普通である。それゆえ、キリスト教は同情のモラルを説く宗教だと断定するや否や、いやそれは誤解というものだ、情をかけてやるとかいった傲慢さではなく、人間として支え合い助け合い労わり合う優しい心、ひとの苦しみや悲しみを他人事としてではなく互いに分かち合い思いやりながらともに生きる精神こそが求められている、それを「同情」と呼ぶのは不適切もいいところだ、というお決まりの反応がたちまち返ってくる。だが、もしこれがキルケゴールの示唆している同情の「さらに深い意味」だとすれば、世に行なわれている助け合い運動や慈善活動のすべてが、そしてそこに脈打つ思いやりの心情のすべてが、そちらに属するということになってしまう。そこには、他人の不幸を見て喜ぶとか、助けてやる代わりに隷属を強いるとかいったエゴイズムに堕する危険性もあるかもしれないが、それはそれこれはこれであって、苦しんでいる他者のために身を擲《なげう》って尽くしたいという善意そのものは、人間として当然であり、絶対に否定されてはならないのだ、というわけである。

しかし、まさにこのような擁護の仕方こそ、キルケゴールが「深く考えようともしないで気休めをしている」と評した当の態度ではないだろうか。「善意そのもの」や、その根底にひそんでいる人間性理解がいかなるものであるか、という肝腎の点には立ち入ることを自他ともに許さず、せいぜい「それはそれこれはこれ」程度の場合分けですまそうとする「助け合いの心」は、批判とは似ても似つかぬズルズルベッタリの怠惰な精神と言わざるをえない。それは、あの「普通理解されている意味での同情」を、穏便にかばうことに逆戻りすることはあっても、毅然と距離を置いて却けることには決してならない。

それゆえ、まずもって着手しなければならないのは、冷酷と思えるほどの深層分析なのである。「普通理解されている意味での同情」の心的機制はいかなるものであるのかが暴露されてはじめて、それと異なる「さらに深い意味での同情」の特異なあり方が浮き彫りになってくる。そして、まさにそのような意味での「同情批判」を試みようとしたのがニーチェだったと、私は思う。そのかぎりで、上に引用したキルケゴールの文意は、ニーチェによってしかと引き受けられたとすら言えるのである。

しかも、幸運にもわれわれは、ニーチェの同情批判の精神を受け継いだとおぼしき、もう一人の哲学者の分析を、思索の糧とすることができる。それが、アーレントの『革命について』の第二章「社会問題」なのである。じっさい、この章のタイトルには「――同情批判」という副題を付けてもよいほどである。どこまで自覚的であったかは定かでないが、アーレントは、ニーチェの問題意識を革命論というアクチュアルな場面で続行しているばかりでなく、まさしく同情の二重の意味を理路整然と区別してくれている。その非情なまでの分析の冷たさにひるんでしまい、そこに真の批判精神が躍動していることを見ようとしない心優しき人道主義者は少なくない。ニーチェのほうからアーレントをその悪評から救い出し、古代以来の哲学的情念論の系譜に正当に位置づけるという課題は、いまだ手付かずのまま残っている。そしてもう一つ、アーレントの同情分析が豊かなのは、そもそもイエスにおいて事情はどうなっていたのか、という重要な問題への示唆が見出せるからである。その意味では、『革命について』第二章第三節は、『人間の条件』第一〇節と第三三節と並ぶ、もう一つの「アーレントのイエス論」と言ってもよいテクストなのである。(5)

さて、前口上はこのくらいにして、ニーチェの同情批判に親しむことから始めよう。

二　同情は悩める者の益になるか？

最初に述べた通り、ニーチェの同情批判とひとくちに言っても、さまざまな仕方で彼はこのテーマを論じており、一筋縄では行かない。どれをテクストとして選ぶべきか迷うほどだが、ここでは、キルケゴールが先の文章で指摘していた点、つまり「同情は悩んでいる人の益になるのか?」という問題をニーチェが論じている、『愉しい学問』第三三八節「苦悩への意志と同情者たち」に、さしあたっての手がかりを求めることにしよう。

まずは初歩的な確認から。「同情」はドイツ語でMitleidと言い、これは文字通りには、「共苦」つまり「共に(mit)苦しむこと(leiden)」を意味する(アーレントはcompassionという英語を用いる)。同情には、その条件として、他者の「苦悩」が先行する。人が苦しんでいるとき、その苦しみを共に分かち合おうとするのが「同情者」であり、これと反対なのが、他人の苦しみを見て喜ぶ気持ち、つまりドイツ語でSchadenfreudeと呼ばれる――「お気の毒に《シャーデ》」と言いつつ心中では、いい気味だと「喜び《フロイデ》」を抱く――屈折した心情である。なかには、他人が苦しむのを見たいばっかりにわざとひどい仕打ちをし、まんまと不幸のどん底に突き落として小躍りするという、手の込んだ「シャーデンフロイデ」もあるが、この場合、他者の苦悩のさらに手前に「相手が苦しむのを見たい」という欲望が先行する。これはべつに例外的な心情ではなく、復讐心なるものはみなそうである。いや、それを言うなら、人の失敗を見て笑う喜劇にも、さらには人が破滅してゆくのを見て楽しむ悲劇にさえ、この種の欲望はちらついている。その意味では、人間には他人の不幸を見て喜ぶ欲望が根源的にそなわっている、と言っても過言ではない。――それが「原罪」であるかは別にして。

もちろん、他人が苦しんでいても「気にしない」で「無視する」という、もう一つの対応の仕方もありうる。これは「中庸」とは見なされず、シャーデンフロイデとひとまとめにされたうえで、「利己主義・自分勝手」として告発されるのが（少なくとも今日では）ふつうである。逆に言えば、同情は「利他主義・自己犠牲」とされているわけである。じっさいわれわれは、自分のことは顧みず他者の苦しみをひたすら思いやる気持ちが人間としていかに大切かを、子どものときから繰り返し聞かされてきたし、大人になっても新聞やテレビを通じて――べつに教会に行かなくとも――その種のモラルを日々滔々と教え込まれている。「他者のために生きよ！」は、現代人のいわば定言命法である。現代哲学で「他者論」が流行るのも、その余波ではあるまいか。

以上述べたことのうちにも思索の糧が含まれているが、それはひとまず措き、ここで考えてみたいのは、同情することが「他者のため」つまり「利他的」であるかどうか、である。この場合、純然たる「余計なお世話」、つまり自己満足的な介入によってますます相手の苦悩を深めてしまう、という不純なケースは除くことにする。問題とすべきは、救いの手を差し伸べて他者からその苦悩を取り去ることに成功する場合である。卑近な例では、失恋に悩んでいる友人の打ち明け話を聞いてあげ、慰めの言葉をかけてやることで友人を立ち直らせることができたとすれば、そうした思いやりはもちろん、相手のためになったと見なされる。もう少しのっぴきならない事例では、血で血を洗う凄惨な内乱に明け暮れる他国に救援部隊を海外派遣し、みごと治安を回復し現地の住民を救うことに成功する場合が考えられる。まさにノーベル平和賞ものの人道的勝利だが、こういう場合、「他者のため」になったと言えるだろうか。

ニーチェの答えは「否」である。これは「失恋相談」の場合、比較的理解しやすい。個人的な悩み事というプライヴァシーの領域に他人が干渉するのは、越権行為に等しいということが、往々にしてある。たとえそのお節介が適切だったとしても、いやそうであればあるほど、苦悩を奪うことによって当人の尊厳を傷つけるという微妙な面が、往々にしてある。そうした心の綾を念頭に置くと、『愉しい学問』三三八番「苦悩への意志と同情者たち」に出てくるニーチェの次の言い分も納得できそうな気がする。

われわれが苦悩していることひとに気づかれる場合、われわれの苦悩は決まって薄っぺらに解釈される。他人の苦悩から真に個人的な面を剝ぎとってしまうことは、同情という情動の本質に属する。——われわれの「恩人」は、われわれの敵以上に、われわれの価値や意志を矮小化する者なのだ。不幸な人びとに対して善行が示されるたいていの場合、運命を慰み物にしたがる同情者の知的軽佻浮薄ぶりには、われわれを憤激させるものがある。なにしろ同情者は、内面的ないきさつやもつれといったものの全体を、つまり不幸が私にとって、あるいは君にとって何を意味するかということを、寸毫も知らないのだ。私の魂のやりくりの総計と、「不幸」によるその清算、新たに湧き起こるものや必要となるものの突発、古傷の癒合、過去全体の却下——不幸と結びつく可能性のあるこうした一切を、おめでたい同情者は少しも気にかけない。とにかく、彼は助けたいと思う。そうして、不幸の個人的必要性といったものが存在することなど、思いつきもしない。〔…〕そう、彼はなんにも知らない。「同情の宗教」（あるいは「まごころ」）が、助けなさいと命ずる。すると、ひとはたちまち信じ込むのだ。できるだけ速やかに助けさえすれば、それが最善の人助けというものなのだ、と。
（FW, 566）

苦しみ悶えている人がいても、下手に思いやりなどかけないで放っておくほうが、むしろその人のためになる場合もある、ということの真実味は誰も否定しないだろう。とりわけ、色恋沙汰や、受験や就職の失敗や、肉親との死別といったありがちな人生経験の次元では。同情による人助けは、本人が内的に格闘し、いつしか苦難を乗り越え力強く成長してゆく、貴重な機会を奪うことになりかねない。それどころか、悩んでいる人にはそれだけの強さが備わっていないこと、つまりその人が半人前の弱い人間であることを、同情をかけることによって暗に認めてしまう面さえある。情けをかけてやるという優しい態度は、相手を見おろし見くだす無礼なふるまいとなりかねない。相手を一個の対等な人間と思えばこそ距離をとり、下手な同情はしないというサバサバした付き合い方があってよい。

もっとも、いま挙げた文章でニーチェが問題にしているのは、もう少しこみ入った事情である。それをニーチェは「不幸の個人的必要性」というふうに表わしている。功利主義的価値観にどっぷり浸かっているわれわれ現代人は、「苦痛は不幸であり、苦痛の除去こそ幸福であり、この二つは両立不可能である」という二分法を自明視している。社会全体から苦痛なるものが一掃されたあかつきにこそ最大幸福が実現されるというのが、福祉国家の目標であるらしい。しかし、そのような無痛状態に生きることが、はたして「幸福」だろうか。もし、快適＝幸福という等式が成り立つとすれば、そうかもしれないが、事はそう単純ではない。われわれの日常生活は、昔から比べれば快適になったかもしれないが、それをもってわれわれは自分たちの幸福を誇ることができるだろうか。むしろ、現代人の多くは安楽な「飼い殺し」状態にあり、生きた心地もしないで喘《あえ》いでいる、というのが実情ではないか。苦しみを堪え忍ぶということには、ひそやかな、しかし否定すべくもない喜びが伴うのであり、その一抹の甘美さを欠いては、生の充足感は期待すべくもない。

苦悩は生の喜悦と表裏一体であり、それが生に奥行と高揚とを与える。「不幸の個人的必要性」とはそういう意味である。そのかぎりで、人間にはニーチェの言う「苦悩への意志」が具わっているといってよい。これは何も被虐趣味とかマゾとかいったおどろおどろしいものではない。苦しみをどこかで求めないではおれない心の襞《ひだ》を、すぐその手の嗜好に結びつけて倒錯視したがるのは、まことに困った偏狭さである。われわれはもう少し鷹揚になって、ニーチェが上の引用箇所に続けて述べている言葉に耳を傾けることにしよう。

> 君たち同情の宗教の信者たちが、他人に向けているのと同じ心情を、君たち自身にも本当に向けるならば、つまり、自分自身の苦悩をいっときも自分に許そうとせず、ありとあらゆる不幸をたえず未然に防ごうとするならば、つまり、君たちの苦悩と不快を総じて、悪しきもの、憎むべきもの、絶滅すべきもの、生存の汚点として感じるならば、そのとき君たちは、君たちの同情の宗教のほかに、もう一つの宗教を心に抱くことになる。そしてそれは、おそらく同情の宗教の母なのだ。――すなわち安楽の宗教がそれである。ああ、君たちが人間の幸福について知ることのなんと乏しいことか、安楽でお人好しの君たちよ。――というのも、幸福と不幸とは兄弟であり、双子なのだから。両者はそろって大きく成長してゆくか、あるいは君たちの場合のように、そろって――小さいままなのだ。（FW, 566f. 強調は原文）

苦しみと喜び、幸と不幸は手をとり合っている、といった思想など、陳腐な処世訓にすぎない、と言われるかもしれない。ニーチェにしてはやけに俗っぽい人生論を説いているな、と。しかし、その程度の知恵すら「同情の宗教の信者たち」にはすっぽり欠けているのだ、とニーチェは言っている。人間の幸福について少しでも考えれば分かるはずのことにも鈍感な、おめでたい知的貧困さ加減にあきれているのである。

ところで、ここまで来ると疑問を抑え切れない人が出てくるだろう。「同情の宗教」とは何のことか、まさかキリスト教のことではないだろうな、と。「同情の宗教」という安直なレッテルを貼ったくらいでキリスト教を分かったつもりになるとは恐れ入る、とお叱りを受けるかもしれない。

　じつは私が問題にしたいのも、まさにそのことなのである。現代の善良な慈善活動家の「まごころ」ならともかく、キリスト教の核心が、「思いやりこそ人の道、みんなで労わり合おう！」式のベタベタしたモラルにあるとは、とても考えられない。もし「他者のために生きよう」と弱者救済の社会事業に殺到する人びとがキリスト教の教えを実践しているのだとすれば、今日キリスト教はゆるぎなき繁栄を誇っていいはずだが、ひいき目に見ても教会は信仰心の現状維持に汲々としているのが実情である。それとも、世俗化という変形を蒙りつつキリスト教の神髄は利他的倫理のなかで生きている、と言うべきなのか。歴史的使命を終えてのちキリスト教は差別撲滅や貧困救済や戦争責任といった次元で面目を保っているのか。それも違う気がする。ちょうど――やや乱暴なアナロジーを使うのを許してもらうと――葬式仏教に仏教の本質を見るのが的外れでしかないように。

　信心の薄い私でさえそう感じるのだから、キリスト教の問題にまともに取り組んだニーチェが、それを「同情の宗教」という仕方で割り切って処理したとは思えない。上に引用した文章でも、「同情の宗教」は「安楽の宗教」を母胎として生まれた、と言われている。この「安楽の宗教」とは、一八世紀に姿を現わした功利主義思想――その「最大幸福」は現代の福祉国家の国是となっている――を暗に指していると考えられる（ちなみに「安楽死」とは、苦痛をできるだけ取り除かれた死という意味である）。そういう近代の幸福観から発生した「同情の宗教」が、二千年の伝統を有する宗教と同一視されてよいはずがない。このあたりの歴史的事情はいったいどうなっているのだろうか。

三　「キリスト教的な気分の残滓」

ここで、『愉しい学問』三三八番からいったん離れ、その前年の作『曙光』における同情批判に着目してみよう。ニーチェの思想的成熟を告げるこの作品には（それを出版した直後の一八八一年八月、彼が永遠回帰思想に襲われたことはあまりに有名）、一三一番から一四八番にかけて利他主義道徳に対する執拗な異議申し立てが並んでいる。なかでも、「道徳のうちに余韻をとどめつつ消えゆくキリスト教精神」と題された一三二番は、われわれの目下の関心に近い形で、キリスト教と同情道徳の歴史的間柄について語っている。

「ひとが善であるのは、哀れみによってのみである。それゆえ、われわれのいかなる感情のうちにも、何らかの哀れみが存在していなければならない」――今日、道徳はこんな調子である。ではこれはどこに由来するのか。――共感的で、私心なく、公益的で、社会的な行為を行なう人間が、今日、道徳的人間として感じられていること――、おそらくこれは、キリスト教がヨーロッパにもたらした最も一般的な影響であり転調であろう。とはいえこれは、キリスト教の意図でも教説でもなかった。むしろそれは、キリスト教的な気分の残滓であった。つまり、それとはおよそ対立する、厳密に自己中心的な、「一事が必要」に対する根本信仰が、つまり永遠の個人的救済の絶対的重要性に対する根本信仰が、その拠って立つ諸教義とともに、次第に後退していき、これにより、「愛」に対する、つまり「隣人愛」に対する付属信仰が、教会の慈悲心の巨大な実践と調子を合わせて、前景に押しやられたときの、キリスト教的な気分の残滓だったのだ。教義から離れれば離れるほど、それだけひとはこの離脱のいわば正当化を、人類愛の崇拝のうちに求めたのである。(MR, 123)

見られる通り、ニーチェはここで、キリスト教の「根本信仰」と「付属信仰」とを分け、隣人愛の教えや同情道徳というのは後者にすぎないとしている。この決めつけを意外に思う人は、たぶんキリスト教のキの字も知らない人だろう。イエスというキーマンを介して神への絶対的帰依による魂の救済を説くのがキリスト教というものであって、弱者救済により福祉社会の実現をめざす運動など、そもそも宗教とは呼べないのだから。キリスト教の核心には、各個人にとっての「信じる者は救われる」という真理が鎮座しており、その「絶対的重要性」ゆえにこそ、ひとは信仰の道に入るのである。ニーチェは、『ルカによる福音書』第一〇章四二の「無くてはならぬものは多くはない。いや、一つだけである」というイエスの言葉を引き合いに出しているが、説教に聞き入るあまり手伝いを怠った妹マリヤを咎めたマルタに対してそう語ったイエスは、救いを求める気持ちを「自己中心的」であるからといって却けてはならないとほほえましくも忠告しているわけで、そういう切実な個人的動機に駆り立てられなかったら、信仰などはじめから成り立たない（「他力本願」の場合でも、その願いが真に自分から発するものでなければ「本願」とは言えない）。

「一事が必要」という一句はニーチェのお気の入りと見えて、『愉しい学問』二九〇番でも取り上げられ、「人間が自分満足に到達するということ」と敷衍されている（FW, 531）。この「自己満足」は、信仰にとってまさに「無くてはならぬもの」である。ところが、この核心部分があやしくなってくると、別な側面がその穴埋めとして強調されるようになる。「根本信仰から付属信仰へ」という重心移動がこうして起こるのである（ここには「神の死」という近代に固有な事情がひそんでいるが、今は措く）。魂の救済へのゆるぎなき確信を持てなくなった人びとは「人間への愛」という、「神への愛」なしにも妥当しそうな大義名分だけは温存し、それを擬似宗教に高めるのである。もぬけの殻というか、残りかすのような、ふやけたモラルが横行するに至る。これぞ、ニーチェの言う「キリスト教的な気分の残滓」にほかならない。それをあたかも本尊のように拝むのは、中心からの逸脱ゆえの疚しさを「正当化」する姑息さでしかない。

神なしにすまそうとする「同情の宗教」に追随するのは、キリスト教にとって百害あって一利なしだと、余計なお世話ながら思うのだが、では、この擬似宗教はさらに言うと、どのような歴史的背景を有しているだろうか。『曙光』一三二番の続きはこうなっている。

> この人類愛の崇拝という点で、キリスト教の理想に遅れをとることなく、できるかぎりそれを凌駕することが、ヴォルテールからオーギュスト・コントに至る、すべてのフランス自由思想家たちのひそかな動機の一つであった。じっさいコントは、彼の有名な「他者のために生きる」という道徳定式でもって、キリスト教を超キリスト教化したのである。ドイツの地盤ではショーペンハウアーが、イギリスの地盤ではジョン・スチュアート・ミルが、行為の原理としての共感的情動と同情あるいは他者の利益という教えに最大の名声を与えた。だが彼ら自身は、じつは残響にすぎなかった。——それらの教えは、暴力的な推進力を伴って至るところに、最も粗野な形態をとるかと思えば最も精巧な形態をもとりつつ、ほぼフランス革命の時代以来ぐんぐん伸長してきたものなのである。しかもあらゆる社会主義的体系は、不本意ながらも、これらの教えと共通の地盤のうえに立っていた。（MR, 123f.）

「自由思想家」つまり啓蒙主義的な無神論哲学者たちは、神の代わりに「人類愛」を崇拝の的とし、その一つの帰結が、コントが晩年の『実証政治学体系』で提唱した「人類教」つまり「他者のために生きる（vivre pour autrui）」ことを説く教えだった、というのである（冒頭の引用符で括られた「ひとが善であるのは、哀れみによってのみである」云々も原文はフランス語であり、コントの教えを指していると見られる)。「超キリスト教化」は「脱キリスト教化」であった。ここで、コントのよき理解者だったミルが『功利主義論』のなかで、留保つきながら『実証政治学体系』を評価して述べている次の言葉を、参考のために記しておこう。「この著作は、神への助けをかりなくても、宗教のもつ心理的な力と社会的効力が人類に役立てられることを、十分に示していると私は思う。神の助けをかりぬこの宗教が人生をつかみ、思想、感情、行動をすべて色づけるやり方にくらべると、既成宗教がどんなに権勢をふるったといっても、せいぜい標本か毒見程度にしか思われないほどである。だからその危険は、効力が不十分なことではなく、強すぎて人間の自由と個性を不当に侵害する点にある(6)」。

コントと言えば「社会学の父」と称される実証科学の提唱者かつ形而上学の批判者だが、その思想の中核には「他者のために生きよ」とのモラルが据えられていた。けだし、社会学は人類愛から始まった。この父祖の教えは、その末裔たる現代の同情あつき社会学者たちにも脈々と受け継がれている。そればかりではない。「神の助けをかりぬこの宗教」は、ミルの予言どおり、現代思想の動向に深甚な影響を及ぼし続けている。フランスにおけるその継承者としては、「他者の他者性」を殺し文句とするレヴィナスやデリダといった面々が挙げられる。現代哲学で幅を利かせている「他者論」とは、一九世紀以来えんえんと説かれてきた「同情の宗教」のなれの果てなのかもしれない。

この動向に「既成宗教」が乗り入れたとしても「せいぜい標本か毒見程度」のみじめな役回りしか期待できないというミルの見積もりに、私も同調したい。さらに――余計なお世話もいい加減にしろと言われるだろうが――、「キリスト教的な気分の残滓」が現代社会を覆い尽くしているからといって「同情の宗教」のおこぼれに与《あずか》って余命をつないでいるようでは、かつての威光の復活どころか尊厳死すらままならないだろう、と言っておきたい。

さて、ニーチェはもう一人の「同情の説教者」としてショーペンハウアーを挙げていた。もともとニーチェが同情をキリスト教との連関で問題にしているのは、ショーペンハウアーの「あらゆる愛（アガペー、カリタス）は同情である」という思想（『意志と表象としての世界』第六六、六七節を参照）への批判的応答という面があった。それにしても、一九世紀の思想家たちが同情のモラルをかくも一斉に連呼し始めたのはなぜだろうか。これについては、先に引用したニーチェの文章に重要なヒントが隠されている。「ほぼフランス革命の時代以来」という年代確定がそれである。「同情の宗教」の発祥はフランス革命期に遡る、とニーチェはどうやら目星をつけていた。何かがその時代で起こったようだ、と。

残念ながら、ニーチェはフランス革命について（私の知るかぎり）散発的なコメントしか残しておらず、それどころか、近代のこの一大事件を「身の毛のよだつ、近くから評価すれば余計な道化芝居」（『善悪の彼岸』三八番、JGB, 56）と見て、距離をおこうとしている。しかし、フランス革命のほぼ百年後にニーチェが（同書二二二番で）次のように述べたとき、彼は問題の淵源に気づいたのではないだろうか。

> 今日、同情が説教されるところでは――しかもよく聞けば、他のいかなる宗教も今ではもはや説教されないのだが――、心理学者は耳をそばだてて聞くがよい。これらの説教者たちに（あらゆる説教者たちと同じく）固有なあらゆる虚栄とあらゆる喧騒を貫き渡って、その心理学者は、しゃがれた、呻くような、真正の、自己軽蔑の声を聞くであろう。この自己軽蔑は、この一世紀のあいだに増大しつつある。ヨーロッパのあの陰鬱化と醜悪化に属するのである。〔…〕「近代的諸理念」をふりかざす人間、この誇らしげなサルは、自分自身に対する不満を抑えることができない。それはたしかだ。彼は悩んでいる。そこで彼の虚栄心は、彼がひたすら「ともに悩むこと」を欲するのである。（JGB, 156）

その後また百年以上が経ったが、苦しみを分かち合おうと平等の正義や博愛の精神をふりかざす説教者には事欠かない。彼らは自分本来の「必要な一事」を見失い、自己自身に満足できないで悩んでいる。そこで、その代わりに同情道徳を垂れ流しては自己正当化を図ろうとする。むろん宗教関係者も、ご多分に漏れず弱者救済事業に肩入れすることによって何とか「虚栄心」を満たそうとする。これが実情なら、われわれはますますこう問わねばならない。いったい二百年前に何が起こったのか、と。コント、ミル、ショーペンハウアーのみならず、ヘーゲル、マルクスもその後裔にすぎない、近代を劃する一八世紀末のあの巨怪な事件において、いかにして「同情の宗教」は生み落とされたのか。

この問いに取り組むには、ニーチェだけではなく、もう一人の鉄血の同情批判者であるアーレントに援軍を頼まなければならない。フランス革命において同情問題はどのような形で出現したのか——これが以下の課題であり、じつを言えば本章の眼目なのである。

四　革命と社会問題

以下では、『革命について』の多彩な内容のうち、目下の議論にかかわるほんの一部を取り上げたいが、この書における最低限の概念的区別を押さえることはどうしても避けられない。とりわけ、「自由／必然」という区別立てはかぎりなく重要である。

ここで、「革命とは何ぞや」という大問題を熟考することができないが、革命の目標が「自由」にあることについては、大方の一致がたやすく得られるだろう。革命は自由をめざす。では、その「自由」とは何か。アーレントはここで「自由（freedom）」を「解放（liberation）」から区別する。「解放と自由は同じものではない」（OR, 29）。専制支配の抑圧から「解放」されたとしても、それは「自由の条件」でこそあれ、「消極的・否定的」なものであるかぎり、ただちに「自由」

とは言えない（OR, 29）。また、「解放」の結果、移動や営業上の非拘束性が保障されるという意味での「自由権（liberties）」もまた、「自由」とは異なる（OR, 31f.）。本来の「自由」とは、形式的に言えば「〜からの自由」ではなく「〜への自由」であり、その内実をなすのは、「公的事象への参加、公的領域への参入」（OR, 32）なのである。

たとえば、絶対君主の専横に苦しめられてきた人びとが立ち上がり、既存の体制を打ち破ったとする。これは抑圧からの「解放」であり、その結果、市民は新しい政府のもとで「自由権」を享受できるようになる。だがアーレントによれば、それだけでは「革命」とは呼べない。以前とは別の人間が「主権」を掌握し、その「支配」に国民が服する、というのでは、たんに政権が移り変わっただけでしかない。たとえ政権の座に収まったのが、英明で温和な君主であろうと、あるいは普通選挙で選ばれた与党議員たちであろうと、そうである。これに対して、解放をめざして立ち上がった人びとが、そのパワーを結集し、公の舞台でみずからの行為と言葉を見られ聞かれるという経験を味わうとき、その瞬間にこそ、「自由」が輝き現われるのである。そこには、「新しいことを始める」という力能が発揮されるときの高揚感と充足感がみなぎり、人びとは生きがい、つまり「幸福」を見出すことだろう。ひとたびそのような自己表現と自己実現の機会を享受した者たちは、彼らの活動の場、つまり「現われの空間」が以後も開かれたままであることを求めるようになる。そのような政治的空間を打ちひらく「自由の創設」こそ、革命がめざすものにほかならない。

こういう議論をし始めると、アーレントの「活動的生の現象学」の全容を述べなければならなくなるが、ここでは深入りは慎み、「自由」の反意語である「必然」と革命との関わり合いのほうに話を進めよう。

フランス革命の初期に、いま述べたような意味での「自由」の出現を経験した人びとは、それを許容する共和政体の樹立に向かおうとした。しかし革命本来のこのプロジェクトは、急速に後退のやむなきに至る。なぜか。「自由」よりもはるかに差し迫った深刻な問題が、忽然と姿を現わし、その解決を要求してきたからである。旧体制のもとでは暗やみに放置されて見えなかった庶民の生活にはじめて光が当てられるや、そこにクローズアップされたのは、日々の糧にも事欠くような、おびただしい貧民の悲惨な姿だった。自由がどうの、公的幸福がどうのという以前に、とにかくパンをくれ、との切迫した要求が、革命の人びとに突きつけられたのである。この切実な「生活の必要」つまり、自由の対極にある「必然（necessity）」に、革命は翻弄され、変質を遂げてゆく。

人間はかすみを食って生きてはいけない。生きるためにはどうしても最低限の必要というものがある。この生物学的必然性が満たされない状態——飢えや渇き、凍えなど——は、端的に「苦」であり「不幸」そのものである。絶対的貧困に打ちひしがれた「苦悩する民衆」、「不幸な人民」が革命の前に立ち現われるとき、「貧しい人びとを救おう！」という怒声は、自由を求める「ブルジョワ的」要求を圧倒する。貧困の撲滅という「社会問題」がこうして革命の第一目標となる。そこにひそんでいるのは何か。「苦しみをともにしよう」という、やむにやまれぬ心情である。まさに「同情」の熱い血潮が、政治のうちにドクドク流れ込んでくる。このように、「社会問題」とは「同情問題」の別名にほかならない。

今日、国民の「福祉」こそ政治のめざすものだという考えは、完全に常識と化している。選挙の際あらゆる政党が公約としてこれを異口同音に掲げるのは言うまでもなく、それに異を唱える政治的主張にはまずお目にかかれない。もし福祉政策を批判しようものなら、「お前には苦しんでいる人の気持ちが分からないのか！」と一喝されるのがオチである。社会問題の解決こそ政治の第一目標だとするいわば「同情独裁」がはじめて確立されたのが、フランス革命だった。ロベスピエールやジャコバン派による恐怖《テロル》政治が、「人民の福祉」という心優しいスローガンのもと、冷厳に執行されたのである。「テロルを解き放ち革命を滅亡に追い込んだのは、必然つまり人民の緊急の必要であった」（OR, 61）。「革命はもはや自由をめざすものではなくなり、革命の目標は人民の幸福となったのである」（OR, 61）。

革命は「同情」というパトスを抱え込んだためにみずからを見失い、自滅していった、とするアーレントの見解に、違和感をおぼえる人は多いだろう。ましてや、恐怖政治の本質が「同情独裁」（私の造語だが）にあったなど、信じられないにちがいない。政治が「不幸な人びとの救済」に尽くすのは当たり前だ、それ以外に政治の目標を見出す方がおかしい、と。「社会問題」へのコミットメントを最優先する、この強固な発想は、今日では政治以外の領域にも広く適用されている。たとえば、学問研究というのは、「真理」をめざす営みのはずだが、これまた「社会貢献」という大義名分に引きつけて理解されるようになった。象牙の塔に閉じこもり、社会の困窮をよそに空虚な理論を弄んでいる大学人はけしからん、被災地や医療現場にみずから赴き、他人事ではなく現場の人びとと「ともに悩むこと」がこれからの学者の責務だ、というわけである。そこにひそんでいるのは、まぎれもなく同情のモラルである。かくして「真理」は二の次にされ、学問そのものが変質するのである。

そういう目で宗教の現状を眺めると、まさに同じことが言える。仏教にしろキリスト教にしろ、その本来めざすところは、先に述べたように、「魂の救済」のはずである。ところが今日、既成宗教の活動家が活路を見出しているのは、またしても社会問題なのである。差別問題、環境問題、平和問題といったありとあらゆる次元に「人びとの苦しみ」を見出し、それらをともに担い、抱え込むことが、宗教家の務めであり社会的役割なのだと、宗教家もまた信じて疑わない。フランス革命以来の「同情の宗教」の圧倒的支配下で社会問題に蝟集《いしゅう》する既成宗教は、かくして、ミルの予言どおり「標本や毒見程度」の存在になり下がっている。それはそうだろう。結局のところ社会的富の再分配という特殊経済的な問題に行き着く冷酷な現実の前では、哲学はもちろん、宗教も完全に無力だからである。

これに対して、人間にとって貧困や差別といった苦悩など物の数ではないとして、そのレベルに拘泥するのを却け、それよりも高次の意味と尊厳が人間にありうるのだと高潔に説くのが、そもそも宗教というものではなかっただろうか。こんなことを私のごとき俗人のきわみが言い出すのは口はばったいが、誰も言う人がいないので言わせてもらうと、「人はパンのみにて生くるにあらず」として悪魔の誘惑を却け、「必然」とは異なる人間の「自由」の次元を肯定した人によって、元来、キリスト教は始まったのではないのか。ついでにもうひとこと言わせてもらうと、「お前をこの世の支配者にしてやろう」とのさらなる誘惑にも屈せず、地上の国を超えた希望を力強く語ったからこそ、その人の教えは真に救いとなり、苦しみを乗り越えて生きる勇気を人びとに与えたのではないか。

この種の呼びかけは、現代人には救いにも癒しにもならず、もっぱら気休めとしか聞こえない。しかしだからといって、その「持ち場」を離れ、石をパンに変える奇蹟にすがったり、弱者救済のために現実政治に乗り出したりするのは、くどいようだが、宗教にとって身売りも同然の自滅行為だと思う。悪魔によるかどうかは知らないが、「同情の誘惑」に軽はずみに乗らないことは、一つの「試練」だと言えるだろう——現代社会という荒野をさすらう者にとっての。

さて、脱線がやや長くなった。革命は社会問題に首を突っ込むことで「必然」の泥沼に陥り「自由」を見失って自滅した、というのが本題だった。なぜかといえば、政治は自由を育みはしても必然を養うことは本性上できないからである。要するに、政治と経済とは別物だからである。自由はメシの種にはならない、ない、ない。革命が本来の目標を放棄し、社会問題の解決に猛進するとき、つまり同情独裁が猛威をふるうとき、情けをかける対象は大海のように広く、底無しのように深いことが、公然と露呈する。同情はかけ始めたらキリがないのだ。ところで、革命において蔓延するのは、はたしていかなる意味において「同情」と呼べるのか、という疑問が生じる。まさにここで「同情批判」が問題となってくる。これを扱っている『革命について』第二章第三節に進むべきときが、ようやく来たようである。

五　哀れみと同情（その1）――『ビリー・バッド』から

アーレントは革命論のこの箇所で、ロベスピエールに大きな影響を与えたルソーの政治思想、とくにその「一般意志」論を独自に解釈しているが、ここで立ち入ることはできない。個々人の「特殊意志」もしくは「特殊利害」を、「人民」――この場合いわば分析的に「不幸かつ善良な人びと」――の一個の巨大な意志である「一般意志」に対立するものと見なして敵視し、この仮想敵の撲滅を「無私性（selflessness）」（OR, 79）という政治的徳として掲げる、という発想が、以後の「他者のために生きよ！」との利他道徳の主要源泉となったことのみ、確認しておきたい。ルソーのこの問題意識自体、べつに彼に始まるものではなく、私益と公益の衝突とその調停という、ホッブズ、マンデヴィルからアダム・スミス、エルヴェシウスまでの社会思想の流れに棹差している。「同情の宗教」の系譜はそこまで遡れるのである。その起源があくまで「現世的」であることに注意しよう。たとえば、近代経済学の父と称されるスミスのもう一つの主著『道徳感情論』の第一章が「共感について」と題されているのは、象徴的である。「社会科学は同情から始まった」のである。

ともあれ、ルソーが「同胞の困苦を見るに忍びないという生来の感情」という定式化で同情の意義を強調したことは、貧富の絶対的格差によって分け隔てられていた国民を一つにまとめる連帯化の原理の欠如に悩まされたフランス革命の指導者にとって、何よりの思想的支えとなった。「ルソーが同情を政治理論に導き入れたとすれば、それを偉大な革命的雄弁の熱烈さをもって市場に持ち込んだのはロベスピエールであった」(OR, 81)。かくして、「無私性、つまり他者の苦悩のうちに自己を失う能力」が美徳そのものと同一視され、逆に「利己性(selfishness)」が最も忌むべき悪徳として糾弾されることとなり(OR, 81)、今やこの、いわば利他主義崇拝に基づく利己主義審問が、ミルの言葉を借りれば「思想、感情、行動をすべて色づける」に至ったのである。革命が混迷の度を深めれば深めるほど、それだけこの擬似宗教は情け容赦なく猛威をふるった。

革命の激動のなかで、何が美徳であり何が悪徳か、はたまた善とは何であり悪とは何か、というのっぴきならぬ問題が、生死を賭けて――私心を疑われた者はギロチンにかけられたのだから――争われたことは、まさに悲劇というほかない。この深遠な問題に深入りするにあたってアーレントはおもむろに、「一切の活動を鼓舞する原理としての善への活動的な愛(active love of goodness）について、ヨーロッパ人がこれまでに得た、完全に正当で完全に説得的な唯一の経験」を、つまり「ナザレのイエスという人物」（OR, 81f.）のことを引き合いに出す。ただし、直接にというわけではなく、フランス革命の影響下に特異な物語を創作した一九世紀の二人の「詩人」（OR, 82）に、その手がかりを求める。その一人は、『ビリー・バッド』という小説を書いた、アメリカの作家メルヴィル、もう一人は、『カラマーゾフの兄弟』に「大審問官」の章を挿入した、ロシアの文豪ドストエフスキーである。

メルヴィルの作品の主人公にして「自然的善」の体現者ビリー・バッドは、本性上の悪人クラッガートに不当な侮辱を受け、これを打ち殺す。これをアーレントは、「徳を超えた善（goodness beyond virtue）」と「悪徳を越えた悪（evil beyond vice）」との対決と前者の勝利、というふうに捉える（OR, 83）。だが問題はその先にあり、軍艦上で行なわれたこの私闘の結果、軍規に従ってビリー・バッドも絞首刑に処せられてしまう。現世的な「徳」の立場を守らねばならないヴィア船長は、ビリーの天使のような、いやイエスのような無垢の善良さを知りつつも、世俗的秩序を維持するために、心ならずも絶対的善人を死刑にすることを決断する。なぜか。「絶対者が〔…〕政治的領域に導き入れられるとき、すべての人に破滅が宣告される」（OR, 84）からである。「善」という超越的理念と「徳」という現世的価値とは本質上相容れないのであって、善は、たとえそれがどんなに崇高であろうと、徳によって成り立つ政治の世界にそのまま持ち込まれるや、これを脅かし破壊する剝き出しの「暴力」として立ち現われざるをえない。

フランス革命は「無私性」を政治上の「徳」と見なし、それを神聖不可侵の善性にまで高めた結果、凄惨な「徳のテロル」を生み出した。あろうことか、「善」が、政治空間に固有な「自由」を殲滅してしまったのである。メルヴィルはこの非情な歴史的事実を詩人的想像力によって反芻してみせたのだ、とアーレントは解釈するわけである。

絶対的善を政治の次元でふりかざすことは世界を破壊するだけだ、というこの命題は、『人間の条件』第一〇節にも出てくるが、[7] われわれにとって興味深いのは、『ビリー・バッド』で「同情」が描き込まれている場面である。ビリー・バッドは刑死の直前、「主よ、願わくはヴィア船長に幸福を！」と気高く叫ぶ。[8] この一語はヴィア船長の心に深く刻み込まれたらしく、ヴィアは、のちに死の床でうなされながら「ビリー・バッドよ！　ビリー・バッドよ！」と呟く。[9] 両者のこの関係を、アーレントはこう説明する。「同情は、苦労のない人間が、肉体的に苦しんでいる人間とともに悩むことではない。それどころか、犠牲者ビリー・バッドこそ、ヴィア船長に、つまり自分を死刑に追いやる男に同情をもよおすのである」（OR, 85）。破滅を運命づけられた「善」が、地上の「徳」の非情さに対して微光のように示す「苦衷」こそ、真に「同情」の名に値すると、そうアーレントは言っている。もちろんこれは、「金持ちに対する貧乏人の妬み」（OR, 84）を埋め合わせるための裏取引めいた「貧乏人に対する金持ちの哀れみ」といった生易しいものではない。そうではなく、無垢（なのにではなく）ゆえに生け贄にされる者が、まさに滅びゆく苦悶の瞬間に、目の前の一個の人間に対して発する、閃光のごとき慈しみの身振りと眼差し、そうした奇蹟的な出来事こそが「同情」の本来的現われ方である——アーレントの言いたいのはそういうことなのだろうと私は思う。そしてもう一つ私が思うのは、もしこれが「同情（compassion）」であるのなら、私にはそう軽々しくこの言葉は口にできないだろうな、ということである。何と言っても敷居が高すぎる。「哀れみ（pity）」なら話は別かもしれないが。

さて、ここでようやく「哀れみ」と「同情」という一対が浮上してきた。この両者の関係をアーレントは、ドストエフスキーの「大審問官」の物語を独自に解釈することによって鋭く論じている。今や、「同情批判」の意味が真に問われることになる。

五　哀れみと同情（その2）——『カラマーゾフの兄弟』から

アーレントは、「大審問官」の章で「ドストエフスキーは、イエスの無言の同情を、大審問官の雄弁な哀れみと対比させている」（OR, 85）、と独自に解釈する。この喚起力に富む物語は、これまで多くの論者に論評されてきたが、アーレントの読み方は、いくつかの点で大変ユニークである。そもそも、メルヴィル『ビリー・バッド』と並ぶ、「フランス革命のもう一つの非理論的な側面を扱った古典的な物語、つまり革命の主役たちの言葉と行為の背後にひそむ動機づけに関する物語」（OR, 85）として読む、という基本姿勢からして、通例のドストエフスキー論とは相当かけ離れている（むろん『悪霊』に関してなら革命思想との連関を云々するのは当然だが）。とりわけ違和感を拭えないのは、「大審問官」の章を読めば誰しも、人間の「自由」が決定的に重要なテーマとされているとの印象を受けるのに、アーレントが自由の問題にはほとんど言及せず、もっぱら「同情／哀れみ」の対比を強調している点である。自由こそ革命の中心問題だと力説するアーレントが、なぜここでは同情問題にばかり焦点を当てているのだろうか。第一、『カラマーゾフの兄弟』の読み方として、そういうアクセントの置き方がどこまで可能なのか。いや、的外れではないのか。

もちろん私はドストエフスキー論を大々的にぶつつもりも用意もないが、以上のような疑念に対しては、アーレントの解釈路線を基本的に支持したい。なぜなら、「大審問官」の章が出てくる第五編「プロとコントラ」は、その物語が始まる手前で、まさに「人類の苦しみ」[10]に関する議論をえんえんと展開しているからである。「大審問官」という自由の葛藤劇の導火線をなすのは、ほかでもなく同情問題なのである。

場面は、カラマーゾフ家の次男イワンと三男アレクセイ（愛称アリョーシャ）との対話という設定になっている。小説の表向きの主人公は、純真なロシア正教会見習修道僧アリョーシャだが、その光に対する影ともいうべき黒々とした深みある縁どりを小説全体に与えているのは、近代懐疑精神の持ち主イワンである（小説終盤の、イワンと「悪魔」との対話のくだりは、「大審問官」の章に劣らぬ神々しい筆致で描かれる）。ここでも立て続けに、虚無派イワンの長広舌が続く。この兄弟がすでに「プロとコントラ」、つまりキリスト教に対する「賛否両論」をなしているという面もあるが、話はもう少し入り組んでいる。無神論の側に立っているかに見えるイワンはべつに、神の存在を否定しているわけでも、キリスト教の教義を無視しているわけでもない。彼の主張は、神によって世界が創られたと認めるにやぶさかではないが、この世界を認めることは自分には到底できない、というものである。「俺が認めないのは神じゃないんだよ、そこのところを理解してくれ。俺は神の創った世界、神の世界なるものを認めないのだし、認めることに同意できないのだ」[11]。問題となっているのは、来世でも永遠でもなく、この世であり、この世の現実そのものなのである。

では、なぜイワンは現にある世界を認めないのか。そう弟に尋ねられた彼が、おもむろに持ち出してくる「論拠」、それが「人類の苦悩」とりわけ「子供たちの苦悩」[12]である。大人たちが「知恵の実」を食べた報いとして苦しむのは、まだ理解できるとして、全然罪のない子供までもが、その巻き添えを食って苦しみを背負わされるのは、まったく理解できない。無垢の幼な子がいたぶられて死んでいくという、不条理な苦悩に満ちた訳の分からぬこの世を、それゆえ是認するわけにはいかない。そうイワンは結論する。趣味で集めたと言って彼が列挙する「幼児虐待」の事例は、どれも凄まじいものばかりだが（その病的事例は、「人が苦しんでいるのを見て喜ぶ」あるいはもっと端的に「人を苦しめたい」「いじめたい」という、同情の反対現象をなしている）、その詳細は措き、ここで問題となっているのが、他者の苦しみに対する感受性であることは間違いない。

イワンは、事柄をはっきりさせるために、あどけない幼児がいわれなく苦しめられるケースに絞って論を進めているが、一般的に言えば、この世における人類の苦悩を埋め合わせることはどこまで可能か、というのがここでのテーマである。つまり、哲学史上の用語を使えば、「弁神論（théodicée）」――直訳すると「神の正義」――の問題である。これは、『ヨブ記』以来の神学上の大問題と言っていい。これに対する一つの可能な答えが、人びとが苦しみを共にし、互いに分かち合うという「共苦・同情（compassion）」なのである。では、同情はどこまで「有効」なのか。「大審問官」という自作の「叙事詩」[13]をイワンが披露するのは、ほぼこのような文脈においてである。それゆえこの物語に、同情の可能性の範囲を見定めるという意味での「同情批判」の趣旨が読みとれるのは、少しも不思議ではない。ドストエフスキーは、同情と似て非なる「哀れみ（pity）」を持ち出すことにより、いっそう鮮やかに同情批判を遂行しているとさえ言える。そう考えると、この「同情／哀れみ」の対比こそ、「プロとコントラ」という標題の意味するところではなかったか、とさえ思えてくる。

さて、いよいよこの「コン‐パッション」のドラマに分け入ろう。舞台は、異端審問全盛の一六世紀スペインのセヴィリヤ。折しも昨日、百人もの異端者が火あぶりの刑に処せられた町の広場に、「測り知れぬ慈悲心から」[14]、キリストがかつてと同じ出で立ちでそっと姿を現わす。「キリストは限りない同情の静かな微笑を浮かべて、無言のまま、人々の間を通ってゆく[15]」。民衆はたちまちその正体を見破り、彼のもとへ殺到する。盲目の老人は癒され、柩《ひつぎ》に納められた少女は息を吹き返す。――イエス再来のこうしたお話を、荒唐無稽と簡単に斥けることはできない。また来るからと言い残して去ったとも伝えられる一人の男の再訪を信じて、気がつけば二千年も待ち続けてきたのが、キリスト教の全歴史なのだから。

あたかもそうした奇蹟が演じられ、民衆がどよめいているそのとき、九〇歳近い老人の大審問官たる枢機卿が通りかかる。一部始終をつぶさに観察した彼は、にわかに顔を曇らせるや、護衛たちにその男を引っ捕らえるよう、冷ややかに命じる。

この序幕に続くのが、夜の牢獄でキリストと大審問官が対面する場面である。かつてユダヤ総督ピラトが、捕えられたイエスと面会し「あなたはユダヤ人の王か」――ヨハネ福音書ではさらに「真理とは何か」――と尋ねた故事を髣髴させる。イエスが、かつてと同じく、[16]いやそれ以上に終始沈黙を守るのに対し、今度の相手役たる大審問官は、「お前はキリストなのか?」[17]と切り出すや、いや答えなくとも分かっていると急いで付け加え、無言の相手に向かって滔々と持論をまくし立てる。分量的に「大審問官」の章の大半を占めるその大演説は、思想的にも悪魔的と言えるほどの深みに達している。そして、そう雄弁にならざるをえない大審問官の本質を、アーレントは「哀れみ」の一語でもって捉えるのである。

一見すると、この解釈は奇妙な気がする。「なぜわれわれの邪魔をしにきた?」[18]と言い放ち、よりにもよってキリストに「異端のもっとも悪質なものとして火あぶりにしてやる」とおごそかに告げる大審問官は、人間的感情のかけらもない冷血漢に見えるからである。キリストの福音を伝えるはずの教会側の人間が、生身の救い主をもう一度死刑にしようと企むとは、なんと恐るべき逆説であろうか。彼は弁舌の途中で、「われわれはもはやお前にではなく、彼についているのだ」と、自分たちのとびきりの「秘密」を打ち明けている。[19] しかし、だからといって単純に、大審問官を悪魔の手下と決めつけても、ほとんど得るところはない。今日もし教会関係者で、この棄教物語を他人事と片付けて済ますことのできる人がいるとすれば、そういう人こそ一番信用ならないのだと言っておこう。

大審問官は、たんなる悪玉でも、悪魔の化身でもない。人類への絶大な哀れみに満ちた心優しき人物である。か弱き人びとを思いやるその憐憫の心は果てしなく広く、それこそ大海のように深い。その彼からすると、今さらキリストに来てもらっても、邪魔なだけである。とりわけ、その闖入者が人びとに「自由」という福音をふたたび説き回ったりした日には。なぜなら、大審問官の見るところ、人間というのはもともと自由向きには出来ていないからである。だからこそ、彼ら人間種族の管理責任者は、ひとえに人間たちを「自由の重荷」[20] から解き放ってやるためにこそ粉骨砕身してきたのだ、と自任するのである。「人間と人間社会にとって、自由ほど堪えがたいものは、いまだかつて何一つなかった」[21]。これが大審問官のテーゼであり、人類に対する彼の無限の哀れみの源泉にほかならない。苦痛や懊悩の種は、取り去ってあげたほうが、人のためになる。苦の除去＝公共の福祉という功利主義的原則からすれば、当然そうなる。

愛は自由を奪う。これが大審問官の人類愛のかたちである。哀れみにもとづくこの博愛は、大地を包み込むほど無際限に広く深い。「いや、大審問官が問題にしている自由とは信仰に関するものであって、われわれとは無関係だ」と思う人もいるだろう。だが、たとえば次の言葉は、一六世紀のスペイン、あるいは一九世紀のロシアにのみ当てはまるものだろうか。「まさしく今日、人々はいつの時代にもまして自分たちが完全に自由であると信じきっているけれど、実際にはその自由をみずからわれわれのところへ持ってきて、素直にわれわれの足もとに捧げたのだ」[22]。今日そのような奉納先が安定供給されているかは知らないが、あり余るほどの自由を煩わしく感じ、それを放り出すことで「癒されたい」と願っている人が世にひしめいているのはたしかである。そのさいの恰好の受入先は、何も新興宗教団体とはかぎらない。たとえば、自由という真空ゆえの不安や退屈に堪えきれず、気晴らしとしての娯楽や慰みとしての労働に逃げ込む人、あるいは、規則を作っては嬉しそうに従う人と、さまざまである。イワン作中の枢機卿は、レジャー産業や労務管理、法令遵守主義の大元締めでもあったのだろうか。

それにしても、キリストと大審問官がそれぞれその「プロとコントラ」を代表している「自由」とは、何を意味するのか。「同情／哀れみ」の対比にしても、この自由というテーマをめぐっているように見える。問題となっている自由とは、いかなるものなのか。この問いに取り組むうえで有力な手がかりとなるのが、大審問官によって入念に解釈される、マタイ福音書第四章の「悪魔の三つの誘惑」の話である。『カラマーゾフの兄弟』が卓越した哲学小説であると言えるのは、まずもってこの自由論の深みゆえだと言ってよい。イワン、いやドストエフスキーも、大審問官に次のような確信に満ちた前口上を述べさせているほどである。「悪魔が三つの問いという形でお前に告げ、お前が拒否し、福音書の中で《試み》とよばれているあの言葉よりも、いっそう真実なことを何かしら言いえただろうか[23]」。いや、哲学的叡智を総結集しても無理だろう。「なぜなら、この三つの問いには、人間の未来の歴史全体が一つに要約され、予言されているのだし、この地上における人間の本性の、解決しえない歴史的な矛盾がすべて集中しそうな三つの形態があらわれているからだ[24]」。かくして、人類史の大いなる矛盾とその解消に関する大審問官による釈義がえんえんと続く。

マタイ福音書の記事は至って簡単なものだが、それを肉付けしてゆく大審問官の長大な解釈には、まさに悪魔的と言うべき抗いがたい魅力があり、これはもう各自が熟読玩味するほかない。ここでは、われわれの文脈に関わるポイントのみ指摘しておこう。

第一の「誘惑」――「もしあなたが神の子であるなら、これらの石がパンになるように命じてごらんなさい」――は、以前ふれた「革命と社会問題」というテーマにじかに結びついており、見落とせない。ここでの「自由」は、アーレントの用語で言うと、パンつまり「必然」との対比で考えられている。なるほど、われわれは生活の必要を満たさねばならず、貧困に苦しめられれば悲鳴をあげる。しかし、開けた口にパンを放り入れられたからといってすぐ救われるほど、それほど人は奴隷的にできていない。人道的支援をしてやれば内戦が収まるとか、テロリズムが撲滅されるとか信じるのは、そもそも人間を馬鹿にしているのだ。魂の救済は、物質的満足とは別の次元にある。「ひとはパンだけで生きるのではなく、神の口から出る一つ一つの言葉で生きる」というイエスの答えは、そういう意味だろう。神への信仰に生きる敬虔な生とは、日々の必要にあくせくするばかりでない、地上を超えた意味を追求する人間的自由のかたちでありうるのだ、と。[25]

大審問官がキリストに反駁するのは、ほかならぬこの信仰という自由こそ、並みの人間にとって堪えがたいものではないのか、という点なのである。なぜなら、「彼らは無力で、罪深く、取るに足らぬ存在」だからである。「お前は彼らに天上のパンを約束した。だが、もう一度くりかえしておくが、かよわい、永遠に汚れた、永遠に卑しい人間種族の目から見て、天上のパンを地上のパンと比較できるだろうか？　かりに天上のパンのために何千、何万の人間がお前のあとに従うとしても、天上のパンのために地上のパンを黙殺することのできない何百万、何百億という人間たちは、いったいどうなる？」[26]。不屈の信仰心をもつ一握りの選ばれた者たちの自由と引き替えに、圧倒的多数の民衆が浮かばれなくてもよいのか。むしろ真っ先に救われるべきは、貧困に苦しみながらも懸命に生きている「かわいそうな人民」ではないか。――こうした弱者への配慮《ケア》こそ、フランス革命以来、「社会的平等」という近代的理念の装いのもとに鼓吹されてきた美徳にほかならない。

大審問官が哀れみをかける対象もまた、少なくとも彼の言い分に従うかぎり、「パンさえ与えれば［…］ひれ伏す」[27]ような社会的弱者である。「われわれにとっては、かよわい人間も大切なのだ」[28]。弱者優先のこの博愛精神は、強者へのねたみや晴らしがたき劣等感といったどす黒い感情を、平等の正義なる大義名分にくるんでは、「自由の重荷に堪えられる少数のエリートしか救われない不平等があってよいのか！」と告発してやまない義憤の形で、吐き出す。ここでは、自由を鼓吹し謳歌すること自体、悪質な差別なのである。「強い人たちが堪え忍んだことに、それ以外の弱い人たちが堪えられなかったといって、何がわるいのだ？　弱い魂があんな恐ろしい贈り物を受け入れられぬからといって、いったい何がいけないのだ？」[29]。弱者をかばうこの居直りが、それに同調しない者に向けられるや、「お前には苦しんでいる人の気持ちが分からないのか！」という、あの紋切型の恫喝となる。

大審問官の雄弁にひそむ論理は、キリストを難詰する次の言葉に如実に示されている。

誓ってもいい。人間というのは、お前が考えているより、ずっと弱く卑しく創られているのだぞ！　その人間に、お前と同じことがやりとげられるだろうか？　お前は人間を尊ぶあまり、まるで同情することをやめてしまったかのように振舞った。それというのも、人間にあまり多くのものを要求しすぎたからなのだ。しかも、それがだれかと言えば、自分を愛する以上に人間を愛したお前なのだからな！　人間への尊敬がもっと少なければ、人間に対する要求ももっと少なかったにちがいない。それならもっと愛に近かったことだろう。なぜって、人間の負担ももっと軽くなっただろうからな。人間は弱く卑しいものなのだ[30]。

人間に自由を説いて回ったキリストは、大審問官からすれば、彼の言う意味での「同情」、つまり「哀れみ」をかけることを怠り、弱く卑しい人間たちをいたずらに苦しめてきただけである。お前が体を張って守り通そうとしている「人間への尊敬」とは、人間への愛なんかではなく、悪質なイジメ、いや拷問じゃないのか、と。このように、自由の重荷に堪えられない弱さ、卑しさを、人間の本性として認めてしまうこと、その意味での人間侮蔑——これには、ニーチェの言うように、自己侮蔑も含まれる——こそ、大審問官の哀れみの根本前提にほかならない。そこに漂っているのは、人間を哀れむ人間の哀れさである。

いや、大審問官ばかりではない。今日至るところに、もちろん学校や大学にも、人間の弱さをアプリオリに認めてしまう「哀れみ」が蔓延していないだろうか。「苦しんでいる人を助けてあげたい」と弱者救済に乗り出す慈善家の心暖まる人間愛のうちには、「人間などしょせん無力な存在にすぎぬ」と決めてかかる厭世家のうすら寒い人間蔑視がひそんでいないか。彼らの助け合い活動が成功を収めれば収めるほど、他人に頼って生きようとする人間の剝き出しのエゴイズムを見せつけられ、相互の人間不信と無力感はますます塗り固められていくことだろう。「みんな辛いけれども懸命に生きている」と高らかに合唱する人間讃歌の背後には、現世憎悪の怨み節が低く響き渡っているのが聞こえてきそうである。一面涙の湿地となったこの地上に鳴り響く、ニヒリスト蛙たちの絶唱が。

イエスはピラトに対して、「わたしの国はこの世のものではない」とはっきりと答えた。少なくともヨハネ福音書にはそう書かれている（第一八章三六）。しかるに、サン＝シモンの構想した「新キリスト教」は、その教えを公然と斥け、この地上における人類の救いを約束した。[31] そしてこの「宗教革命」の精神は、弟子のコントによって創《はじ》められた「人類教」に正しく受け継がれた。今日では、この博愛《ヒューマニタリアニズム》の擬似宗教が、大同連合の超党派・翼賛派として、普遍派・正統派・改革派すべてを掌握している。世直しをわが使命と心得る、社会派の教会関係者。反戦平和運動やボランティア活動を免罪符にして売りさばく、善くて義しい人びと。さらには、復讐の精神と利他道徳との合いの子の怪物と化した、自殺テロリスト。その好敵手然と、無限の正義をグローバルに実現すべく世界内戦の泥沼に乗り出す、この世の神の国の指導者。彼ら現代における「同情の宗教」の信徒たちの活躍ぶりを、大審問官が知れば、きっと、「わしと同じく、みなそろって彼についていているのだ」と、そう慈悲深く言い放つことだろう。ドストエフスキーの悪魔的想像力は、そこまでの深みに達しているように、私には思われてならない。

六　同情という「直情」

ところで、先に引用した箇所には、大審問官の雄弁な「哀れみ」と対照的な、キリストの無言の「同情」が浮き彫りにされているように見える。前者の哀れみが、人間の卑小さをあっさり認め、無力な人類をその無力さゆえに抱擁してやまないベッタリした愛だとすれば、後者の同情は、人間の強さ、偉大さを肯定し、各人に自由であれと要求してやまない、人間存在に対する尊敬と一体となったもう一つの愛のかたちなのだ、と。

同情のうちに「人間の尊厳」の思想を見出そうとするこの解釈は、なかなか魅力的だが、残念ながら、同情に多くを期待しすぎているように思われる。われわれはもっと冷ややかに情念を考察することにしよう。冷や水を浴びせかけることも時には必要である。

ここで、問題を整理するために、アーレントの説明を見ておこう。

同情とは、まるで伝染するかのように他人の苦悩に打たれることであり、哀れみとは、肉体的には動かされないままかわいそうに思うことであって、両者は同じものでないばかりか、互いに無関係ですらあるだろう。同情は、まさにその本性からして、階級全体や人民の苦悩によって触発されることはありえないし、ましてや、全体としての人類の苦悩によって触発されるなど毛頭ありえない。同情は、一個の人間がこうむった苦悩より先に進むことはありえず、依然として、そうあらざるをえない当のあり方、つまり共‐苦にとどまる。同情の強さは、情念（passion）それ自体の強さに左右されるのだが、情念というのは、理性とは対照的に、特殊なものしか把握できず、一般的なものの概念をもっておらず、一般化する能力も

ない。(OR, 85)

同情に関して、くどいほど「……ではありえない」式の限界の確認がなされていることが分かる。ここには、アーレントの同情批判が如実に示されている。哀れみを批判するのは、ある意味で容易なことだが（大審問官の哀れさには誰でも気がつく）、それと区別されたかぎりでの同情すらも批判するには、相当の非情さが必要である。

まずは、同情と哀れみとの違いの確認から。哀れみが、「かわいそう・気の毒・残念（sorry）」に思うだけで、当人がじっさいに苦しんでいるわけではないのに対し、「共－苦（co-suffering）」としての同情は、誰かが苦しんでいる姿に出会って衝撃を受け、その相手の苦悩が自分自身にいわば本能的に乗り移って、みずから悶え苦しむ「受苦・受難（passion）」の出来事である。ここには、怒りや愛憎と同様の「情念・激情（passion）」の直接性・第一次性があり、類推や感情移入といった論証的他我認識の回路が入り込む余地はない。「他人の痛みはいかにして知りうるか?」といった呑気な話は、ここでは通用しない（この種の擬似問題の流行自体、フランス革命発祥の「同情の宗教」から派生したものだが[32]）。コンパッションとは、認識以前にまずもって自分自身が激しい痛みに襲われることである。よく「自分のことのように同情する」と言われるが、そういう類似や模写は問題にならない。むしろ「同情はわが苦しみ」なのである。なぜそういう「伝染」が起こるのかというメカニズムの解明は、なぜ一目惚れは起こるかを説明するくらい困難である——青天の霹靂も同然なのだから。

一目惚れに手に負えぬところがままあるように、同情も相当厄介である。第一、自制ということができない。同じく自制はできないものの、歯痛や頭痛なら痛み止めの薬の麻酔作用で散らすこともできるが、同情には、哀れみをかけて紛らすという気休めは効かない。なお、哀れみが、同情と無縁な人にとってそれなりに気休めとなるのは、それが、第一次的な「激情（passion）」というよりは、むしろ反省的な「感傷（sentiment）」（OR, 88ff.）であって、自己享楽的陶酔に浸ることができるからである（「感傷」のこの自己感受性がいっそう露骨に現われるのが、ニーチェの言う「反感・怨恨（Ressentiment）」である）。かよわい人びとに哀れみをかける、けなげな自分自身にうっとりするのが、大審問官的な自己満悦のかたちであり、自分で自分を煽るその感情の高潮はますますエスカレートしてゆく。

激情としての同情が、抑制のきかない痛みである以上に厄介と言えるのは、肉体的な痛みが一般に自衛のためのシグナルという意味をもつのと違って、同情はまさに「自滅的」だからである。直観でも直感でもない、この「直情」に襲われた人間は、じっとしてはいられない。滅びゆく者に同情してしまった者は、それこそ一緒に滅びるか、自分が身代わりになるしかない。たとえば、貧しい人びとに同情する者が、相手よりも裕福な境遇のままでいられるということは、定義上ありえない。それに襲われる者自身を没落させずにはおかないパッションの共同生起、それがコンパッションという激情・受難なのである。

こういった「純粋同情批判」は、「ともに苦しむ」ことを美化しながらも、じっさいは余剰した富の再配分程度しか思いつかない吝嗇な現代人にとって、極端な絵空事のように聞こえるかもしれない。だが、少なくともイエスの生き方とはそういうものだった。正直言って、「人に同情するより先に、あなたが哀れんでもらったら?」と忠告したくなるほど、彼は素寒貧だった。つまり、施しを受けて生活する側の人間だった。そういう事実からして、人民の貧しさはそれほど彼の苦しみの種とはならなかった[33]。それどころか、人が死ぬことすらも、彼にとって最悪の共苦の対象とはならなかった。イエスにとっては、人が神への自由な信仰を失ってしまうこと、つまり「罪」の状態にあることこそ、死ぬほどの懊悩の的だったのであり、かくして彼はその身代わりになってさっさと死んでいった。これはパウロのキリスト解釈ということになるが、イエスを筋金入りの同情の人として理解するなら、そのような解釈が出てくるのも当然の成り行きだったかもしれない。

　アーレントも、ドストエフスキーにとってのイエスは、法外な「共-苦」能力の持ち主であったと見ている。「ドストエフスキーにとって、イエスの神性のしるしが、一人一人の個別性において万人に同情することのできる能力、すなわち、万人を一括りにして一個の苦悩する人類といったような何らかの実体へまとめ上げることなく、万人に同情することのできる能力、にあったことは明らかである」(OR, 85)。そのつど他者の苦しみに電撃のように打たれ、一人一人に感応するのが同情だとすれば、その及ぶ範囲はおのずと限定されてくる。全人類の苦しみに真摯に対応していたら、身がもたない。「「万人に同情する」――とは、君自身に対する虐待であり僭主的支配なのだ、わが隣人よ」とは、ニーチェの慨嘆するところだった。(34) 万人の苦しみをことごとく自分で抱え込み、ともに苦しむなどまともに実践していたら、これはもう身の破滅であり、自傷行為もはなはだしい、というのである。

イエスの場合、まさに行き着くところまで行ったわけだが、それでも、ある程度まで身がもったこと自体、奇蹟的なことだった。この尋常ならざる同情能力が、イエスをして神の子と見えさせたのであり、その「神性（divinity）」は、地上における「徳」の領分を優にはみ出るものだった。アーレントは、徳の人の極致であるソクラテスをおそらく念頭に置いて、こう比較している。「不正を行なうくらいなら不正に苦しむほうがよい、と徳がいつでも主張する用意があるとすれば、同情は、他人が苦しむのを見るくらいなら自分が苦しむほうが楽だ、とまったく真摯に、それこそ素朴なほど真摯に述べることによって、徳の主張を超越する（transcend）だろう」（OR, 86）。ソクラテスが同胞市民に高邁の徳をあくまで訴え、死すら拒まないという気前のよさを発揮してその豪傑ぶりを示したとすれば、無垢の人イエスは、それこそバカのつくほど純真な、稀有の同情に駆られるあまり、進んで「人類の犠牲」となり、人間のレベルを軽く超えてしまったのだ、と。ここには、ソクラテスの刑死とイエスの受難の謎を解くカギがありそうである。

ところで、イエスの同情が大審問官の――さらにはロベスピエールの――哀れみと似て非なる点は、ここにも現われてくる。「大審問官の罪は、彼がロベルピエールと同様に、「かよわい人びとを愛した」ことにあった。なぜなら、そのような愛は権力欲と区別できないばかりでなく、彼が苦しんでいる人を非人称化して一括りにし、一つの集合体――つねに不幸な人民とか、苦しんでいる大衆――にまとめ上げてしまったからである」（OR, 85）。「不幸な人民」や「苦悩する人類」といった一般概念に対して、「同情」を催すといった芸当は、ふつうできない。それと同じく「第三世界の同胞」とか「現代のかわいそうな子供たち」とか「か弱く虐げられた女性」とかいった抽象観念も、同情の対象とはならない。そのような不特定の他者一般の苦悩を「思いやる」――別の通りのいい言葉を使えば「想像する」――ことによってかき立てられるものこそ、哀れみという名の「感傷」にほかならない。

哀れみは、個別者にのみ向けられる同情と違って、その持ち前の「想像力」によって歯止めなく一般化され、拡大していく。たとえば、「すべての他者はまったき他者だ」という一緒くた的スローガンや、暴力による人類の苦悩の一切に「無限の責任」を負うべし、とする無条件的モラルなど、手品のように次々に繰り出される他者論にしても、フランス革命以来の哀れみによる一般化路線のうちにある。とはいえそこには、初演を飾ったロベスピエールの崇高さはもちろん、悪役に徹する大審問官の図太さすら、望むべくもないが。

ところで、哀れみと異なる同情の個別化的被拘束性は、それが「情念」であることの当然の帰結であり、それをアーレントは「理性（reason）」との対比によって説明していた。特殊を普遍に包摂する知的能力である「理性」なら、目の前にいる個人がもがいているのを見て、全人類の苦悩の可能性を平然と推論することだってできるかもしれないが、その結論からは、逆立ちしても「同情」は出てこない。同情は、理性とは異なる「情念」として、いかなる認識作用とも別個に、それに先立って、ぶっきらぼうに襲いかかってくる。知・情・意という三区分を用いるなら、同情はそもそも「知」ではない。それゆえ、そこに「思慮分別」は存在しない。「理論理性」と並んで人間に「実践理性」が備わっているとしても、それと同情は同一平面にはない。「情念」が「理性」より低次の心的能力であるかはともかく、魂のこの二種の領域を、むやみに混同してはならない。そこに領域侵犯の越権行為がまかり通らないともかぎらない。そして、同情批判の意味もまたそこにある。

　アーレントは、一般化を駆使する理性との違いを表わす、同情という情念のメルクマールを、「沈黙」のうちに見てとる。「一般化できないというこの無能力と密接に結びついているのが、奇妙な無言、あるいは少なくとも言葉に関する不器用さである」(OR, 85)。ビリー・バッドに吃り癖があったとされているのも象徴的だが、ドストエフスキーの描くイエスに至っては、最初から最後まで一言も言葉を発しない。そのあまりの寡黙ぶりに、さすがの大審問官も、「どうして黙りこくって、そんな柔和な目でしみじみとわしを眺めている？」[35]とたじろぐほどである。一般化も言語化もできない同情のこの「無能力」は、それゆえ、まったくの無能・無力ではない。それどころか、沈黙とそれに伴う身振りとによって、計り知れないほど豊饒な意味を紡ぎ出す。アーレントの強調するイエスの「沈黙」は、無力さの痛みを分かち合うといった――遠藤周作が脚色したような――「神との同情」とは、およそ異なっている。イエスの言動にみなぎっている力は、信仰の領域での「自由」へと人びとを鼓舞し、超出させるパワーであるはずだが、それがどこまで同情と関連しているかは、別途検討する必要があろう。それにも増してここで留意すべきは、イエスが体現した「神的同情」が、政治的にはまったく「無効」だという点である。

七　活動の原理としての連帯

人間並みを超えた「神的同情」については、キルケゴール『キリスト教の修練』のラディカルな考察を参照すべきだが、さらなる同情批判は別の機会に譲り、最後に、同情でも哀れみでもない、もう一つの共同性のあり方に着目して、ひとまず議論を締め括りたいと思う。アーレントがこの二つと対照させている「連帯（solidarity）」がそれである。

アーレントの連帯論は、『革命について』の第二章「社会問題」の第四節第二段落に見られる。やや長い引用となるが、彼女ならではの冷ややかなまでに冷静な記述を堪能しよう。

哀れみが、同情の変態だとすれば、同情の対案であるのが、連帯である。ひとが「か弱い《レ・ゾム》人びと《フェーブル》に引き付けられ」るのは、哀れみからであるが、抑圧され搾取された人びとと同じ利害関心をもつ共同体を、熟慮のうえで、いわば冷静に（dispassionately）、確立するのは、連帯からである。その場合の共通の利害関心とは、「人間の偉大さ」とか「人類の名誉」とか「人間の尊厳」とかいったものとなろう。というのも、連帯は理性に与《あずか》り、したがってまた一般性に与るがゆえに、多数者を概念的に包括できるし、その場合の多数者とは、一階級や一国家や一民族にとどまらず、最終的には全人類を意味するからである。しかるに、この連帯は、受苦によって引き起こされることもあるが、受苦によって導かれることはなく、弱者や貧乏人に劣らず、強者や金持ちをも包括する。哀れみの感傷と比べると、連帯は冷たく抽象的に見えるかもしれない。というのも、連帯はあくまで「理念」――偉大さ、名誉、尊厳――に関わるのであって、それに比べればいかなる人間「愛」にも関わらないからである。
（OR, 88f.）

同情が、その直情性ゆえに政治的には無効であるのに比して、同情と似て非なる哀れみのほうは、政治にしばしば侵入してきては、歯止めなく拡大し、ついには政治を食い破りかねない。そのためアーレントは、哀れみを同情の「変態・倒錯（perversion）」だとしている。では、同情でも哀れみでもない、人と人をつなぐ絆はないのか。この問いに答えられないかぎり、われわれは政治的領域において、情に流され、溺れるしかないことになる。

まさにこの文脈で、アーレントが同情の「対案・代替策（alternative）」として持ち出すのが、「連帯」である。(36) 同情が、公的に無効であるがゆえに「非政治的」であり、哀れみが、公共性そのものを骨抜きにするがゆえに「反政治的」であるとすれば、連帯は、それが掲げる理念を語り合ってよいがゆえに、優れて「政治的」な現象である。同情を催しつつ沈黙を破って語り始めれば、偽善となり、哀れみを自他に強要すれば、その感傷の高潮は公論を水浸しにしてしまう。これに対して、連帯は、それについて冷静に論じ合い合意に達することこそ求められるのであり、そこに言論にもとづく共同体が成り立ちうるのである。

それにしても、「人間の偉大さ」とか「人類の名誉」とか「人間の尊厳」とかいった抽象的「理念」が、掛け声やお題目にとどまらない、政治的実効性をもつのだろうか。

同情が、個別化的で「私秘的《プライヴェート》」であるのに対し、哀れみは、特異な一般化的作用をもち、公的に影響力を発揮する。もっと言えば、公的領域において同情が効力をもつかのように見えるとき、それはもはや同情ではなく、すでに哀れみと化しているのである。それゆえ、連帯と真に対比されるべきは、同情ではなく、哀れみのほうである。声なき共-苦でしかありえぬ同情と違って、「苦しんでいる人びとを救わなければならぬ！」との絶叫は、巷に鳴り響くことができる。その強制力は、連帯のささやかな効力を圧倒するかに見える。

アーレントが、「革命家たちを動機づける最も強力でおそらく最も破壊的な情念、つまり同情という情念」（OR, 72）を批判しようとするとき、それは同時に、同情の倒錯形態たる哀れみの政治破壊性を批判することであり、しかも、同情に代わる対案と解される連帯と対比して、哀れみを限界づける試みなのである。先の引用箇所に続けてアーレントは、哀れみと連帯とを、その政治的機能に関して次のように対照させている。

哀れみは、肉体的に打ちのめされることがなく、感傷的距離を保つがゆえに、同情がいつも失敗するところで、成功を収めることができる。哀れみは、多数者に手を差し伸べることができ、それゆえ、連帯と同じく、市場に入ってゆくことができる。しかし、哀れみは、連帯と対照的に、幸運と不運、強者と弱者を、ともに平等な眼で眺めることがない。不運が存在しなければ、哀れみは存在することができない。それゆえ、権力への渇望が、弱者の存在に既得権益があるのとまったく同様に、哀れみは、不幸な人びとの存在に既得権益がある。そのうえ、哀れみは、感傷であるおかげで、哀れみゆえに哀れみを味わうことがありうるのであり、これはほとんど自動的に、哀れみの原因である他者の受苦を讃美することにつながる。(OR, 89)

「受苦(suffering)」は、そのまま一般化はできないものの、哀れみという感傷の形で一種の普遍妥当性をもたせることならできる。「受苦」がいわば特権となり、おのれにひれ伏すことを万人に要求するのである。だがこの一般化は、選り好みが激しく、「差別的」である。不幸な人びとのおかげで、それを哀れむ者たちの「絆」が成り立つとすれば、その行き着くところ、苦しみや不運が称賛の的となり、それとあべこべの喜びや幸運は、糾弾の的となる。苦悩共同体は、それと一体化しない者たちを排除しないではおかない。

たとえば、大災害に見舞われて、肉親や郷里を失う住民が多数発生したとする。その苦しみの一つ一つを自分も苦しんでいたら、誰だって身がもたない。しかし、その報道を聞きつけた人びとが、あたかも自分のことであるかのように悲しみ、その悲痛の念を一般化して、「苦しんでいる人びとを救おう」と叫ぶことならできる。その思いを実践しようと現場に駆けつけることもできるだろう。そしてその救援行為は、実際に役立つかぎりで、もちろん有益である。しかしその限度を超えて、不幸な人びととの一体化が、公共の「善」として鼓吹されるとき、受苦を尺度とする露骨な排他性をもつ。感傷に浸るあまり、真の問題の所在を見失う危険も生じる。災害からの復興や故郷の再建のためには、今何を為すべきかと冷静に考え、衆知を集める必要があるのに、そんな暇はないと問答無用で議論を打ち切り、手当たり次第に事を推し進めようとするとすれば、破綻をきたすのは必至である。何が足らないのだろうか。苦悩への一体化強制はあっても、現状を広い視野から考察し、公平に判断するうえでの拠点となる「一般的なもの」が欠けているのである。

連帯とは、そのような「普遍」を掲げる共同性のかたちである。苦しみは、人びとを連帯へ促すきっかけとはなりうるが、その心情的共有が連帯の基礎となることはありえない。家族にしろ友人にしろ教会にしろ国家にしろ、苦しみの共有を専一に願う共同体は倒錯している。もちろんこれは、苦しみの除去を願う場合でも同じである。苦悩を取り去ってしまえば、「共通の利害関心」もまた消え去ってしまうような共同体は、はじめから共同体の体をなしていない。苦の欠如を求めるだけではなく、真に「善きもの」が、根底に据えられるのでなければならない。アーレントはそのような積極的目標の候補として、「人間の偉大さ」や「人類の名誉」や「人間の尊厳」を挙げているのである。この種の「理念」は、魅惑したり熱狂させたりすることからは程遠く、その結合力にはおのずと限界があるが、だからこそ逆に、「際限のなさ」（OR, 92）を特徴とする感傷よりも、政治的には適格なのである。それを共有する点で誰もが対等であり、その共有を誰もが高らかに肯定でき、その共有にもとづいて各人が活動へ赴くことができるような、そのような「善きもの」こそが、苦悩に満ちたこの世には求められている。

アーレントは、先の引用箇所をこうまとめている。「用語法から言うと、連帯とは、活動を鼓舞し指導しうる原理であり、同情とは情念であり、哀れみとは感傷である」（OR, 89）。連帯は、政治における指導原理として、活動する人びとの精神を「鼓舞する（inspire）」というのだが、この文脈でアーレントが「原理（principle）」という語を用いる場合、それは、日本語の「初心」に近いニュアンスの、人びとに共有される「始まりの志」のことを意味する。連帯とは、共同体の原点に据えられる「主観的」基礎であり、情に流されず、負のスパイラルに陥ることなく、冷静で健全な言論空間を保つことができるのである。[37]

同情批判のすえに、連帯という活動の原理を共同体にとっての善き絆として取り出してくるアーレントの議論に接するとき、ふと思い起こされるのは、ニーチェがやはり同情批判の行き着いた先に見出した「善きもの」である。本章の最初のほうで取り上げた『愉しい学問』第三三八節「苦悩への意志と同情者たち」でニーチェは、悩める人に同情をかけて助けるのは、悩める他人のためにも助ける本人のためにもなりそうにないとしつつ、それでも人を助けたいと思うのなら、おのれの「友（Freunde）」を助けよ、と勧めている（FW, 568）。つまり、その友と共有することで味わうことのできる「ともに喜ぶこと」を求めよ、と。この「友と喜びを分かち合うこと・同喜共歓（Mitfreude）」は、「ともに苦しむこと・同情（Mitleid）」と真逆であり、それゆえ同情の説教者たちは理解しようとはしないが、かといって彼らの罪悪視する「他人の不幸を見る喜び（Schadenfreude）」とも異なる。「シャーデンフロイデ」が秘すべき快感であるのと違って、何といっても、「同慶」は公然と表わしてよい。ニーチェがことさら命名した「ミットフロイデ」は、公的な結合原理でありうるのであり、それゆえアーレントの言う「連帯」に呼応しうるものなのである。

人びとが喜びをともにでき、かつそれを隠し立てしなくてよいものにも、さまざまなものがあろう。蓄財や奢侈をあけっぴろげにすることは憚られるが、物惜しみしない精神によって善きものが万人に分かたれるのであれば、それもまた共通善でありうる。死すべき身の偉業が地上に達成されたことを寿《ことほ》ぐのも、神によって人間が祝福されてあることを讃えるのも、万人にとってご同慶というべきだろう。活動と信仰におけるこの二つの特大級の喜びに比べれば、はるかにささやかかもしれないが、「ともに哲学すること」もその一つだと、私は考えている。のんびり自由に考えるのを好む友たちと、ともに愉しく語らい、議論し合うことは、「ミットフロイデ」として連帯の絆となりうるし、苦しみに満ちたこの世に救いを与えるものでさえある、と思うのである。

第九章　禁欲主義と実存の美学――ニーチェ、九鬼周造、フーコー

一　ニーチェと禁欲主義の理想

ニーチェの『愉しい学問』には、閑暇を高雅とし多忙を不本意と見なす伝統が衰退し、勤勉を誇りとし退屈を恐れる気風が支配的となった近代に対する揶揄が満ちている。断片四二番「労働と退屈」や三二九番「ひまとのらくら」はその典型である。「観想的人間」（FW, 409）や「観想的生」（FW, 557）が近代では駆逐されてしまったことは、断片六番「威厳の喪失」でもさっそく話題にされる。賢者が不動の姿勢でじっと瞑想に耽るといった思索のスタイルは威厳を失って笑い物となり、「われわれ現代人はあまりにそそくさと考え、道の途中で、歩いている最中に、あ

らゆる仕事の最中に考える。〔…〕支度はほとんど必要なく、静けさすらほとんど必要ない。――あたかも、休みなく回転する一個の機械をわれわれは頭の中に持ち歩いていて、どんな不都合な場合でもその機械はせわしなく働いているかのようである」（FW, 378）。あたかも、超軽量万能機械を携帯する二一世紀の多忙人《ビジネスマン》、ひいては暇《スコレー》なし学者《スカラー》たち（形容矛盾！）のことをニーチェは予言していたかのようである。(1)

ところが、続く『愉しい学問』七番「勤勉な者たち向きの研究課題」では、見出しからして「勤勉のすすめ」が述べられる。「道徳的な事象」の研究者には今日、新しい研究テーマが目白押しで、せっせと研究にいそしんでもキリがないほど厖大だというのである。ここに言う「道徳的な事象」とは、「さまざまな時代と民族、大小の個々人」における「あらゆる種類の情念」のことであって、「それらの理屈の全体、それら一切の価値評価と事象解明が、白日のもとにさらけ出されるべきなのだ」（FW, 378）。すなわち、「愛、所有欲、嫉妬、良心、敬虔さ、残酷さ、等々の歴史」、「法の比較史」、「刑罰の比較史」、「一日のさまざまな配分、労働と祝祭と休息の規則正しい制定の帰結」、「飲食物の道徳的影響」、「共同生活についての経験、たとえば修道院の経験」、「結婚と友情の弁証法」、「学者、商人、芸術家、職人、等々の風習」（FW, 378-379）が研究課題とされてよいのだと、そうニーチェは言う。

ここで推奨されている研究テーマが「道徳的（moral）」と形容される場合、この形容詞は「人間的」といった広い意味に解されるべきである。人びとの慣習・習俗を対象とする「道徳哲学

（moral philosophy）」は、ニーチェよりずっと前から近代哲学史に登場していたから、べつに新しくないようにも見える。だが、「道徳的風土」（FW, 379）に関する微に入り細を穿った実証研究は、心理学、社会学、人類学、宗教学といった、ニーチェと同時代もしくはそれ以後に勃興した人間諸科学によって開拓されてきたものである。ニーチェの問題関心にいっそう近しい研究成果としては、たとえば、ヴェーバーの『プロテスタンティズムの倫理と資本主義の精神』を思い浮かべてみればよい。禁欲主義の際立った形態としてのプロテスタンティズムの勤勉道徳を洗い出すという研究課題をこなしたヴェーバーは、ニーチェのすすめに忠実に従った勤勉な研究者の一人だったと言えよう。それればかりではない。「世俗内存在」を哲学の中心主題に据えて世間を分析したハイデガーの『存在と時間』にしろ、「活動的生」に焦点を当てたアーレントの『人間の条件』にしろ、「今まで人間が自分たちの「実存条件（Existenz-Bedingungen）」と見なしてきたものすべて」（FW, 379）を研究すべしとしたニーチェの遺訓に忠実だったと言ってよい。ニーチェ自身、「ここに挙げた観点や資料を論じ尽くすには、学者たちが幾世代も足並みを揃えて計画的共同研究にいそしむ必要がある」（FW, 379）と見通しを述べていた。二一世紀にも依然この世代間共同事業は継続中だと言えそうである。

ところで、この「共同研究」には、じつはニーチェもいち早く参画していた。ニーチェが少しあとで使った言葉では、「道徳の自然誌」という用語がこの研究課題を表現している。『善悪の彼岸』第五章はこの語をタイトルに掲げており、序論の趣のある冒頭一八六番で、その趣旨に沿った「道徳の科学」(JGB, 105, 106) の理念が説明される。「資料の収集、生き、成長し、生殖し、滅亡してゆく繊細な価値感情と価値区別の巨大な領域の概念的な把捉と総括、――そしておそらくは、この生きた結晶化が回帰するいっそう頻繁な諸形態を目に見えるようにする試み」は、ここでは「道徳の類型論」(JGB, 105) とも呼ばれる。「道徳の基礎づけ」を排して、まずもって多様な諸形態の資料収集に努める「道徳の自然誌」は、プラトンやカントといった哲学史上の道徳説を引き合いに出すのみならず、中世スコラやピューリタニズム、ポール・ロワイヤルといったキリスト教道徳に見られる、自由放任と正反対の「強制としての道徳」に積極的効能があったことも掘り起こしている。欲望や快楽を肯定したニーチェはストア派やキリスト教の禁欲主義を否定したと思われがちだが、ある意味でそれと真逆のことを述べている注目すべきテクストが、一八八番である。そこでニーチェが、「韻律的な強制、つまり押韻やリズムの暴政」(JGB, 108) に積極的意義を認めている点も、注目に値する。というのも、強制と両立可能な自由の理念にもとづいて定型詩の創造可能性を見定めようとしたのが、九鬼周造の詩歌論「日本語の押韻」であり、そこにはニーチェの「強制としての道徳」論とよく似た発想が見出されるからである。(2)

もう少し、『愉しい学問』で提起された「勤勉な者たち向きの研究課題」としての「道徳的な現象」の歴史的渉猟作業のゆくえを見きわめておこう。『善悪の彼岸』第五章「道徳の自然誌 (Zur Naturgeschichte der Moral)」に続く、ニーチェ自身の研究成果と目されるのが、次作『道徳の系譜学 (*Zur Genealogie der Moral*)』である。全編これ道徳的価値に対するラディカルな批判が繰り広げられている本書の圧巻は、第三論文「禁欲主義の理想は何を意味するか」であろう。ニーチェはここで、禁欲主義を否定し去っているのではなく、禁欲主義の多様な形態をせっせと収集してては、その効能を取り出してみせる。芸術家にとって、哲学者にとって、聖職者にとって、そして近代科学にとって、総じて真理への意志にとって、禁欲主義の理想は何を意味するか——この大いなる問いに向かう手始めに、冒頭第一節で次のように述べられていたことを見落とすべきではない。「女性にあっては、せいぜい、もっと誘惑するための愛嬌であり、美しい肉体から発散される少しばかりのたおやかさ（morbidezza）であり、可愛らしいふくよかな動物の天使らしさである」（GM, 339）。

欲望をストレートに吐き出すのではなく、むしろ作法に則って抑制することでかえって魅力をかき立てるような、男女の駆け引きというものがある。なるほど、この種の恋のわざなら、不粋な哲学者に教えられずとも誰でも知っている。だが、恋する者同士の恋愛技法のうちにも、禁欲主義という人類が営々と築いてきた道徳的理想が何を意味するかという大問題に挑むうえでの有力な一資料が見出せるとすれば、どうだろうか。そうニーチェは示唆しているように見える。「道徳の自然誌」または「道徳の系譜学」の研究課題が、その手の性愛の機微にもひそんでいるとすれば、われわれは人の世の至るところでコツコツと資料収集に努めなくてはならない。われわれの勤勉さが試されるというものだ。

「禁欲主義の理想は何を意味するか」という問いを立てることで、ニーチェは、生に否定的な禁欲主義を斥けているかに見えて、その実、欲望を統御する生の技法の多様で豊饒な側面を明らかにしようとした。ある欲望を抑制することが、別の欲望を解放するためになされることがある。そういった力の配分《エコノミー》という観点から、ニーチェは「真理への意志」という自身の核心的テーマに取り組んだのである。こうした道徳的価値批判の作法を、二人の優れたニーチェ読みが自分のものとして摑みとった。一人は九鬼周造、もう一人はミシェル・フーコーである。この二人の勤勉な研究の成果である『「いき」の構造』と『性の歴史』が、ニーチェに仲立ちされつつ交差し合うさまを、以下で瞥見してみたい。

あらかじめ見通しを述べておこう。『「いき」の構造』は、性愛の我有化欲求を慎んで、隔たりを保ちつつ戯れる二元の間柄のうちに、ヨーロッパ近代道徳とは異なる実存の美学が成り立つことを、「いき」という日本語で表わそうとした。これに対して、『性の歴史』は、第一巻で、近代の禁欲主義的道徳に禁忌と煽情のメカニズムが働いていることを抉り出したのち、第二、三巻では、古代ギリシア・ローマへと遡り、欲求や快楽をコントロールすることでいっそうの充足を得る古人の知恵を活写してみせた。九鬼にしてもフーコーにしても、近代的タイプと違った禁欲主義の屈折した可能性を再発見することで、非近代のほうから近代の特異性をあぶり出そうと試みているのである。

二 『「いき」の構造』における実存の美学

今となっては九鬼周造の代表作という評価がすっかり定着した『「いき」の構造』だが、これが哲学論文として一九三〇（昭和五）年に『思想』に発表されたことを思うにつけ、著者の大胆不敵さに驚かざるをえない。哲学用語の重々しい鎧《よろい》に蔽われているとはいえ、本書は要するに、浮世に彩りを添える「いき」という好色な趣味をめぐる閑談なのである。こういう世俗の極みのテーマを大真面目に論ずること自体、謹厳な講壇哲学への挑戦でなくて何であろう。長らくの洋行から前年に帰国し、京都大学に着任したばかりの新米講師が、手すさびにふざけて書いたようにも見える風俗批評を、われわれは目の前にしていることを忘れてはならない。つまり、色っぽい話を語る戯作者の心意気を、ゆめ忘れてはならない。

それにしても、こんな物好きな試論を著者はどういうつもりで書いたのだろうか。解釈学的現象学による民族の存在様態の具体的理解の試み、といった厳めしいレッテルには惑わされないようにしよう。色っぽさを脱臭した論じ方はしないようにしよう。(3)

九鬼が滞欧中に「日本の事」と題してフランス語で綴った幾つかの掌編の遺稿が、全集第一巻に坂本賢三訳付きで収められている。そのなかに「芸者（Geisha）」というタイトルの印象的な文章がある。ヨーロッパで「遊女」というと、世間からつまはじきされる哀れむべき存在でしかないが、「日本の芸者は、古代ギリシアにおいて高級遊女（courtisanes）であったヘタイラ（hétaires）とほとんど同じ地位にある」[4]。キリスト教が肉欲を非難し、そのなれの果ての近代ヨーロッパの道徳的偏見のもとで、「遊女（demi-mondaines）は半ば死せる（demi-mortes）存在である」[5]ことに九鬼は反感を隠さず、むしろ「精神の高貴さによって生命を与えられる肉の逸楽は、高度の理想主義文明の証拠である」[6]と称揚する。その例証として九鬼は、エピクロスに愛された高級遊女レオンティオンが、ペリパトス派の哲学者テオプラストスに見事な論駁の手紙を書いたという故事になぞらえて、「江戸に住んでいた教養豊かな遊女の恋文」（吉原の遊女高尾太夫が仙台藩の殿様伊達綱宗に宛てた手紙）の一節「忘れねばこそ思ひ出さず候」を、「時間という形而上学的問題に取り組んだ」心理学的に深遠な洞察だとして紹介したうえで、日本の遊郭文化を讃えてこう述べる。「芸者になるためには音楽と舞踊の公式試験を受けなければならない。彼女たちの理想は、倫理的であると同時に美的な「いき」と呼ばれているもので、逸楽と気品の調和した統一である」[7]。

九鬼の芸者贔屓は、花柳界の出身であった母波津《はつ》への思いが込められていたとも、自身の優雅な私生活の当然の反映とも噂されるが、私はそういう推測には気乗りがしない。ゲイシャ文化を讃美するなど悪質な男尊主義者にして国粋主義者もはなはだしいと呆れる向きもあろうが、そういう告発にも興味がない。ともあれ、今引用した芸者談義には、なぜ九鬼が「いき」を論じようとしたかを理解するうえでのヒントが隠されているように思われる。芸者は「倫理的であると同時に美的な理想（idéal à la fois moral et esthétique）[8]」を心得ており、それを一語で言い表わす日本語が「いき」であること。その「逸楽と気品の調和した統一」の理想は、キリスト教ならびに近代ヨーロッパの禁欲主義道徳にきっぱり対置されて打ち出されていること。近代以前の日本に花開いた「いき」の倫理学＝美学は、古代ギリシア的生に通ずる普遍性を秘めていること。

九鬼の「いき」論には、禁欲主義批判の底意がある――このことを、われわれはまずもって確認したいと思う。「禁止することはしばしば見捨てることになりがちである[9]」とする九鬼の洞察には、禁欲主義道徳がもたらす反動的帰結を見抜く批判的視点が躍如としている。とはいえ、その場合の「批判」は、ニーチェのそれと同じく、たんなる「否定」ではない。ニーチェが欲望の全面解放を説いたわけでは毛頭なく、むしろ真理への意志という禁欲主義の究極形態をみずから生きようとしたのと同様、近代ヨーロッパ道徳の欺瞞ぶりに辟易したらしい九鬼が再発見した「いき」とは、それ自体、別の仕方での「禁欲主義の理想」にほかならない。だとすれば、九鬼は、ニーチェのすすめに従って「勤勉な者たち向きの研究課題」に熱心に取り組んだ「道徳の自然誌」学者の一人だったのであり、その研究成果こそ『「いき」の構造』だったと言えるのである。

「いき」を、九鬼はどう説明していただろうか。パリで書かれた『「いき」の構造』準備稿には、まずもってこうある。「性的関係を予想する意識現象で異性に対する一種の媚又は嬌態」、「自己に対して異性を置き、自己と異性との間に一種の関係をつける二元的立場[10]」と。「なまめかしさ」

「つやっぽさ」「色気」が生ずるゆえんの「この二元的関係は媚態の本質であって、異性間の距離が次第に接近して遂に両者合一して緊張性を失う場合には媚態は自然消滅する」。「媚態は異性の征服を目的としながら、征服の実現と共に消滅する」[11]。この基本的理解が肉付けされて、『「いき」の構造』に結晶してゆくことになる。

性的欲望《セクシュアリテ》としての「媚」、「嬌態」は、異性の征服を目的とし、異性との合一をめざしながらも、それが実現した途端、消滅する。それゆえ、その欲望を貫くためにこそ、みずからを抑制せざるをえない。つまり、相異なる二元の緊張関係を保持し続けなければならない。相手を自分のものにしたいという欲望を真に満たすためには、その欲望をあえて抑えることが肝腎なのである。欲望の断念こそ成就の秘訣なりという機微。逆に、欲望をいたずらに追い求めることは、近道に見えて結局は欲望の自己否定に終わるという皮肉。情愛こまやかに接したかと思えば、今度はつれないそぶりを示すという、恋の駆け引きのじれったさ、やるせなさ、あだっぽさ。かつてニーチェが女性のうちに認めた「禁欲主義の理想」、つまり「もっと誘惑するための愛嬌」の一つの具現態が、ここにある。ニーチェがイタリア語 morbidezza に探し求めようとした「たおやめぶり」を、日本語の「いき」はいっそう含蓄豊かに表わしていると言ってみたくなる。

いや、九鬼は、「いき」にそれ以上の含蓄を見出そうとする。この語には第二に、「意気」つまり「広くは武士道、狭くは江戸っ子の気概が含まれている」[12]。それは「媚態でありながらなお異性に対して一種の反抗を示して居る心の状態である」[13]。そして第三に「諦め」。つまり「運命に対する知見に基いて執着を離れた無関心」であり、「せちがらい、つれない浮世の鍛錬を経て垢抜した」この「淡恬《ママ》の心」は、「仏教を背景として[14]」いる。「武士道的理想主義」の反抗も、「仏教的非現実性[15]」の諦念も、性的欲望の制御装置として働くかぎりでまさしく禁欲主義の理想でありながら、だからといって恋のエネルギーをむやみに殺ぐのではなく、両面からの牽制作用により「いき」を「いき」たらしめる。「恋の真剣と妄執」を脱することにより、「「いき」は恋に超越した浮気心でなければならない[16]」。自由奔放とは異なる「自由」の理念が、ここに姿を現わそうとしていることに気づく。

「「いき」の本質」で、「「嬌態」と「意気」と「諦め」との結合して生んだ意識状態[17]」と複合的に記述されたものは、『「いき」の構造』にも、ほぼそのまま引き継がれる。「要するに、「いき」という存在様態に於て、「媚態」は、武士道の理想主義に基づく「意気地」と、仏教の非現実性を背景とする「諦め」とによって、存在完成にまで限定されるのである[18]」。ただし、『「いき」の構造』では、ある決定的な言葉が明示的に使われるに至っている。「自由」という語がそれである。先に引用した「恋に超越した浮気心」という「「いき」の本質」での本質規定は、『「いき」の構造』ではこう肉付けされる。「「いき」は恋の束縛に超越した自由なる浮気心でなければならぬ[19]」。「浮気心」をここまで持ち上げる心意気にはホトホト感心させられるが、その点は措こう。恋を「束縛」と観じ、そこから超越した浮気心が心得る「自由」とは、勝手気ままな自由、したい放題の自由ではありえない。相異なる二元の緊張関係を保持したまま対をなす者たち同士の遊び心の張り合いのなかに空け開かれる複数性における自由こそ、「いき」の本領にほかならないのである。

三　『性の歴史』における実存の美学

『「いき」の構造』をその準備稿と照らし合わせて異同を調べるなどという不粋なことはさっさと切り上げて、九鬼とフーコーのテクストを照らし合わせるという本題へ移ろう。こちらの照合は恣意的だろうか。私はそうは思わない。ニーチェを出発点に据えれば、『「いき」の構造』と『性の歴史』には、近代禁欲道徳への批判ならびに禁欲主義の理想の資料収集という底流が見出されることに気づくのである。

『「いき」の構造』の記述は、よく知られている通り、媚態‐意気地‐諦めの三位一体的「内包的構造」から、いき‐野暮の「異性的特殊性」を上品‐下品の「人性的一般性」へと接続させる絢爛たる直六面体の「外延的構造」へと向かう。この展開は「「いき」の本質」には見られなかったもので、「いき」の解釈学の最も精巧な成果であろうが、見事すぎて逆に「いき」の本質を見失わせる憾みがある。やはりここは、「異性との関係が「いき」の原本的存在を形成していること」、「「いきごと」が「いろごと」を意味する」こと、「「いきな話」といえば、異性との交渉に関する話を意味している」こと、とりわけ、「「いきな話」とか「いきな事」とか言ううちには、その異性との交渉が尋常の交渉でないことを含んでいる」[20]ことから、目を逸らさないようにしよう。フーコーの言葉で言えば「セクシュアリテ（sexualité 性的欲望・性現象）」こそ、九鬼の「原本的」な研究対象であった。そこには、古代ギリシア・ローマとはまた異なる、しかも近代日本において急速に失われゆく「実存の技法（arts d'existence）」、「実存の美学（esthétique de l'existence）」[21]の探究があった。

逆に、『「いき」の構造』と照らし合わせると、フーコー晩年の主著『性の歴史』をどう読むかに関して見えてくるものがある。『性の歴史』第一巻『知への意志』と第二、三巻『快楽の活用』『自己への配慮』をどう接合させるかについての示唆が得られるのである。

フーコー畢生の大作たるべき『性の歴史』は、第一巻が一九七六年に出たのち、予定変更を余儀なくされ、第二、三巻が一九八四年にようやく出た直後、著者は急死してしまった。講義録を中心とする膨大な遺稿を手にしてフーコー産業界は沸き返ったものの、性に関する近代科学の系譜を辿ってキリスト教の性倫理へ遡ろうとした当初の見通しと、その後の古代ギリシア・ローマへの長らくの沈潜とをどう接続させるか、という解釈問題は、遺稿群が矢継ぎ早に公刊されたあおりで、いつしかお蔵入りになってしまった観がある[22]。

もとよりこの難問に答える用意はないが、一つの読み筋を示すことならできそうである。——九鬼と同様、フーコーも、禁欲主義の理想の歴史的収集というニーチェ発案の共同研究に誘われた一人であり、その必須アイテムとして近代と非近代とのコントラストをつける必要があったのだ、と。『「いき」の構造』(23)では、一夫一婦制の貞潔のモラルから外れ、世間から見捨てられた存在となり果てた「苦界」に、滅びゆく「いき」の美学が見出された。それと軌を一にするかのように、『性の歴史』では、性欲を禁忌とすることによって逆に欲望を煽り、罪の意識を内面に植え付けては自己増殖していく性の科学のメカニズムがまずあばき出されたのち、それとは別の仕方での性に関する古代人のあれこれの鍛錬《アスケーシス》が、近代科学によって取りこぼされた実存の美学として掘り起こされたのだ、と。

　ただし、古代人と近代人の性生活の対比は、両者がまったく隔絶したものだということを意味しない。性は近代では抑圧され、古代では謳歌されたとする見方は、的外れなのである。これは、江戸の遊里ではさぞおおっぴらに性欲が吐き出されたことだろう、と推測するのが的はずれなのと同様である。浮気な恋心は洗練された作法あってこそ洒落になるのであり、そこには法外に厳格な束縛の形式があった。それと同じことは、フーコーが『快楽の活用』で明らかにしてみせた古代ギリシアの「愛欲《アプロディシア》」の多様な形態についても言える。「節制《ソープロシュネー》」や「克己《エンクラティア》」を徳・器量として重んじた古代人にとって、欲望を統御するすべを陶冶する「鍛錬《アスケーシス》」とは、よき市民としての「教養《パイディア》」であった。つまり、禁欲《アスケーシス》は自由人の条件に属していた。身体の健康に関わるもの（＝養生術）であれ、夫婦の営みに関するもの（＝家政術）であれ、そうである。とりわけ、自由市民の友愛にまつわるもの（＝恋愛術）は、ポリス的共同性に直結するだけに、重要な公的関心事であった。

いずれの場合でも、「快楽を消し去ることが目標ではない。それどころか、快楽を維持すること、しかも欲望をかき立てる欠乏によって快楽を維持することが重要なのである」(24)。この種の「快楽の活用」法は、「いき」の美学にも当てはまるダイナミズムであり、それどころか、禁欲主義の一般戦略と言うべきものであろう。キリスト教の純潔道徳や近代市民の貞操観念にも、似たようなメカニズムは働いていると見てよい。「抑圧の仮説」とは裏腹に、近代では性に関する言説がいよいよ煽情的となり増殖の一途を遂げてきたと、フーコーが『知への意志』であばき出したゆえんである。禁ずるとはかき立てることなのだ。

それにしても、フーコーが着目した古代市民の実存の美学には、「いき」に通じるものがある。とりわけそれは、いわゆる少年愛の作法に顕著である。古代ギリシア人は、同性愛に関しておおらかだったと言われるが、そこに自由恋愛の近代的権利のごときものを想定するのは間違いである。とにかく思いを遂げて恋人と合一しさえすればよいといった所作は、ルールに反することだった。なぜか。そこには、ポリスという対等な者たちの空間があったからである。対等であるべき者たちの一方が能動的で他方が受動的であるような固定した関係に入るのは、たとえ一方が壮年で他方が少年であったとしても、好ましいものとは言えなかった。相手に惹かれているとしても、相手をただちに受け入れるのは、自分の尊厳を傷つけることであり、避けるべきであった。やんわり拒絶したり、思わせぶりたっぷりに逃れたりする恋人たちの戯れ合いが、ここに繰り広げられた。「若者との性関係は、したがって、二人の当事者双方に、特別の行ないを要求する。若者は、自分が果たすべき役割になりきれない以上、拒絶し、抵抗し、逃れ、立ち去らなければならないだろう」(25)。「成人男性と若者との交渉における性行為が把握されるべき場は、その行為を可能なかぎり遠くへ移そうとする、拒否と回避と逃亡のゲームであり、のみならず、その行為がいつ、いかなる条件で行なわれるのが適切であるかを決定する交換の過程である」(26)。

二元の緊張関係を維持することで欲望をより洗練させる恋のゲームは、プラトンの『饗宴』にあっては、美それ自体を求める「知への愛」という特大のエロースへ昇華させられてゆく。『快楽の活用』が愛知のこの成立場面を見届けようとしている以上、フーコーは、古代ギリシアにおける哲学の原点にも「禁欲主義の理想」が控えていた、と主張していることになる。だが、『自己への配慮』でねばり強く追跡される古代後期の少年愛のゆくえもにらんでの精査は、別の機会を期すことにしよう。九鬼の見立てによれば、「いき」の趣味判断は、「異性的特殊性」を脱して「人性的一般性」へと拡張され、ひいては、模様、建築、音楽といった芸術的表現をとって現われることになったという。性的欲望の統御のもつ豊饒性が、古今のさまざま文化形態を生み出したことはたしかであろうし、それは、ニーチェ以来の「道徳の自然誌」の共同研究事業にとって有望な研究テーマとなるに違いない。

とはいえ、ニーチェの始めたプロジェクトは、文化形態ごとに禁欲主義の理想をカタログ収集することに尽きるものではなかった。それは、自分たちの生きている時代に対する反省的まなざしをいっそう鋭く、いっそう確かなものにするための修練であった。近代社会に支配的なタイプの禁欲主義は、それに見合う自由の観念を携えている。束縛からの解放であり、自分の好き勝手にしてよい恣意の権利である。非近代の禁欲主義のタイプを掘り起こすとは、そのような近代的自由とは異なる自由の現われに立ち会うことを意味する。九鬼の言う「いき」にしろ、フーコーの言う「快楽の活用」にしろ、そこに空け開かれる自由とは、「できることをあえてしないことができること」と表わせる気前のよさの謂いであった。

しなくてもいいことをあえてし、できることはあえてしないという、天邪鬼とも痩せ我慢とも紙一重の闊達自在な生。ニーチェの自由な精神が憧れた「愉しい学問」、つまり騎士道の献身的純愛を歌った中世ヨーロッパの吟遊詩人（トルバドゥール）のたおやかな調べにも、同じ自由は聞きとれよう。能力をあえて行使せず、あくまで可能性として持ちこたえるという禁欲主義の理想が、中世ヨーロッパでもう一つ別の仕方で追求されたことを、修道的生のうちに見てとるのが、われわれの同時代人ジョルジョ・アガンベンの『いと高き貧しさ』(27)である。これまた、ニーチェからフーコーへ受け継がれた禁欲主義的自由論の探究の流れに棹差すものであろう。そうだとすればわれわれは、九鬼の『「いき」の構造』をその系譜に差し戻して読む可能性の前に立っていることに、あらためて気づかされるのである。

終章　学問と生――ニーチェに学んで戦いを生きる

一　教育者としてのニーチェ

錚々たるショーペンハウアー、ニーチェ研究者の皆様方の共同研究を締めくくる研究会にお招きいただき、光栄です(1)。実力者集団を前に、どんなことをお話しできるだろうかと考えた末、ここはもう、開き直って自分のことを語るしかないと心に決めました。笑われることを覚悟で、ニーチェから出発して私がつらつら考えてきたこと、そして今あれこれ思案していることをお話しさせていただきます。

私が前任校の東京女子大に赴任してニーチェ講読の授業を担当し始めた一九九〇年代前半、あちこちで「大学改革」が声高に叫ばれていました。「シラバス」や「リストラ」といった言葉も、その頃はじめて聞きました。現状を変えなければ、と叫ぶ声の背後にあったのは、乗り遅れたらマズイという焦りでした。とりわけ、「文理学部」という古い看板で食ってきた「虚」学者たちには、これからは食っていけそうにないという先細り感がありました。しかし、私がそのとき感じたのは、実学偏重の風潮という外圧よりも、大学内部の閉塞感のほうがずっと深刻だ、ということでした。大学人が自分たちのやっていることに自信を失い、学問自体に意味を見出せなくなっていることが、いちばん問題だと感じました。大学改革に躍起となる根源には、知のニヒリズムがひそんでいるのです。「学問に何の意味があるのか」――この問いに答えを見出せない者たちが、そこにぽっかり空いた穴を穴埋めしようと必死にもがけばもがくほど、ますます無は広がってゆきます。気がつけば、今日、その虚無はドス黒く学園を覆い尽くす一方です。

その当時、迷える初学者に立ち現われたのが、ニーチェでした。そう、救世主のように。私にとってニーチェは「知への愛」をゆるぎなく肯定する「愛知の人」として降臨してきたのです。知への愛にうつつを抜かして生きることは、それだけでもう生きるに値する生なのだと、そう身を以て示してくれる極めつけの哲学者――それが私にとってのニーチェでした。今でもそれは変わっていません。

思うに、ニーチェ自身にも、哲学的生を生きた見本との運命的な出会いがありました。ご存じ、哲学者ショーペンハウアーとのめぐり合いです。学問と生とが乖離して、双方の不毛さに悩まされるのではなく、この世に生きることと一つであるような学問つまり哲学を、ニーチェは、ショーペンハウアーが書き遺したものから学んだのです。ニーチェにとってショーペンハウアーこそが哲学者の鑑《かがみ》であったことを証言しているテクストが、『反時代的考察』第三篇『教育者としてのショーペンハウアー』です。ニーチェはその中で、講壇哲学に関して、師匠を真似て傑作なほどボロクソ言っていますが、その挑戦的物言いが「反哲学」の立場に映るとすれば、それは講壇哲学の側から見ているからです。ショーペンハウアーもニーチェも、哲学を大切に思えばこそ、哲学を研究していますと称して大学で偉そうにしている学者風情に、我慢がならないのです。そのべらんめえ調がわれわれの耳に小気味よく聞こえるというのも、本当はおかしな話です。だってニーチェは、われわれのような、大学を根城にして哲学を講じて生活している手合いに向かって、おまえらは哲学の恥になるから大学からとっとと出て行け、と言っているのですから。

ショーペンハウアーは、フィヒテやヘーゲルを礼讃する講壇哲学に決然と戦いを挑みました。兵役忌避の思想によって、勃興しつつあったドイツナショナリズムに異を唱えてもいます。先生の毒舌にしっかり学んだ弟子は、やがて師譲りの反骨精神を恩師に対しても発揮し始めます。それが学恩に報いる模範的作法だとはいえ、批判的乗り越えの大志が強烈だったため、ニーチェにとってショーペンハウアーこそ哲学へと導く教師にほかならなかったことが見えにくくなっている憾《うら》みがあります。

これに対して、『反時代的考察』第二篇『生にとっての歴史の得失』は、認識より生を優先すべし、と威勢よく結論づけている点一つ取っても、「学問∧生」という優先順位の付け方を支持してくれるテクストとして重視されてきました。私としても『生にとっての歴史の得失』の重要性を認めるに吝《やぶさ》かではありませんが、第二篇を味読するためにも、第三篇『教育者としてのショーペンハウアー』を併読するのが大事だと思います。ひとくちに「学問と生」と言っても、その場合の「学問」ということで、実証科学を考えるか、知への愛を考えるかで、話は当然違ってきます。「学問∨生」という学問至上主義とはまた別に、「学問＝生」というオルタナティヴもありうるということが、そこに見えてきます。

ニーチェのテクストは、ある一つのテーマに、複数の相異なる角度から光を当てることで、その見え方の違いにたじろぎ、矛盾に引き裂かれる、というケースに満ちています。その好例が、『生にとっての歴史の得失』vs『教育者としてのショーペンハウアー』なのです。そのような拮抗的、抗争的ペアをなすテクストとして他にどんなものがあるか、以下でさらに考えてみたいと思います。

「学問は生のために」という見方と、「生は学問のために」という見方は、真逆のようでいて、「哲学的生を生きる」という一体的あり方、つまり「学問＝生」という等置においては、立派に両立しうるのです。その精神がニーチェ没後に「生と実存の哲学」を呼び起こしたのだとすれば、ニーチェはわれわれにとって「哲学へと導く教師」であり続けてきたと言ってよいのです。私も、「教育者としてのニーチェ」の生徒たることを喜んで自任したいと思っています。

急いで付け加えれば、哲学は「学問＝生」だから安泰だ、などと私は言いたいわけではありません。その逆が真です。知への愛を貫き、真理をひたすら探究するというのは、戦いを生きるという酔狂、風狂であり、自滅を意味しかねない危うい道だということを示した点まで含めて、ニーチェは哲学者の鑑だと言いたいのです。

二　戦いとしての哲学――矛盾葛藤の権化ツァラトゥストラ

「学問と生」というテーマをめぐる拮抗するテクストとして、すぐ思い浮かぶのが、『ツァラトゥストラはこう言った』第二部の「学者」の章と、第四部の「ヒル」の章です。かつて学者の一員だったらしいツァラトゥストラは、そのかび臭い世界の不毛さに愛想を尽かし、学者の家からスタコラ逃げ出します。学者廃業は、しかし学問一般の廃棄ではなく、むしろ真に学問といえるものへのこだわりを意味します。同じことは、第二部の「純粋無垢の認識」や「教養の国」といった章にも当てはまります。真の意味での「純粋認識」や「教養」をめざそうとする志があるからこそ、官能の次元を削ぎ落として事足れりとする「純哲」路線やら、教養俗物やらに対する毒舌も、それだけ激しくなるのです。

ツァラトゥストラが学問稼業から足を洗って学者をバカにしているだけだったとしたら、第四部に現われる学者バカ、つまり「知的良心の保持者（der Gewissenhafte des Geistes）」が、ツァラトゥストラのことを心底尊敬していることはスジが通りません。学問など下らないとあざ笑うのではなく、知的探究のスピリットを体現し、鼓舞する存在だからこそ、ツァラトゥストラは、沼でヒルに生き血を吸わせて、そのあるか無きかの脳髄をじっと観察している筋金入りの「ヒマ人《スカラー》」にとって、学問精神の鑑でありうるのです。またこそ、この「知的良心の保持者」は、ツァラトゥストラから見て、「高等な人間（die höheren Menschen）」、つまり、近代という時代にどこか見放され、ツァラトゥストラの過激な教えにかぶれていかれてしまった奇人変人たち、の一人なのです。

第四部には、ずばり「学問（について）」と題された章が出てきます。そこで対比される二通りの学問観も興味深いのですが、ここでは取り上げません（本書の第六章「科学は何のために？」を参照）。

『ツァラトゥストラはこう言った』の中で、一見相互に矛盾している章といえば、第一部の「死の説教者」と「自由な死」があります。厭世主義者は、この世は最悪だ、生きていても仕方ない、としきりに説くクセに、生きることを一向に止める気配がなく、いのちに恋々としている。そんなツンデレのような煮え切らない態度は捨てて、生を愛していることを潔く認めよ。さもなければ、早く死ね！――こんな調子でペシミズムを批判し、死へのあこがれを突っぱねておきながら、「自由な死」の章では、死に対する前向きな態度をむしろ肯定し、あっぱれに死ぬことを讃美し、あげくの果てに、まだ自分が死んでいないことを許してほしい、とツァラトゥストラは洩らすのです。

ニーチェ・ツンデレ説――キリスト教批判の両義性も含めて――というのもありますし、死に対しての相矛盾する主張などかわいい部類だと言って済ますこともできるかもしれません。とはいえ、この矛盾葛藤は、『ツァラトゥストラはこう言った』第一部で終わるわけではなく、第三部まで持ち越され、フィナーレ近くの章「大いなるあこがれ」で蒸し返されます。永遠回帰思想に襲われたツァラトゥストラは、そのダメージからようやく快復するや、おもむろに死へのあこがれを語り出し、これまでありがとうと自分の魂に言い残して、この世から旅立っていく――。この「死にゆくツァラトゥストラ」の筋立ては、第一部の「肉体の軽蔑者」の章で、伝統的序列が転倒されて、精神に対する肉体の優位が説かれていたことからすれば、どんでん返しもいいところです。

『ツァラトゥストラはこう言った』の筋立てには、こういったダブルスタンダードが随所に見られます。第一部の幕開け近くの「背後世界論者」の章では、感性的なものを超越した超感性的なイデア界こそ「真の世界」だとしてきた「永遠の形而上学」の伝統路線が、完膚なきまでに批判されます。ところが第三部では、どう見ても「永遠の形而上学」讃歌としか思われない「七つの封印」で幕が閉じられるのです。いや、ツァラトゥストラが「永遠」との合体の歓びを歌い上げるのは、ひからびた「純哲」路線とは違って、エロース的なものをあっけらかんと肯定したうえでの話なのだ、と言われるかもしれません。しかしそれを言うなら、『饗宴』の性愛論だって同じです。『ツァラトゥストラはこう言った』のクライマックスとは、プラトンの「永遠への愛」讃歌の本歌取りだと言ってもいいくらいです。ならば、最初のほうでプラトニズムを逆転させた威勢のよさは一体何だったのか、元の木阿弥ではないか、と言い返したくなります。

こういうことを言い出すとキリがないのですが、この際もう少し言わせていただくと、事は、一方の「超人」と「力への意志」説、他方の「同じことの永遠回帰」思想との緊張関係に関わります。序説から始まり第一部から第二部半ばまでと、第二部途中から第三部の締めくくりまでに展開される、前半と後半それぞれの主要モティーフ自体が、明らかに、矛盾葛藤しているのです。不断にヨリ以上をめざす向上発展の思想と、何をやっても同じことだとする恒常不変の思想とは、いかにして両立するか。これは相当の難問です。

ツァラトゥストラは、第二部途中から徐々に調子を崩し、帰宅しますが、ついには病気になり、寝込んでしまいます。主人公の頼りなさが露見するこの筋書きは、おのれの根本思想となるべき二大柱の両立不可能性を背負い込み、自業自得のアポリアに追い込まれる思索者の苦境を表わしています。ツァラトゥストラの物語とは、自説の矛盾葛藤に苛まれる哲学者の逡巡を描いたストーリーなのです。

三部構成の物語としては折り返し地点の第二部後半では、この矛盾葛藤があちこち噴き出しています。

「詩人」の章では、「《詩人はウソをつきすぎる》」とツァラトゥストラは言った。ツァラトゥストラは詩人である。ツァラトゥストラの言い分はウソかマコトか」というパラドックスが提出されます。詩人兼哲学者の自己矛盾がここに示されるのです。

続く「大いなる出来事」の章は、次の「占い師」の章とまさにセットで味読すべきです。体制転覆を画策する「火の犬」と対決しつつ、ツァラトゥストラ自身も待望してやまない「大いなる出来事」とは、要するに「革命」のことです。暴力革命ではなく、哲学革命に望みをかけるという違いがあるだけです。しかし、革命という「新しい始まり」は、占い師が復唱してみせる古い知恵、「地上に新しいことなど何も起こらない、一切は同じことだ」とするペシミズムと、真っ向から対立します。そんな古い知恵など分かり切っているはずのツァラトゥストラですが、占い師のこの言葉を聞くと、不安に陥ります。地上に新しいものが創り出されることを希望とするツァラトゥストラの「創造への意志」は、ぐらつき、再考を迫られます。

これに続くのが、第二部のハイライトをなす「救済」の章です。意志は、すでに起こってしまったことをうしろ向きに意志することはできないという原理的な限界を抱えていることが自覚されます。意志によってはいかんともしがたい残酷な偶然を前にしての無念さ、復讐心から、いかにして解放されるか。この「救い」のテーマは、第二部では手が付けられないままに終わり、第三部に持ち越しとなります。よく知られているように、「幻影と謎」の章でツァラトゥストラは、「これが人生というものだったのか。よし、ならばもう一度！」と語ります。「救済」以来の課題がここに凝縮されていますが、この言葉が発せられることで課題解決に至ったかは、疑わしいと思います。第四部終わり近くの「夜の放浪者の歌（酔歌）」で「最も醜い人間」が同じ言葉を繰り返すのは、この課題がいまだ継続中であることを示しているように思われます。

話がつい第四部まで飛び火しましたが、第二部半ば以降、矛盾葛藤に悩むツァラトゥストラの姿は、永遠回帰思想を戦いとってゆく哲学者の遍歴そのものです。いつ血が噴き出してもおかしくない内的緊張の中で、主人公は哲学的思索を深めてゆきます。かくも哲学とは戦いであり、ツァラトゥストラとは矛盾葛藤の権化なのです。

三　知恵と生の間柄――『ツァラトゥストラはこう言った』の核心

第二部と第三部を結びつけつつ分け隔てる重要な役割を一対の形で果たすのが、第二部半ばの「舞踏の歌」と、第三部最後から二番目の「もう一つの舞踏の歌」です。この二曲の相聞歌によって「知恵」と「生」と主人公の三角関係に二通りの光が当てられます。

まずは「舞踏の歌」で前景をなすのは、「生（das Leben）」にぞっこん惚れ込むツァラトゥストラの姿です。――じゃじゃ馬おてんば娘の魅力に翻弄され、恋愛ゲームにのめり込む中年男には、しかしもう一人別の意中の女性がいる。そのことをツァラトゥストラが隠そうとしても、勘の鋭い「生」はお見通しで、「その女はどんなひとなの?」と問い詰める。そこでツァラトゥストラが、「知恵(die Weisheit)」の謎めいた面影についてとつとつと語り始めると、「生」は、「それって、私のことでしょ。さあ、本当のことを言いなさいよ」と迫り、ツァラトゥストラはたじたじとなる――こんな痴話じみた男女の遣り合いが、「舞踏の歌」の内容です。

第二部の三つの間奏曲の一つをなす戯《ざ》れ歌の別ヴァージョンが、第三部の締めくくり間際で歌われると、しかし調子は相当異なってきます。今度は、ツァラトゥストラと「生」との別離の場面という設定です。その手前の章が、先にふれた「大いなるあこがれ」だという点からしても、ツァラトゥストラは今や、死に向かおうとしています。「生」に別れを告げる土壇場に、ツァラトゥストラが相手の耳にささやく肝心要のセリフは、ご丁寧にも伏せ字になっています。よほど色っぽいことが語られたのでしょう。その隠し事をどう解するかが、『ツァラトゥストラはこう言った』をどう読むか、そして永遠回帰思想をどう理解するかの分かれ目となります。

しかしその秘密を言い当てることは、べつに難しくありません。ヒントはすでに「舞踏の歌」に与えられていました。ツァラトゥストラのもう一人の恋人らしき謎の女性、「知恵」は、「生」と区別がつかないほど似ている、という設定がそれです。そう、ツァラトゥストラが二股かけて恋しているように見える二人の女性は、じつは別々の存在ではないのです。つまり、「知恵＝生」だったのです。男にとって女とはかくも変幻自在な魔物だということなのでしょう。キツネの尻尾のような真実をついに掴んだツァラトゥストラは、愛しい「生」にこう語って聞かせるのです。

――「私は今、おまえといったん分かれる。しかし、必ずおまえのもとに戻ってくる。そしてそのとき、私はおまえと本当に愛し合うことになる。知恵との合一こそ、真の生にほかならないのだから」と。

「生」は、ツァラトゥストラがこの真実を知っていることに驚きます。「どうして知っているの？　誰も知っている人はいないはずなのに」。しかし、演技派のこの空とぼけを信じてはなりません。知恵との合体という哲学的生の理想は、古来「テオーリア」と呼ばれ、知らない人はいないほど有名なのですから。

「知恵《ソフィア》」との合一こそ、最高の「生《ビオス》」にほかならない。哲学者の理想であり続けてきたこの「観照的生」の境地に、ツァラトゥストラはついに立ち至り、永遠にふれる絶頂の「瞬間」、生きながらにして一種の「仮死」状態を生きる。――この幕切れが、ツァラトゥストラの物語の大団円をなします。しかも、そのことをあえて隠しておこうとニーチェは考えました。なぜか。プラトンの昔から哲学者はその恍惚についてえんえんと語り継いできたのであり、今さらそれを言い立ててもシャレにならないからです。

ツァラトゥストラと愛人との濡れ場のシーンを台無しにしないよう、この「知恵＝生」という秘密は口外されませんでした。せっかくの悲劇が喜劇になってしまうからです。実際、その秘儀が種明かしされれば、フィナーレの「七つの封印」は、笑い話のように聞こえてもおかしくありません。永遠との交合によって達する忘我の境地は、『饗宴』のクライマックスでソクラテスがディオティマ仕込みの性愛術の奥義を語って以来、プラトニズムの根幹をなしてきた当のものであり、それをツァラトゥストラは忠実になぞってみせているのですから。

ニーチェは結局、プラトンの軍門に下ったのか。しかし、知への愛を貫くことが、永遠の真理への帰一であるかぎり、それが同じことの繰り返しになるのは、むしろ当然なのです。「同じことの永遠回帰」を肯定するとは、そういうことでしょう。「知恵＝生」であるような哲学的生を生きるとは、昔から変わらぬことを相も変わらず反復することであり、そして、それでよいのです。大笑いしながら形而上学のぶり返しを受け入れる晴れやかな境地こそ、「七つの封印」の絶唱が告げているものにほかなりません。

この最終的な全的肯定は、しかし、それまでに死ぬる思いの煩悶をくぐり抜けてはじめて到達しうるものです。ツァラトゥストラの物語が挙げてそこへ向かっていたと言ってもよいですし、第二部終盤から第三部にかけてツァラトゥストラがあえて一人きりになって思索に沈潜する過程では、嵐のように轟然たる自己内対話が吹き荒れます。自分の中のもう一人の自分と問答を交わすこの思索本来のありようを描いて間然するところがないのが、第三部半ばの「帰郷」です。

この章でツァラトゥストラは、「孤独」に対して、「わが故郷」と呼びかけています。この「孤独・独居（Einsamkeit）」が、思索本来のあり方であるのに対して、「見捨てられていること（Verlassenheit）」とはそれとは別物だと、ツァラトゥストラは強調しています。一人でいるのは耐えがたいのに、その一人きりの状態に追い込まれているのが、「見捨てられていること」です。

その反対に、一人でいるほうが好ましく、のんびりわが家でくつろいで自分と愉しく対話しているのが、「独居」です。平和で安穏としたその自己内対話は、しかし、これはこれで、自己の考えを俎上に載せては、残酷に切り刻み、自身の中での矛盾葛藤を引き受けるという、一種の戦闘状態を繰り広げるのです。第三部後半ではぶっ通しでそうした思索の境地が描かれます。「重さの地霊」が、そして「鷲と蛇」が、ツァラトゥストラの分身であることは言うまでもないでしょう。徹底した自己反省を伴う凄惨なその戦いの行き着いた先が、平和としての自己肯定なのです。

知恵と生とをめぐる角突き合わせのような三角関係と、その平和的解決というツァラトゥストラの筋立ては、かくも筋金入りの戦いを生きる哲学者の物語なのです。その矛盾葛藤のドラマは、おそらく、生身の人間ニーチェの生命力を消耗させるに十分でした。

四　ニーチェと戦争論

しかし、次のような疑問を投げかける人がいるかもしれません――「哲学者は書斎の中で勇猛ぶって「哲学は戦いだ」などと言ったりするが、現実の戦争とは何の関係もなく、そこで語られる「平和」も机上の空論にすぎない」と。

それどころか、さらに、こう疑問を呈する人もいることでしょう――「ニーチェは戦争を賛美する言説を無責任に垂れ流し、ヒトラーやムッソリーニに利用された。戦争を煽る言葉を弄するのは、無益であるばかりか有害だ」と。

哲学は「戦争」や「平和」についてどんなことを語れるのか。じつはこの問いは、目下の私の問題関心の中心をなすものの一つです。このテーマをめぐっては、ちょうど二〇年前、つまり二〇世紀の最後の年に、「ニーチェと戦争論」というタイトルで発表したことがあり、今回それを反芻することにさせていただきます。

ニーチェが戦争や平和について論じた中で最もポピュラーなのは、『ツァラトゥストラはこう言った』第一部の「戦争と戦士」です。ご存じの通り、この章には、「平和より戦争が大事!」とアジっているとしか聞こえない煽情的言辞が並んでいます。穏健な研究者は、軍国主義者ニーチェというイメージを居心地悪く感じ、それを稀釈させようとして、「ここに言う「戦争」とは「認識」のことであり、要は「哲学は戦いだ」とニーチェは言っているにすぎない」と結論づけます。「現実の戦争」とは別次元の「哲学という戦い」に限ってのみ好戦主義者ニーチェを認める、という穏当な解釈です。

「哲学は戦いだ」――そうこれは、先ほど私がツァラトゥストラの物語から引き出したモラルです。だとすれば、私のツァラトゥストラ解釈も、無益で有害な擬似戦争論にすぎない、ということになりかねません。私の解釈はともかく、戦争をめぐるニーチェの考察は決して不毛なものでなく、「哲学という戦い」のみならず「現実の戦争」に関しても示唆するところが多い、ということを示す必要がありそうです。

以下では、ニーチェの別なテクストを取り上げますが、その前に、『ツァラトゥストラはこう言った』第一部の「戦争と戦士」に関しては、ニーチェ自身がコメントを残していることに留意しておきましょう。第四部の「王たちとの対話」においてです。「学者」の章と「ヒル」の章がそうであったように、「戦争と戦士」と「王たちとの対話」も一対で味わうべき内容を含んでいます。ツァラトゥストラが以前発した好戦的フレーズを、年老いた王たちは嬉しそうに復唱し、戦いが栄光でありえたかもしれない往古の時代をしきりに懐かしがります。ニーチェは、ツァラトゥストラの戦争肯定論がそのようなロマン主義的夢想を呼び起こすであろうことを、つとに予見していたのです。

反戦平和主義全盛の時代でも、いや、そういう時代だからこそ、平和に飽き飽きして戦争にあこがれる者たちは引きも切らず現われます。そのようなロマン主義的好戦思想と、ニーチェの戦争論とはどこがどう違うのか、見極める必要がありそうです。

さて、以下で取り上げるテクストは、『人間的な、あまりに人間的な』第二の続編『放浪者とその影』(一八八〇年)の二八四番「現実的平和のための手段」です。全文を引用するにはやや長いので、詳しくは旧稿「ニーチェと戦争論」(本書に第四章として収録)を参照いただくことにし、要点だけ押さえることにします。

ニーチェはまず、近代国家の常備軍とは、あくまで正当防衛のみを事とする「自衛隊」だという、ある意味で穏当な見方を俎上に載せます。そしてこの専守防衛の考え方はじつは、隣国が「攻撃欲と征服欲に駆られて」、「無邪気で不器用な生け贄」である自国を奇襲することを宣言している、とします。それは、「自国には道徳性を、隣国には不道徳性を取って置くことを意味する」のであり、そのように「自国の善意と隣国の悪意を前提」することは、「戦争よりも悪質な非人間性」であり、「根本においてすでに戦争への挑発と原因」だと言うのです。

この「自衛隊」批判をもとにして、ニーチェは次のヴィジョンを述べます。――「正当防衛の手段としての軍隊という考え方は、征服欲と同様、徹底的に否定されなければならない。そしておそらくは将来、偉大な日がやってこよう。戦争と勝利、軍事的な秩序および知能の最高度の完成という点で傑出し、これらの事柄に最も苛酷な犠牲をささげることに慣れた一民族が、「われわれは剣を折ろう」と自発的に叫び出す日が。――そして、その国の軍隊全部を最後の基礎に至るまで粉砕する日が」。――

ここを読んで、「ニーチェは戦後日本の平和憲法を先取りした先駆者であり、反戦と平和の誓いの預言者だった」と言い出す人が出てもおかしくありません。もちろん、ニーチェのテクストをそのように「政治利用」することもできるでしょう。軍国主義イデオローグの代わりに、護憲平和運動の頼もしき後ろ盾を、われわれは発見できるのです。

しかし、テクストを冷静に読んでみると、そうは問屋が卸さないことにすぐ気づきます。一切の軍備を廃棄すると想定されているのは、戦争と勝利の点で傑出した最強の一大軍事国家です。

その超大国があくまで自発的に自国の軍隊を全面解除することが、ニーチェの待望した「偉大な日」なのです。ですからこれは、無条件降伏した敗戦国が、戦勝国から「戦争の放棄」を条項に盛り込んだ憲法を押しつけられる、という体たらくとはわけが違うのです。負けた途端、平和の誓いを売り物にし始めるような虫のよい国民が、ニーチェの要求する基準を満たしているはずはありません。降伏が習い性となった非武装平和主義など、歴史の道化以外の何物でもないでしょう。

誤解のないよう申し添えると、ニーチェから「押しつけ憲法」批判を引き出すのも滑稽です。ニーチェの批判は「自衛隊」正当化の論理に向けられているのであり、その「悪質な非人間性」を抉り出すことこそ、このテクストの眼目なのです。そこから引き出せる教訓があるとすれば、それは、既成の党派的主張の権威づけなどではなく、ニーチェが平和という問題をどのように掘り下げているか、という点に存するはずです。

では、ニーチェの平和論の特質はどこにあるのか。それは、平和を、戦争の反対または戦争の欠如態と見るのではなく、むしろ戦争の一環つまり「勝利」ないし「戦果」として捉える点にあります。もちろんこれは、一方的勝利を収めた軍事大国が戦後の覇権を握る「パックス何々」式安全保障体制のことでも、核抑止均衡ゲームのもとで一触即発の危機と隣り合わせの冷戦状態のことでもありません。はたまた、「二度と戦争の悲惨さを繰り返すことのないように」と呟く、愚かな過去に対する後ろめたい反省の産物でもなければ、「犠牲者の尊い命を無駄にするな」と叫ぶ、大量殺戮の無意味さを埋め合わせんがための平和の祈りでもありません。そうではなく、自他ともに優秀性を認める国家が、その国威の最高の証しとして、他に先駆けて軍備を全廃する政策に果敢に打って出るという意味での「勝利」なのです。必要に迫られてではなく、あくまで自発的に軍隊を廃棄してしまう気前のよさこそ、平和という勝利を収めるための最も有効な手段、つまり「武器」なのです。クラウゼヴィッツふうに言えば、「平和とは、戦争におけるとは異なる手段をもってする戦争の継続にほかならない」というのが、ニーチェの平和論なのです。

ここで気づくのは、そのような意味での平和の追求は、ニーチェのかの勇ましい戦争論と必ずしも矛盾しないことです。「君たちの平和は勝利であれ!」という要求は、軍備の廃絶という平和戦略にまさに当てはまるのです。「ひとは弓矢を所持してのみ、黙って静かに坐っていられる」という軍備肯定の一句などは、最も相容れないように見えますが、決してそうではありません。なぜなら、軍隊の廃棄こそは有効な武器、つまり「弓矢」である、と考えればよいからです。「戦闘的平和論」というのも立派に可能なのです。

ニーチェの平和論は、戦力の放棄が、最高の戦闘行為でありうることを告げています。その場合の平和とは、戦って勝ちとられる戦果でこそあれ、ぬくぬく守り保たれるものではありません。「平和を守ろう!」といった現状維持的で既得権益的な掛け声は、ここでは意味をなしません。そうではなく、「平和を戦おう!」こそ健全な自己主張というものです。そこには、戦闘精神の溌剌たる発露があると言っていいでしょう。

五　いかにして憲法で平和を戦うか

現代世界は、ニーチェが悪質と非難した正当防衛論とオサラバする気はさらさらなく、核武装すら自衛のためには容認されるという主張がまかり通っています。ただし、そう主張できるのは既存の核保有国だけで、それ以外の国の場合、核装備を画策している（と疑われる）だけで、ならず者国家呼ばわりされます。冷戦が終わっても、隣国を仮想敵国視して「隣国の悪意と自国の善意を前提」する正当防衛論は温存され、それこそ「敵愾心や敵対行為を誘発」しかねない状況が続いています。

だとすれば、ニーチェのヴィジョンはやはり現実遊離の妄想だったのでしょうか。

しかし、われわれ現代人は同じ現実の別の面も知っています。つまり、核兵器が戦争の無意味さを徹底的に明らかにしてしまったことを。この点に関してニーチェは『放浪者とその影』二八四番の終わりに暗示的な発言を残しています。

当時も「軍事負担の漸次的軽減」を唱える経済的見地からの軍縮論ならありましたが、それをニーチェは「無駄な労苦」として斥け、むしろ軍拡路線が行き着く「困窮」の果てに、こう望みを託そうとします。――「むしろ、この種の困窮が最大となったあかつきにこそ、この場合唯一救うことのできる種類の神が、最も近くにやってくることだろう。戦争の栄光という樹は、ただ一挙にのみ、つまり一瞬の電撃によってのみ、打ち砕かれうる。だがこの電光は、ご存じのとおり、雲の中からやってくる――すなわち高みから」。

「この場合唯一救うことのできる種類の神」が、何を指すかはよく分かりません。しかし、「戦争の栄光という樹」が、「雲の中から」の「一瞬の電撃によって」もののみごとに「打ち砕かれ」てしまったということなら、現代人にも思い当たるふしがあります。そう、原子爆弾の炸裂以降、戦争に「栄光」など、もはやありえないのですから。

もちろん、ニーチェがここで「高み」と言っているのは、比喩的には、雲を集め、雷を放つ最高神ゼウスを表わし、内容的には、軍事超大国の戦力放棄戦略のことを指すのでしょう。だとすれば、私の読解の仕方は「誤読」と言うべきです。とはいえ、二〇世紀の戦慄すべき出来事を記憶に刻みつけてしまったわれわれには、この誤読は不可避とも言えるでしょう。そこで、誤読ついでに、もう少しばかり改釈を推し進めてみましょう。

原爆の閃光が「戦争の栄光」を無残にも打ち砕いてしまった後でも、人類はよほど戦争好きと見えて、核兵器や通常兵器による武装に余念がありません。しかしそのような正当防衛論が、敵意を相互に煽り立てるものであることも、変わりありません。かつては非現実的としか言いようのなかった軍備全廃論が、核時代にはどこか現実的となっていないか、よくよく考えてみる価値があります。「現実」主義者の誇る「現実」こそ、非現実的になっているかもしれないのです。

この問題は、ニーチェによる霊感をもとに、別の角度から再考できるはずです。

『愉しい学問』（一八八二年）でニーチェは「神は死んだ」と宣告しました。その真相はなお謎に包まれていますが、その後の経緯を考えると、こうは言えるでしょう。一九四五年八月、戦争の神は死んだ、と。つまり、核兵器という最終絶滅手段を人類が手に入れたことにより、戦争することの意味が抜け落ち、戦争の空しさが人類の共通認識になったのです。

戦争の神は、ギリシア神話ではアレス、ローマ神話ではマルスと呼ばれ、それほど神格は高くなかったとはいえ、戦《いくさ》が神々しく神聖なものであることの象徴とされてきました。古代の戦士道徳にかぎりません。どんな民族も篤い信仰を抱いていたように、戦いは人類共通の価値だったのです。日本人は無宗教だとうそぶくわれわれは、「軍神」や「聖戦」といった言葉が威勢よく飛び交っていた時代のことを、とうに忘れていますが。

神的であったはずの戦争を一挙に無意味たらしめ、戦の神を葬り去ったのは、原子爆弾の劫火でした。一切を虚無化させる戦争に乗り出すことに、もはや何の意味もありません。

急いで付け加えると、だからといって、世界平和が人類に約束されるに至った、などと言いたいわけではありません。ニーチェにおいても「神の死」は問題の終わりを何ら意味せず、むしろ「新たな戦い」の始まりを意味するものとされていました。以後、何千年も続く「神の影」との戦いの時代の幕開けを告げる言葉が、「神は死んだ」なのです。この言葉の初出箇所の『愉しい学問』一〇八番で、はっきりそう言われていました。

それと同じく、「戦争の神は死んだ」とは、人類が戦争の可能性から解放されたことを、何ら意味しません。逆です。もはや神的でも何でもない最終絶滅戦争の可能性との付き合いが、ようやく始まったということなのです。しかも、その付き合いはおそらく未来永劫続くことでしょう。現に、第二次世界大戦という究極の戦争とおぼしき大殺戮ののちにも、戦争が地上から消えてなくなることはありませんでした。今日なお戦争は起きていますし、これからも続くでしょう。それればかりではありません。人類はつねに核戦争の可能性にさらされており、その意味ではむしろ「戦争状態」が平時なのです。絶滅への共同存在こそ、現代世界の常態にほかなりません。その根本条件から人類が脱することはないでしょう。

われわれはこの地上で平和を戦いとるべく差し向けられており、そのことはいつの時代にも変わりありません。「戦争の神の死」は、戦争の可能性の終焉とはまったく別の事態を意味するのです。

それはそうなのですが、それでもなお、広島と長崎の街が一瞬にしてこの世の地獄と化して以来、国と国との戦争を積極的に意味づけることは、もはやわれわれには金輪際できなくなりました。原爆の惨禍は、それほど空前絶後の無意味さをこの世に顕わならしめたのです。それは、もはや後戻りできない人類史の裂け目の一瞬でした。

そして、そのまれな顕現の瞬間に生まれ落ちたのが、日本国憲法であり、その戦争放棄、戦力不保持、交戦権否認の条項でした。核テクノロジー時代には、戦争の意味づけが決定的に抜け落ちることが、一国の最高法規に公然と書き記されたのです。

その歴史的瞬間は、しかし地上に閃いたかと思うと、やがて閉ざされたかの如くです。現に一九五〇年の朝鮮戦争勃発以来、再軍備路線は進みに進み、今や軍事費は世界で指折りの自衛隊が海外派兵されています。なにより、アメリカ軍という世界最強の戦力そのものが、戦力不保持のはずの国に、無期限延長で駐留し続けています。それどころか、住民の必死の反対を無視して、在日米軍のための新しい基地が巨万の国費を投じて作られているありさまです。そんなカラクリがまかり通るのも、平和憲法のおかげかもしれないのです。

そして今日、かつて日米合作で作られた憲法の空文化した条項を、ふたたび日米合作で改変しようという動きが、これまで以上に強まってきています。

そんな中、教育者としてのニーチェの戦闘精神に感化されたわれわれに、どんなことができるのか。それが問われているように思います。少なくとも、「平和憲法を守ろう」といった掛け声だけで済む話でないでしょう。その憲法が抱えてきたカラクリによって、在日米軍が居座り続けているのですから。自発的隷従による「改憲」――「加憲」とも言うようです――路線が、ニーチェの笑い物になるに違いないのと同様、対米従属の現状容認を含意する「護憲」路線だけでは、「平和を戦う」には程遠いのです。

ならば、憲法をまさに「現実的平和のための手段」として活用することによって、「平和を戦う」もう一つの道が拓かれるのではないか。そのような「活憲」というオプションがありうるのではないか。戦争の神の死後、その影に抗して、そういう新実験があってよいのではないか。——ニーチェに学びつつ、そんなことをあれこれ考えるこの頃です。

私にとってはこの「活憲」路線こそが、哲学という戦いを生きることであり、ひいては学問と生の合一ということなのではないか、と思うのです。

注

序章

（1）本書に第七章「自由な死と死への自由――ニーチェから見たハイデガー」として収録。
（2）拙稿「奴隷制問題の消息――テクノロジーの系譜学（上）」、東京女子大学紀要『論集』第四七巻2号、一九九七年三月、所収。同「（中）」、『論集』第四八巻2号、一九九八年三月、所収。のちに、拙著『アーレントと赦しの可能性――反時代的試論』春風社、二〇二四年、に第三章「奴隷制問題の消息――テクノロジーの系譜学」として収録。

第一章

（1）本章では、『ツァラトゥストラはこう言った』の第一部から第三部までを一個の独立した作品として扱うが、だからといって第四部の重要性を否定するものではない。
（2）「悲喜劇（tragicomoedia）」という語は、ローマの喜劇作家プラウトゥスの『アンピトルオ』の「プロロゴス（前口上）」に出てくる。木村健治訳「アンピトルオ」（プラウトゥス『ローマ喜劇集 1』京都大学学術出版会、二〇〇〇年、所収）一〇頁参照。小林標『ローマ喜劇』（中公新書、二〇〇九年）八六頁以下、の有益な解説も参照。『愉しい学問』一五三番は、『ツァラトゥストラはこう言った』の数ある「プロロゴス」の一つだったと解することもできよう。
（3）大地という不動の中心が失われ、地球が一個の「惑星」となり、その住人もまた、上下左右といった場所的秩序をもたない虚空をさまよう原子と化す。——こうした近代的世界像は、『愉しい学問』一二五番の「狂人」のセリフから、精確に引き出せるものである。

（4）一日や一生の仕事を終えた後では、物事がすべて憂鬱に見え、後ろ向きの判断をしがちになるが、それは要するに「疲労」から来るのだとニーチェは言う。『曙光』三一七番「夕暮れの判断」参照（MR, 227f.）。性愛行為のあとでも同じであろう。

（5）ツァラトゥストラは三十歳の頃、「おのれの灰を山に運んだ」（Za, 12）という。若き日に夢破れ、死んだも同然となるという断絶の経験をくぐり抜けて生き返ったツァラトゥストラが、世のペシミストたちを罵倒するのは——自身の苦い過去を清算したいからというよりはむしろ——、彼らのペシミズムが生半可なものにとどまっているからである。

（6）『愉しい学問』では「哲学の愉しさ」が随所に表明される。中でも、運命愛を語った第四巻最初の二七六番「新年に」は、デカルトの「我思う、故に我在り」に倣って、「自分はまだ生きており、なお生きなければならないが、それは哲学の故だ」としている。

（7）『反時代的考察』第二篇と第三篇のどちらにも、動物と人間の比較が出てくるが、それが正反対の意味を持たせられている点に注意したい。第二篇の有名な第一節では、瞬間のみを生きて過去をつゆ知らぬ「草を食《は》む動物」が、忘却ゆえの幸福を享受しているのにひきかえ、人間は、過去をいつまでも引きずり、「そうあった（es war）」の重荷に苛まれ、記憶ゆえの不幸に喘いでいる、という（UB II, 248f.）。ところが第三篇の第五節では、動物の苦しみ多き生が、自省能力のない点で、同情の対象とされるのである。「思慮深い人間というのは、いつの時代でも動物に同情を寄せてきたが、その理由は、動物が生きることに苦しみながらも、その苦しみの棘《とげ》を自己自身に向けて自己の生存を形而上学的に理解する力をもたないからであった」（UB III, 377）。形而上学的動物であるかぎり、人間は優位に立つのだというのである。

（8）UB III, 427. 本書第三章「学問の危機と哲学」を参照。

（9）純粋観照という哲学の理想を揶揄しているかに見える第二部の「汚れなき認識」の章の言わんとするところも、知への愛が奔放なエロースであることを正直に認め、テオーリアの欲望と快楽を高らかに肯定することにあった。

（10）FW, Vorrede (zur 2. Ausgabe) 1, S. 346; vgl. ibid., Nr. 382, S. 637.

（11）『饗宴』と並んで本歌と見なしうる『パイドン』が、本質的に喜劇であることを、『愉しい学問』三四〇番「死にゆくソクラテス」は、愉快に指摘している。なお、直前の三三九番「生は女性なり（Vita femina）」は、三四一番「最重量級の重み」とはまた別に、永遠回帰思想を軽やかに披瀝している点で重要であると同時に、三四〇番と一対の死生論をなし、これまた『ツァラトゥストラはこう言った』の「前口上」の一つとなっている。

第二章

（1）*Between Friends: Correspondence of Hannah Arendt and Mary McCarthy 1949-1975*, ed. by Carol Brightman, Harcout Brace & Company, 1995.『アーレント＝マッカーシー往復書簡——知的生活のスカウトたち』佐藤佐智子訳、法政大学出版局、一九九九年。以下、この邦訳書——『書簡』と略記——から引用し、頁数を記す。

（2）以下、プラトンからの引用は、ステファヌス版頁付けを記す。訳文は、田中美知太郎訳『ソクラテスの弁明』、『プラトン全集1』岩波書店、一九七五年、所収、による。

（3）訳文は、藤沢令夫訳『国家』、『プラトン全集11』岩波書店、一九七六年、所収、による。

第三章

（1）Max Weber, Wissenschaft als Beruf (1917/1919), in: *Max Weber Gesamtausgabe* Abt. I, Bd. 17, Mohr, 1992, S. 85, 88. 邦訳は、尾高邦雄訳『職業としての学問』岩波文庫、一九三六年、改訳一九八〇年、がある。

（2）ibid., S. 89.

（3）ibid., S. 93.

（4）Edmund Husserl, *Die Krisis der europäischen Wissenschaften und die transzendentale Phänomenologie*, in: *Husserliana*, Bd. VI, 2. Aufl. Nijhoff, 1976, S. 3. 邦訳は、細谷恒夫・木田元訳『ヨーロッパ諸学の危機と超越論的現象学』中公文庫、一九九五年、がある。

（5）ibid., S. 3-4.

（6）ibid., S. 4.

（7）Versuch einer Selbstkritik (1886) zur neuen Ausgabe *Die Geburt der Tragödie*, in: KSA, Bd. 1, S. 12. 邦訳は、秋山英夫訳『悲劇の誕生』岩波文庫、一九六六年、など各種ある。

（8）ibid., S. 13.

（9）以下、本節では『反時代的考察』第三篇『教育者としてのショーペンハウアー』（*Unzeitgemässe Betrachtungen III: Schopenhauer als Erzieher*, in: KSA Bd. 1）の頁付けを括弧内に示す。訳出に際しては、白水社版ニーチェ全集第2巻（第I期）所収の秀抜な三光長治訳に多くお蔭を蒙ったことを付記する。

第四章

（1）一九六三年に出版された『革命について』の序論は、「戦争と革命〔…〕が、これまで二〇世紀の外観を決定してきた」という一文で始まる（OR, 11）。さらに、一九七〇年の『暴力について』でも、冒頭でさっそく、二〇世紀がまさに「戦争と革命の世紀（a century of wars and revolutions）となった」、と概括されている（*On Violence*, Harcourt Brace & Company, 1970, p. 3）。

（2）*On Violence*, p. 3.

（3）OR, 11.

（4）ibid.

（5）『ツァラトゥストラはこう言った』第四部「蜜の捧げ物」、Za, 298.

（6）ドイツでニーチェが政治的にどのように解釈されてきたかの概観を与えてくれるモノグラフとして、以下を参照。Manfred Riedel, *Nietzsche in Weimar. Ein deutsches Drama*, Reclam, 1997.

（7）『悲劇の誕生』とほぼ同時代に書かれた遺稿「ギリシアの国家」（*Der griechische Staat*, in: KSA, Bd. 1, S. 764-777. 塩屋竹男訳、『悲劇の誕生』ちくま学芸文庫、一九九三年、所収）は、当時のニーチェが「ギリシアの政治的世界」のあり方から、「奴隷が社会にとってそうであるのと全く同じく、戦争は国家にとって必要欠くべからざるものである」という命題を引き出したことを端的に示している（ibid., S. 774）。そこでは同時に、近代における「政治的領域の萎縮」が批判の俎上に載せられており、「民族的、国家的な本能」を欠いた人間たちが、「自分たち自身の利害関心」に適合するかぎりでのみ国家の存在意義を認め、彼らがひたすら利益追求に専念できるような「政治的大共同体どうしの可能なかぎり安穏な共存」を政治の最終目標と見なす、という事態が問題視される（S. 772）。政治を矮小化する底意をひめた彼らは、一見殊勝にも、「戦争が不可能となるような状態を手に入れるようにできるだけ意識的に努める」のだが、その反戦平和主義なるものは、「国家という手段によって彼ら自身の利己的な目標を最高度に促進するため」にすぎない（S. 773）。近代のそうした「自由主義的」平和志向に抗して、ニーチェは「戦争をたたえるアポロン讃歌」（S. 774）をあえて歌おうとするのである。

（8）Za, 60. Vgl. Zarathustra's Vorrede 3, Za, 14.

（9）ここで問題となっているのは、いわゆる「競技（アゴーン）」精神である。これに関しては、ニーチェにも影響大であったとされるブルクハルトのギリシア文化史論なども参看しなければならないが、ニーチェ自身による簡潔な説明は、『放浪者とその影』の二二六番「ギリシア人の賢さ」で与えられている「勝利と卓越を得たいという意欲は、克服しがたい本性上の傾向であり、対等な立場を築くことに対するいかなる尊敬や喜びよりも古く根源的であるので、だからこそギリシアの国家は、対等な人々のあいだでの体育と芸術上の競争（Wettkampf）を公認したのであった。つまり、政治的秩序を危険に陥れることなく、あの克服しがたい本能がはけ口を見出しうる一種の遊び場の枠を設定したのである」（WS, 656）。この「はけ口」の問題が、平和論の要諦となることはまちがいない。

（10）「高等な人間」一五、*Za*, 364.

（11）以下『放浪者とその影』二八四番「現実的平和のための手段」のテクスト（WS, 678-679）を五つに区切って、順次検討を加えていくことにする。

（12）カントが『永遠平和のために』のなかで、第三予備条項として「常備軍は時とともに全廃されなければならない」という戦力不保持規定を掲げたことはあまりに有名であるが、その理由説明として真っ先に挙げられているのは、「なぜなら常備軍はいつでも武装して出撃する準備を整えていることによって、ほかの諸国をたえず戦争の脅威にさらしているからである」というものであった（Immanuel Kant, *Zum ewigen Frieden*, in: Philosophische Bibliothek, Bd. 443, Meiner, 1992, S. 53. 宇都宮芳明訳、岩波文庫、一九八五年、一六頁）。ニーチェはカントのこの論拠を掘り下げていると言えなくもない。ただしその場合、当然問題となるのは、「国民が自発的に一定期間にわたって武器使用を練習し、自分や祖国を外からの攻撃に対して防備すること」を、カントが是認している点である（ibid. 邦訳一七頁）。逆に言えば、ニーチェの平和論は、「外からの攻撃」を想定することさえも疑問視するほど、それほど過激な——それこそ「超」のつくような——「理想論」なのである。

（13）『放浪者とその影』を準備していた頃のニーチェの遺稿には、この第二八四節と関連する内容の断片が散見されるが、そのなかの一つでは、「兵力削減」が「無意味！」とされる一方で、「剣を折ること」つまり兵力全廃のほうは、「最も高価で最も勝利に満ちた武器！」というふうに記されている（*Nachgelassene Fragmente Juli-August 1879*, in: KSA, Bd. 8, S. 602）。

(14) ibid., S. 604.

(15) 遺稿に見られる異文をもう一つ挙げておく。「社会における敵対関係をかたくなに維持するくらいなら、むしろすべての苦しみに耐えるほうが、いや破滅するほうが、まだましである」(ibid., S. 602)。

(16)「もし、不正を行なうか、それとも不正を受けるか、そのどちらかがやむをえないとすれば、不正を行なうよりも、むしろ不正を受けるほうを選びたいね」(Plato, *Gogias*, 469C1-2. 加来彰俊訳『ゴルギアス』、『プラトン全集9』岩波書店、一九七四年、所収、による)。

(17)「仕返しに不正をしかけるとか、害悪を及ぼすとかいうことは、世の何ぴとに対しても行なってはならないのであって、たといどんな目に、かれらから会わされたとしても、それは許されないのだ」(*Crito*, 49C10-11. 田中美知太郎訳『クリトン』、『プラトン全集1』岩波書店、一九七五年、所収、による)。

(18) *Vermischte Meinungen und Sprüche*, 52, in: KSA, Bd. 2, S. 402.

(19)「困窮(Not)」のきわみにこそ救いの神がやってくる、というこの「困窮の転回」論は、ヘルダーリン-ハイデガー的な「危険のあるところ、救いもまた育つ」というテーゼに近いものがある。ハイデガーが『ブレーメン講演』第四講演「転回」で、ヘルダーリンのこの句を引きつつ、ニーチェと同じく「電光(Blitz)」という語を使っているのも、何やら意味深長ではある(vgl. GA79, 74f.)。

(20) この、あまり哲学的とは思えない国の憲法論議において、「平和」と並ぶキーワードとなってきた「象徴」という観念に関しても、ニーチェは示唆に富む文章を残してくれている。ずばり「象徴にはなりたくない」と題された『曙光』五二六番がそれである。「君主とは悲しいものだ、と私は思う。彼らには、時には身分を取り消して人とざっくばらんに付き合うことさえ許されておらず、それゆえ、窮屈な立場と見せかけからしか人間を知ることができない。大物に見せなければならぬ(Etwas zu bedeuten)という絶え間のない強制によって、結局のところ彼らは、儀式ばっただけの無に等しい存在に事実上なり下がる。——そしてこれが、象徴であることにおのれの義務を見出す人びとすべての常なのだ」(MR, 302)。

第五章

（1）『九鬼周造全集』第四巻、岩波書店、一九八一年、所収。以下の本節で「日本語の押韻」から引用する場合は、頁数のみカッコに記す。新字体に改めた。

（2）藤沢令夫訳『国家』、『プラトン全集11』岩波書店、一九七六年、所収、六一三頁。

第六章

（1）本章では、フリードリヒ・ニーチェ『ツァラトゥストラはこう言った』森一郎訳、講談社学術文庫、二〇二三年、を用いる。引用のさいに括弧内に付した頁付けも、拙訳書のものである。

（2）登場人物の多彩さという点では、第四部が突出しているが、人物類型の描写という点では、第一部と第二部はバラエティに富んでいる。第一部では、背後世界論者、肉体の軽蔑者、死の説教者といったタイプの批判がちりばめられ、第二部前半でも、同情者、司祭、有徳者といった類型が順次批判されている。第二部後半では、崇高な人、学者、詩人といったツァラトゥストラ自身のさまざまな側面が自己批判的に列挙されてゆく。

（3）Friedrich Nietzsche, *Thus Spoke Zarathustra*, translated by Walter Kaufmann, The Modern Library, 1995, p. 302.

（4）神崎繁訳『アリストテレス全集15』岩波書店、二〇一四年、所収、一二一頁。〔 〕は訳者の補足。強調は引用者。

（5）ルネ・デカルト『省察』山田弘明訳、ちくま学芸文庫、二〇〇六年、四四－四五頁。

（6）拙著『現代の危機と哲学』放送大学教育振興会、二〇一八年、の第1章「哲学は戦慄から始まる」を参照。

（7）Hans Jonas, *Das Prinzip Verantwortung. Versuch einer Ethik für die technologischen Zivilisation* (1979), Suhrkamp, 1984, S. 8; S. 64; S. 392.『責任という原理――科学技術文明のための倫理学の試み』加藤尚武監訳、東信堂、二〇〇〇年、ⅳ頁、五一頁、三八六頁。訳語を若干改変。以下同様。

（8）ibid., S. 63. 邦訳四九 - 五〇頁。
（9）ibid., S. 8; S. 63. 邦訳iv頁、五〇頁。強調は原文。
（10）ibid., S. 26. 邦訳一三頁。
（11）JR東海の営利事業のはずが国策として建設が始められているリニア中央新幹線では、運転手なしの中央制御システムが、あたかも当然のごとく採用されようとしている。東海道新幹線が使えなくなるリスクを回避すべく、日本列島の地下深く掘り抜いて巨大縦貫トンネルを造り、自動運転で遠隔操作するリスクたるや、いかばかりであろうか。リニア新幹線プロジェクトの問題点については、拙著『世代問題の再燃——ハイデガー、アーレントとともに哲学する』明石書店、二〇一七年、第十四、十五章を参照。

第七章

（1）忠実な解釈の試みに真っ向から逆らうという点では、少なくとも後期ウィトゲンシュタインや後期ハイデガーのテクストも同様である。だがもちろん、ただ尻込みしているだけでは、あるいは彼らの説に従って自制するだけでは、哲学は無用化するだけである。この種の弊害については、以下のニーチェの発言を参照。「私が若い学生たちに接して哲学に対する彼らの高慢な軽侮の背後に最もしばしば見出したのは、ある哲学者自身の悪影響であって、彼らはこの哲学者にはなるほど全面的に心服を表明していたが、それでいて他の哲学者たちに対する軽蔑的評価の呪縛からは脱することができないでいる——そのおかげで、すべての哲学に対する全面的な違和感が生じる仕儀となった」（『善悪の彼岸』二〇四番）。ここでの「ある哲学者」とは、ショーペンハウアーのことなのだが、現代では真っ先にニーチェ自身の名を挙げるべきだろう。
（2）M. Heidegger, Nietzsches Wort »Gott ist tot«, in: *Holzwege*, GA5, S. 209. 以下とくに断わりのないかぎり、本節中の引用はこのテクストに基づき、引用頁のみを本文中の括弧内に表記する。訳出においては、茅野良男訳の邦訳版全集第五巻に多く拠った。

（3）Gilles Deleuze, *Foucault*, Gallimard, 1986, p. 121. 宇野邦一訳『フーコー』河出書房新社、一九八七年、一七九頁。

ところで不思議なのは、ハイデガーがニーチェを形而上学者であると決めつけるのを奇異に感じない人が多いことである。むしろ話はあべこべなのに。そう、ニーチェの立場からすれば——あるいは、第三者の目から見てもそうであろう——、「存在者」と区別された「存在」を後生大事に説き、しかも「存在の真理」を恋慕しつつ唱えるハイデガーの思想こそ、プラトン以来の伝統的形而上学の残滓以外の何物でもない。もちろんそれで決着のつく問題ではないことは十分承知しているつもりだが。ともあれ、ハイデガー一流の「本歌どり」のレトリック——本人は「現象学的解体」と呼んでいるが——にはゆめゆめ警戒を怠らないほうがいい。

（4）念のために言っておけば、以下で取り扱われるニーチェとは、『ツァラトゥストラはこう言った』という主著をわれわれに残してくれた哲学者のことである。ハイデガーは、遺稿にとどまった『力への意志』をニーチェの「哲学的主著」と見定めていたが、この見立てはもはや支持しがたい。公刊著作でなく遺稿にこそ根源的真理が隠されている、などと幻想を抱くのは、どうやら学者に広く見られる職業病の一つらしい。

（5）M. Heidegger, *Prolegomena zur Geschichte des Zeitbegriffs*, GA20, S. 110.

（6）Vgl. M. Heidegger, *Die ewige Wiederkehr des Gleichen*, in: *Nietzsche*, Bd. 1, Neske, 1961. 本講義における「瞬間と永遠回帰」と題された章（ibid., S. 438ff.）は、ハイデガーのニーチェ解釈中の圧巻である。「瞬間とは決断である」（S. 445）と言い、「あらゆる瞬間こそが大事なのだ」と語っているのは、もはやニーチェというより、まさしく『存在と時間』の著者自身であろう。永遠回帰を思考する「仕方」（S. 446）として際立たせられている「思考されるべきものが思考する者へと跳ね返る（Rückschlag）」（S. 447）という事態——これは「形而上学的根本態度」として限界づけられることになる（S. 448f.）のだが、それ——は、「問われているものが問うことへと〈後ろから、あるいは前から関わってくる（Rück- oder Vorbezogenheit）〉」（SZ, 8）という

「存在への問い」のパトスを髣髴させる。

この講義の位置づけに関しては、川原栄峰「ハイデッガーのニーチェ講義」（中原道郎・新田章編『ニーチェ解読』早稲田大学出版部、一九九三年、所収）、および、細川亮一『意味・真理・場所』創文社、一九九二年、を参照。

（7）Vgl. Heidegger, Nietzsches Wort »Gott ist tot«, S. 253.

（8）「ヒューマニズム」を「人間中心主義」と訳してよいかは、むろん異論の余地がある。humanism は、そのラテン語の語源 humanitas を重んじるなら、むしろ「人文主義」と訳すべきだからである。ルネサンス期の人文主義者（フマニスト）以来の古典愛好精神に根ざすこの正統ヒューマニズムとは別系列の、一九世紀に造られた派生語 humanitarianism は、「人命尊重主義」「人道主義」「博愛主義」等と訳される。とすればここは、「古典的ヒューマニズム」と「近代ヒューマニズム」とを区別したうえで、前者を「人文主義」、後者を「人間中心主義」と解すれば――本文ではこの区別立てを採用していないが――、混乱は防げるだろう。

（9）『存在と時間』刊行翌年の一九二八年度夏講義における次の発言は注目に値しよう。「現存在自身のうちには本質上、豊かになるという根源的、内的な可能性がひそんでいる。現存在は、何々よりもいっそう豊かになる（Reicher-sein-als）という性格、つまり跳躍（Über-schwung）という性格、をつねに持っているのである」（M. Heidegger, *Metaphysische Anfangsgründe der Logik. in Ausgang von Leibniz*, GA26, S. 273）。現存在分析論には、「人間という概念の革命」というモティーフが秘められていたのである。

（10）ただし、「尺度・評価する者（der Messende, der Schätzende）」というふうに語源解釈を施された「人間（Mensch）」の概念をニーチェが持ち出す場合（たとえば「千の目標と一つの目標」Za, 75）には、もちろん「人間」という語は、価値定立という仕方での「力への意志」の現われとして積極的に活用されているわけである。

（11）「現代思想はたぶん人間学を根絶することに捧げられているのだが、人間学を根絶しようとする最初の努力は、おそらくニーチェの経験のうちに見出されなければならないだろう。〔…〕ニーチェが再発見したのは、人間と神とが表裏一体をなし、後者の死が前者の消滅の同義語であり、超人の約束がまず何よりも人間の死の切迫を意味するような、そうした地点であった。こうしてニーチェは、そのような未来を期限としてと同時に課題としてわれわれに提起することにより、現代哲学が思考を再開しうる出発点となるような戸口をしるしているのだ」(Michel Foucault, *Les mots et les choses*, 1966. Gallimard, p. 353. 渡辺一民・佐々木明訳『言葉と物』新潮社、一九七四年、三六三頁)。フーコーに言わせると、人間の有限性への反省を事とするような近代哲学は、「〈独断論〉のまどろみではなく〈人間学〉のまどろみ」(ibid. p. 352) をむさぼっていることになる。

もちろん、フーコーの言う意味とは別に、「汝自身を知れ」(ないしは「身の程を弁えよ」)という問いかけに導かれた「人間とは何者か」という自己省察は古来よりたえず哲学のパトスであり続けたと言わねばならない。その事情は、ソクラテスのアイロニーをまつまでもなく、オイディプスが取り組んだスフィンクスの謎――「朝に四つ足、昼に二つ足、夕には三つ足、と変身を遂げるものは何か」――に鮮やかに示されている。その意味では、ニーチェの超人思想は、古代以来の「人間とは何か」という自己省察の系譜に属する(それを言えば、ハイデガーやフーコーもそうである)。たとえば、超人を主要テーマとする『ツァラトゥストラはこう言った』第一部は、「三段階の変身」という風変わりな章で幕を開けるが、この関門は、スフィンクスの謎の卓抜なパロディーであり、晦渋な超人思想にふれようとする者がまずは楽しみながらくぐり抜けるべき軽妙な「なぞなぞ遊び」なのである。逆に言えば、「子供は無垢であり忘却であり新しい始まりであり遊びでありひとりでに回る輪であり第一運動であり聖なる肯定である」(Za, 31) といった言い回しにこだわって解釈をこねくり出す注釈者たちは、ツァラトゥストラの口車にまんまと引っかかった、ということなのである。そうした「まじめ」な態度ではニーチェのテクストを読み解けないことは、ご丁寧にもツァラトゥストラ自身によって次のように忠告されている。「私の海の底は静かである。それがふざけ屋の怪物どもをひそませているなどと誰が言い当てるだろうか」（第二部「崇高な人」Za, 150. 強調は引用者）。

(12) ただしそのさい、非社交的な偏屈者にモラリストとしての潤いに欠ける憾みがあるように、政治的免疫力の欠如した大学人の繰り出す時代批判があらぬ隘路にはまり込むという危険は勘案しておかねばならない。

(13)『愉しい学問』二七八番「死の思想」でニーチェは、「人間たちが死の思想をまるで考えようともしないことを見てとるのは、私には幸せなことだ」と洩らし、その反対の「生の思想」が、人間たちにとって「百倍も考えるに値するものにする」よう邁進したい、と決意表明している。だがこれをもって、ニーチェは死の思想を重視していない、と結論づけようものなら、それこそニーチェに一杯食わされるのがオチである。

(14)『ツァラトゥストラはこう言った』で永遠回帰の最初の告知がなされる「幻影と謎」の章で、「勇気」は死に向かって次のように語る、とされている。「これが生きるということだったのか。よし、ならばもう一度！」と。同じフレーズは第四部でも繰り返される。

(15) 超人思想とともに第一部の主要テーマである「神の死」も、もう一つの「死の問題」には違いない。「神は存在しない」と言うのと「神は死んだ（あるいは殺された）」と言うのとでは雲泥の差がある。なにしろ、非存在の証明ではなく死因の究明が問題となるからである（第四部の「失業」と「最も醜い人間」の二章も参照）。つまりその場合、神とは、「人間への同情」という欠陥・弱点をもつ可死的存在なのである。ニーチェがたんなる無神論者と遠く隔たっているゆえんがここにある。

(16) ニーチェは「死の説教者」を、次のように類型化している。(1)欲望を破滅的に抱え込む態度（とめどなき放蕩に溺れる快楽主義と、苦行で自分をさんざん痛めつける禁欲主義）。(2)生のマイナス面ばかり見て、死にあこがれる「魂の肺病病《や》み」の「生ける棺《ひつぎ》」のごとき態度。(3)生に愛想を尽かしながらも執着する自分の愚かさを悟りすまして自嘲する態度。(4)「生＝苦」として生を全否定することで自殺を事実上命じている論理的自滅の態度（以下ではこれを「死の説教者」の典型として問題とする）、(5)性欲は罪だとして禁止・抑圧する生殖否定の態度、(6)子どもを生み育むことに意味を見出せない反出生主義の態度、(7)自分の生は疎んじながら他人に同情をかけて生を背負い込ませる慈善家の矛盾した態度、(8)激務に忙殺されては憂さ晴らしに躍起となり、そのじつ生に倦《う》んでいるにすぎない活動的人間の態度。——壮観な「理念型」の列挙だが、とくに注目すべきは、最後の「あなたがたの勤勉は逃避である」(Za, 56)という指摘が、『存在と時間』の日常性分析に対応している点である。閑暇に耐えられない「勤勉の〈精神〉」も、放蕩とは異なる意味で、刹那主義であり緩慢な自殺でありニヒリズムなのである。

(17) この「反転の論理」が両刃の剣であり、批判の矢は発話者自身に跳ね返ってくることをユーモラスに説いているのが、第二部の「詩人」の章である。「詩人はウソをつきすぎる」と言うツァラトゥストラ自身が、じつは一個の詩人であり、彼は「われわれはウソをつきすぎる」(Za, 164. 強調はニーチェ)と言って憚《はばか》らない。しかも、「超人」などわれわれ詩人のぬけがらにすぎぬなどと軽口を叩いては、真面目な弟子の怒りを買うほど筋金入りの詩人なのである。「クレタ人のパラドクス」が踏まえられていることに注意しよう。

(18)「肉体の軽蔑者」の章によれば、いわゆる精神(ちっぽけな理性)とは、大地に根ざした肉体という幹(大いなる理性、大文字の自己)から出てきたものであって、精神を尊び肉体を蔑む態度は、その根元から腐っている証拠であり、生の自己否定に他ならない。「あなたがたの大文字の自己そのものが、死ぬことを欲し、生を見限っているのだ」(Za, 40. 強調は引用者)。

(19) 生を否定することとそのことが生きていることを証明してしまっており、そのかぎりで生の肯定を意味する、というパラドクシカルな事情(＝生の明証)は、デカルトの「疑っている私の存在は不可疑である」という反転の構造を思い起こさせる。たとえ自殺して果てるにせよ、当人にはそれが「生の証し」なのである。

(20) マジメに受けとられるとシャレにならないし、単刀直入に説いたら効き目がない、それゆえ「正直のすすめ」が反語的になされるという皮肉。——この一筋縄で行かぬところが、ニーチェを読む醍醐味の一つであろう。一般にレトリックには受容者を選ぶという選別機能、つまり「分かる人にしか分からない」という面がある。ここから、「誰にも向いていて誰にも向かない本」というあの副題の持つ(それ自体きわめてレトリカルな）意味も理解されよう。この点に関しては、『愉しい学問』三八一番「分かりやすさの問題」に、著者自身の「率直」なコメントがある。なお前出注11を参照。

（21）それにしても、ハイデガーのこの部分の引用の仕方がどう見ても的外れにしか思えないのはどうしたことか。ニーチェの原文では「自分の成果を味わうには老け込みすぎてしまう」という意味なのに、ハイデガーはその同じ語句を「自分の成果に溺れて後ろ向き・保守的になってしまう」という文脈で使っている（少なくともそう見える）。それともこの二つの事態はけっきょく同じことになるのだろうか。

（22）念のために言っておけば、ニーチェの言う「最善」の死とは、自然死に近い「大往生」ではまったくない。むしろ、活力が絶頂にさしかかり最も脂が乗った時期に死に見舞われる、傍から見ればこのうえなく惜しまれる凄惨な死に方のことである。また、「次善」とされる名誉の戦死にしても、近代的総力戦における滅私奉公的な「玉砕」では全然なく、「戦い」を主題とする同じく第一部の「戦争と戦士」の章の含意からして、ひたすら自己に忠実な「認識者」が険しい真理探求の道半ばにして斃れること、を暗示している。この二通りの死にざまにニーチェが憧れていたことは、彼の実人生と考え併せると、すこぶる示唆的である。

（23）『ツァラトゥストラはこう言った』は、「人間にとって〈障碍〉とは何を意味するか」を正面から語って第二部の圧巻をなす「救い」の章を筆頭に、それこそ差別用語のオンパレードとなっており、「人道に照らした検閲」次第では、伏せ字だらけになってしまう。「差別の撲滅」という近代に特有なモグラ叩き的発想は、「死の撲滅」という現代医療技術の究極目標と、どこか似通っていないだろうか。後出注28参照。

（24）より正確を期するなら、『ツァラトゥストラはこう言った』全編の最大のクライマックスは、ツァラトゥストラ自身の死にあったと言うべきであろう。『ツァラトゥストラ』第三部――これをもって本書は一応の完成を見たと著者は考えていた――は、「永遠への性愛」を恍惚として歌い上げる「七つの封印」で幕を閉じるが、これは「勝利に満ちて」「祝祭」となるような最善の「自由な死」をツァラトゥストラがみずから迎えるに至った、というふうに解釈できる。だとすれば、「自由な死」の章とは、ツァラトゥストラの最期という来たるべき大団円の予告であり伏線だったことになる。逆に言えば、人に「早世も老残もよくない、ふさわしいときに死ね」（つまり、いつ死んでもいいように充実した生を生きよ）と説く人物が、「おまえはどうなのか」と反転的に切り返されるのは必定だし、それゆえ、「自由な章」の末尾には、「私はもう少しだけ地上にとどまろう。そのことを大目に見てくれ」(Za, 96) とある。つまり、「ちょっと待ってくれ、しばらくしたら死ぬから」と、弟子たちに自分が生きていることを詫びているほどなのである。

　こうしていよいよ第三部の終幕に至って、重度の吐き気から快復したツァラトゥストラは、わが「魂」の船出を寿《ことほ》ぎ、愛しい「生」への別離を歌い上げたのち、「知恵」と合体することによって、「永遠」を生きることになる。この一見円満なフィナーレはじつは、第一部であれほど罵倒された「死の説教者」説くところの「永遠の生」を、彼自身が土壇場で体よく横取りしてしまう、という極めつけのアイロニーを意味している。永遠回帰の教師たるツァラトゥストラは、めでたく「自由な死」を迎えることで、ついに「永遠の生の説教者」に収まるのである。こういうどんでん返しが仕掛けられているところに、悲劇かつパロディーでもある『ツァラトゥストラ』の作品としての豊かな重層性がある。

（25）どんな厭うべき「苦労」も、「報い」がありさえすれば喜んでするのが人間である。逆に言えば、報いの一切ない苦しみほど、救いがたき責め苦はありえない。このことを慧眼にも指摘したのは『死の家の記録』のドストエフスキーであった。ニーチェはこの「苦の意味論」を、『ツァラトゥストラはこう言った』第二部の「占い師」の章で、旧約聖書の「コヘレトの言葉」を匂わせて印象的に暗示している。なお、『道徳の系譜学』第三論文の禁欲主義批判は、「苦の報い」というよりも「苦の原因」を「せめてもの慰め」として人びとが求める傾向を基調に据えているが、その末尾の第二八節では「人間は〔…〕苦しみそれ自体を拒否したりはしない。人間は苦しみを欲するし、苦しみを求めさえする。もし何らかの意味が、つまり苦しみの〈何のために〉といったものが、人間に示されさえすれば、だ。これまで人類の上に蔓延していた呪詛とは、苦しみの無意味さだったのであって、苦しみそのものではなかった」(GM, 411) と述べられており、ニーチェ流の「苦の意味論」が簡潔に定式化されている。「無意味なものが永遠に！」という永遠回帰思想の原型でもあるこの問題は、不条理な受苦の英雄性を強調するカミュの『シーシュポスの神話』を超えて、広く「労働」一般に関わる今日なお未決のテーマである。

(26) 死者を遺族がとむらう葬式、墓参、追善供養など一連の儀礼は、死による喪失を埋め合わせる最も一般的な形態（これをゆるがせにすると物故者の「怨みを買う」とされる）であるが、ニーチェは、死に臨んでは葬儀ではなく「祝祭（Fest）」を挙げるべきであり、しかもそれこそが「最高に美しい祝祭」となりうるのだ、と言う（Za, 93）。つまり、「惜しい人を亡くした」と哀悼の意を捧げる代わりに、「死んでよかった、おめでとう！」と告別を心から祝うお祭りを開催すべきだ、というのである。なんとも異様な考え方だが、よく考えてみると、厳粛であるはずの葬式にも、大なり小なりお祭りの要素がある。供養祭、慰霊祭、鎮魂祭なども、その名の通り、死者を「祀る＝祭る」風習である。死者の無念を晴らす「仇討ち」「弔い合戦」と称して、たんなる殺し合いを神聖化する「政《まつりごと》」も、古来絶えることがない。それどころか、死は国家によって大々的に祀られさえする（その典型が、「靖国」に合祀される「英霊」）。これについては、『ツァラトゥストラはこう言った』の国家批判の章における次の指摘を参照。「英雄や名誉ある人びとを、国家は自分の周りにはべらせたいのだ、この新しい偶像は。〔…〕そうだ、多数者向けの死が発明され、その死が、われこそ命なりと自賛する」（「新しい偶像」、Za, 62）。

(27) 「吝嗇の〈精神〉」という言い方は、注16で用いた「勤勉の〈精神〉」という表現と同様、『ツァラトゥストラはこう言った』に主人公の宿敵として何度も登場する「重さの地霊（der Geist der Schwere）」と、マックス・ヴェーバーの言う「資本主義の〈精神〉」――後者は前者のもじりではあるまいか――の二つを踏まえた私の造語である。一切を「割合」に還元して割り切ろうとし、辻褄合わせに奔走するこの「精神・精霊・幽霊」の支配する「近代」こそ、まさに「合理性（ratio）」本位のエポック、「合理主義時代」と呼ぶにふさわしい。「近代」をなお呪縛するエートスを問うたヴェーバーもまた、フロイトやハイデガー、フーコーらと同じく、「ニーチェ以後の人」なのである。

(28) 今日では、病気や天災による死者までもが「犠牲者」と呼ばれる。人類による自然の征服とともに「自然死」も絶滅しつつあるかのようである。病死は「医療体制の立ち遅れの犠牲」とされ、事故死は「科学技術の進歩のための礎」と言われ、自然災害すら「行政の無策ゆえの人災」と見なされる。「ただの突然死」は人道上あってはならないことになっている。早い話、死因が同定できれば帰責先に慰謝料を請求できるが、「自然」「偶然」「不運」では責任を追求したくてもできないから、とにかく「……のせい」が無理やりあてがわれなければならないのだ。死を運命と甘受するのは、ヒューマニズムの沽券にかかわる敗北であるらしい。なお、「生命保険」とは、不慮の死に対する安全保障または損害賠償を提供してくれる合理的な救済制度であり、ここでは文字通り死がペイする。

(29) 「血によって真理は証明される、と彼らの愚劣は教えた。／だが血は、真理の証人としては、最も劣悪だ」(『ツァラトゥストラはこう言った』第二部「司祭たち」、Za, 119)。このくだりは『反キリスト者』五三番でも引用されているが、『人間的、あまりに人間的 I』五三番「真理の踏み段と称されてきたもの」には、殉教による教理の正当化の心的機制とその無根拠さを衝く見解が早くも披瀝されている。

(30) 「自由な死」の章の後半では、人類史を劃する事件となったこの「早世」問題が論じられている。「彼があまりにも早く死んだことが、多くの者たちにとって、以来、わざわいとなった」(Za, 95)。「ヘブライ人イエス」が「未熟」なまま死に急いだことによって、あとに残された者たちすべて(人類)にそのツケ(世界宗教)が回ってきたのだから、たまったものではない、とツァラトゥストラは嘆く。彼は、万人に向かって、「すみやかに死ね」と説いているのではなく、あくまで「ふさわしいときに死ね」と言っているのであって、ただ潔く早死にすればよいというわけではないのである。

(31) ツァラトゥストラの口を借りてニーチェはわれわれ読者を挑発しているのだから、その挑発に乗るのがスジというものである。ニーチェのテクストは、そう言わざるをえないほど、それほどレトリックに満ち、読む者を翻弄する「取扱い注意」の書である。もちろん、ニーチェの反人道的見解にはじめから拒絶反応を示すのもいただけないが、それにもまして暗澹たる気持ちにさせられるのは、ひたすら御説ごもっともと鵜呑みにして怪しまない、理解力のあり過ぎる生真面目な解釈者があまりに多いことである。

（32）至る所でニーチェは悪魔的と言えるほどの懐疑精神を発揮しているが、言うまでもなくその代表的な試みは、永遠回帰を告げる例のデーモンのささやきであろう（『愉しい学問』三四一番「最重量級の重み」。なお同書三四四番「どこまでわれわれもいまだに信心深いか」における極限的とも言うべき真理信仰批判を参照）。デカルト的懐疑にも比すべき徹底した思考実験としての永遠回帰思想に関しては、稿を改めて詳論する必要がある。

（33）自殺を「理性的」な行為として推奨するテクストとして、『人間的Ⅰ』八〇番「老人と死」、『人間的Ⅱ』第二部一八五番「理性的な死について」、を参照。この場合ニーチェの批判の矛先は、自殺を禁止する宗教上の教義に向けられていたが、今日では、無宗教の医学的延命装置によって、「ゆっくりした死」はいっそう手厚く幇助されている。

（34）第二部の二番目の章「至福の島にて」は、「神の死と超人」を主題とした第一部の叙述を承けつつ、神の観念と超人の理想を対比的に描き、もって「力への意志」という第二部の中心問題への移行の必然性を暗示する、という橋渡し的な役割を担う章だが、そこでは、超人思想が人間の思考可能性の限界へのあくなき挑戦という意味合いを持つことが表明されている。「神とは一つの推測である。だが私としては、君たちの推測が、思考可能性の限界に収まるものであってほしい。／君たちに、神とやらを思考することができようか〔できないはずだ〕。――ならば、君たちにとって真理への意志は、万物を、人間に考えることのできるもの、人間に見ることのできるもの、人間に感じることのできるものに転化させる、ということであれ。君たちは、君たち自身の感覚を終わりまで考え抜くべきなのだ」（Za, 109f.）。

（35）この「見返りなしの自己享受」という気前のよさこそ、ニーチェによって「徳」として最も称揚されているものにほかならない（したがってそれは、近代「道徳」とは異質の、古代的な「卓越性・器量・男らしさ（*aretē*, virtus）」に近い）。しかもこの「徳」たるや、ひたすら自己に忠実であることを欲し「他者のため」とかいった補塡物を一切受け付けない「我欲・自愛」のことであり、そのおかげで自分も他人も破滅しかねない危険な代物である。この自己蕩尽の豪奢さに比べられているのが、「もとをとる」「報いられる」「報酬を得る」「代償を受ける」ことをいつもどこかで求めている世間的な道徳・正義のケチくささなのである（たとえば第二部「有徳者」の章を参照）。

このように「互酬性」の倫理に疑問符を突きつけ、「いかなる行為も返済されることはありえない」とするニーチェは、ギヴ・アンド・テイクの商人道徳を定式化したミルの功利主義の根底に「行為はつねに報いを受ける」という不問の前提を見てとり、それを「最低の意味において下賤である」と手厳しく評している（『力への意志』九二五番「イギリス的ナ愚カシサについての欄外注記」および同九二六番「ジョン・ステュアート・ミルに反対して」を参照）。だが、ニーチェによって「ただ凡庸な精神にとってのみ魅力と誘惑力を持っている真理というものがある」（『善悪の彼岸』二五三番）とまでこきおろされたにもかかわらず、この「真理」を奉ずる「吝嗇の精神」（つまり功利主義道徳）は、以来ますます世を覆い尽くし、今日とどまるところを知らぬありさまである。

（36）ヒューマニズムよろしく「いのちを大切にしよう！」と唱和するのはたやすいが、哲学者にはふさわしくない。ひとがどれほど死のうが誰に殺されようが、「死にこだわるのはなぜか」と哲学的に問う自由はあってよい。百歩譲って、全体主義的な暴力機構に抵抗することが市民の責務だとしても、まさにその全体主義の母体である「近代」の存立構造に根本的異議申し立てを行なう哲学上の不服従形態は立派にありうる。

（37）『ツァラトゥストラはこう言った』では、「愛する」や「ふられる」といった言い方が「生」との関係において——「知恵」や「永遠」に対しても——用いられる（なかでも顕著なのは「舞踏の歌」と「もう一つの舞踏の歌」）。ふつう「擬人法」と呼ばれる修辞法だが、この場合とくに、相手への志向がその相手からの逆の働きかけを含意し、しかもその可逆性が駆け引き的な要素を帯びた応酬として成立している。たとえば、ツァラトゥストラは、「地上的なものを我慢しろ」と説く生の誹謗者に向かって、「その地上的なもののほうこそ、君たちにもう我慢しかねているのだ」(Za, 95) とやり返す。このようなレトリックを駆使した生の愛憎分析の成果の一つが、「ルサンチマン」論であろう。

(38) 現代社会にひそむ、不快や苦痛の源そのものの全面的除去という「安楽への隷属」の傾向を新種の「ニヒリズム」と喝破した考察として、藤田省三「「安楽」への全体主義」(『全体主義の時代経験』みすず書房、一九九五年、所収) を参照。

(39) サルトルは、ハイデガーの「死への存在」に抗して、「死は、世界における現前をもはや実現しないという私の可能性ではなく、私の諸可能に対するつねに可能な一つの無化であり、それは私の諸可能性のそとにある」と述べる。死を実存と無縁なものと見なすとき、たしかにサルトルはヒューマニズムの立場を代弁しているのである (Jean-Paul Sartre, *L'être et le néant*, Gallimard, 1943, p. 621. 松浪信三郎訳『存在と無』第三分冊、人文書院、一九六〇年、二三八頁)。

(40) ニーチェに言及している他の箇所としては、『反時代的考察』第二篇『生に対する歴史の得失』を引き合いに出して「歴史性」の分析を正当化している第七六節 (SZ, 396f.) がよく知られている。もう一箇所、「良心」の本格的分析に先立って、脚注のなかで、顧みられるべき哲学史上の重要な良心論者の一人として、ニーチェの名がカント、ヘーゲル、ショーペンハウアーと並んで挙げられている (SZ, 272 Anm.)。ハイデガーが、徹底して没倫理的な――せいで評判の芳しくない――良心論を展開しているのは、それだけ彼がニーチェの仮借なき良心批判を決定的なものとして受け止めていたからかもしれない。

(41) ここで、本文の議論に若干の補足を加えておく。

先に私は「吝嗇の精神」という語をあえて導入し、死を損得勘定において見積もる考え方を性格づけたが、この説明方式はそのままの形ではニーチェにない以上、唐突だとの印象を与えたかもしれない。だがじつは

『存在と時間』にそれと似た議論がある。つまりそれは、「未了（Noch-nicht）」としての死を、「未済・未回収分（Ausstand）」たとえば「まだ受領されていない負債清算の残額」――要するにツケのこと――というカテゴリーでどこまで考えられるか、という存在論的分析である（SZ, 242ff.）。そのような「未済」とは、道具的存在者の存在性格であって、「可能的な死として現存在に属している未了を存在論的に規定しうるものでは断じてない」（SZ, 243）と結論されるので、通りすがりの予備的分析といったふうにも見える。だが、のちに良心論において「責め・負い目」の日常的形態として「借りがあること（Schulden）」が真っ先に取り上げられるという――『道徳の系譜学』第二論文の良心解釈をただちに思い起こさせる――事情（SZ, 281f.）と併せて、その立論のニーチェ的背景をさぐる余地があるように思われる。

なお、ニーチェは「自由な死」の章で「死にざま」を類型化するさい、「リンゴ」という果実が熟れるさまをメタファーとして効果的に使っている（Za, 94）が、ハイデガーも、今ふれた「未済」の分析に続けて、「未熟な果実がその成熟に向かっていく」ありさまを、「生成（Werden）」という存在様式をもつ存在者の「未熟としての未了」という現象の範例として持ち出し、現存在の「未了」性格と比較対照している（SZ, 243ff.）。先の「未済」の場合と違って、「果実の種別的な存在様式である成熟することは、未了（未熟）という存在様式としては、形式的には〔…〕現存在と一致する」。ところが、果実と現存在とでは「終わり」の性格が決定的に異なる。「成熟とともに果実はおのれを完成する。だが、それでは、現存在が到達する死は、このような意味での完成（Vollendung）なのであろうか」。「「未完成」の現存在といえども終わるのである。他方、現存在はおのれの死とともに初めて成熟に達するまでもないし、それどころか終わりに先立って成熟を踏み越えてしまっていることもある。たいてい現存在は、未完成のうちに終わるか、さもなければ崩壊したり憔悴しきったりして終わるのである」（SZ, 244）。この指摘は、ニーチェの挙げた「死に際」の三類型――最善の「完成をもたらす死（der vollbringende Tod）」、早死にしすぎる少数の事例（とくにイエス）、「ふさわしいとき」を逸してあまりに長生きする大多数の事例――に対応づけられる。偶然の符合にしては出来すぎた話である。

(42) ハイデガーは、「先駆」を定式化した先の一文のなかで、「死への自由」を、「情熱的（leidenschaftlich）」と形容しており（SZ, 266）、また、「先駆的決意性」を性格づけるさいに、本来性における死への不安という気分には、「喜び（Freude）が伴う」としている（SZ, 310）。やや唐突とも思えるこうした言い回しのうちにも、ニーチェ的なモティーフが鳴り響いている――『ツァラトゥストラはこう言った』の「喜びの情熱と苦しみの情熱」の章を想起されたい――と見ることもできよう。なお、『存在と時間』の論述の背後にニーチェが臨在しているとし、本章とよく似た議論を展開しているタミニョーも、この点にふれている。「「情熱的」という形容詞が『存在と時間』においては珍しい言葉であるうえ、そうした言葉遣いそのものが純粋な存在論的「企投」の枠内では意外な感をぬぐえない。この意外感は、ツァラトゥストラの教えの残響としてこの言葉遣いを受けとるならば、それほどではなくなる」（Jacques Taminiaux, La présence de Nietzsche dans Sein und Zeit, in: *Lectures de l'ontologie fondamentale. Essais sur Heidegger*, Millon, 1989, p. 241）。

(43) たしかに、有限性を強調するハイデガーは、ニーチェのように、大盤振舞をして死を歓待せよ、とまでは言っていない。それでも、死に対してねじれた関係をやめ、わだかまりをなくして身を開く（自己を解き放ち自由になる）ことを重視する点で、ニーチェの「自由な死」の理念を継承していると言えるのではなかろうか。

なお最後に、死に対する両人の考え方の「平行性」をテーゼふうに示しておくと、

(1)ニーチェの場合、死（すべき生）を苦悩ではなく喜悦として肯定することが、生の全肯定つまりニヒリズム克服への行程とされる

(2)ハイデガーの場合、死（への存在）から逃避するのではなく死へと先駆することが、実存の全体性および本来性の確保への道をひらく

となるだろう。この大まかな対比によっても、ハイデガーにおける「非本来性から本来性へ」という実存変

様および分析進路が、ニーチェにおける「自己否認（ニヒリズム）から自己是認（運命愛）へ」という価値転換のプロセスに対応していることが分かる。

第八章

（1）本章は、一九九九年一〇月二五日と二〇〇〇年一〇月二三日に東京女子大学宗教センター（のち「キリスト教センター」に改称）で宗教委員として行なったオープンレクチャーに由来する。そうした発話状況ゆえ、挑戦的な物言いが目立つが、大学紀要に載せた原稿をほぼそのまま本書に収録させていただく。

（2）『道徳の系譜学』第三論文の「禁欲主義批判」でも、認めるべきは認め、却けるべきは却けるという態度が貫かれている。ニーチェのこの批判精神を受け継ぎ、禁欲主義のネガとポジの双方に光を当てているのが、フーコーの『性の歴史』である。本書第九章参照。

（3）S. Kierkegaard. *Der Begriff Angst*, Übersetzt von H. Rochol, Meiner (Philosophische Bibliothek, Bd. 340), 1984, S. 131. 田淵義三郎訳「不安の概念」、『中公バックス 世界の名著51 キルケゴール』中央公論社、一九七九年、所収、三二三頁。強調は引用者。以下、とくに断わりのないかぎり、引用文中の強調は引用者による。

（4）ibid., S. 56. 前掲訳書二五二頁。

（5）その意味で本章は、拙著『アーレントと赦しの可能性』春風社、二〇二四年、の第一章「アーレントのイエス論」（元原稿は一九九九年成立）の続編という面をもつ。

（6）J. S. Mill, *Utilitarianism*, ed. by R. Crisp, Oxford, 1998, p. 79. 伊原吉之助訳「功利主義論」、『中公バックス 世界の名著49 ベンサム J・S・ミル』中央公論社、一九七九年、所収、四九四 - 四九五頁。

（7）絶対的善の政治破壊性は、前掲拙論「アーレントのイエス論」でも扱ったが、ここでは、より具体的な事例に照らして再考し、本文への補注としよう。すなわち、丸山眞男の近代日本政治思想史研究にあえて手がかりを求めよう。丸山の論文集『忠誠と反逆』に、こんな一節がある（ちくま学芸文庫版、一九九八年、二七六－二七七頁、強調は原文）。

権力政治に、権力政治としての自己認識があり、国家利害が国家利害の問題として自覚されているかぎり、そこには同時にそうした権力行使なり利害なりの「限界」の意識が伴っている。これに反して、権力行使がそのまま、道徳や倫理の実現であるかのように、道徳的言辞で語られれば語られるほど、そうした「限界」の自覚はうすれて行く。「道徳」の行使にどうして「限界」があり、どうしてそれを抑制する必要があろうか。「利益線」には本質的に限界があるが、「皇道の宣布」には、本質的に限界がなく、「無限」の伸張があるだけである。

ここに出てくる「利益線」とは、一八九〇年に山県有朋が軍備拡張の必要を訴えた首相演説のさいに用いた言葉であり、「皇道の宣布」とは、一九三〇年代以降に日本軍国主義を美化する宣伝文句としてマスコミを通じて流布した美辞麗句の一つである。この両者のうちに史的一貫性を見出すことは容易だが、丸山はむしろ、ここに「おどろくべき対照」（二七五頁）を認めるのである。前者には「国際権力政治の中での「国家理性」のリアルな認識」が見てとれるのに対し、後者にはその自覚が欠如しており、そこにただよう理想主義的ニュアンスの見かけ上の無制約性・無際限性ゆえに、そうした道徳的言辞をたれ流した「「当局者」自身が、そういう宣伝の手段性の意識を失って、美辞麗句の自己陶酔に陥っていた」（二七六頁、強調は原文）というのである。

ここには、いわゆる十五年戦争という暗い時代に、近代日本がはまり込んでいった隘路についての鋭い洞察がひそんでいる。しばしば想像されるように、この軍国主義時代は、悪逆非道な思想統制のみが吹き荒れる時代ではなかった。もちろんそういう側面もあったにはちがいない。われわれが学ぶ戦中昭和期は、有無を言わさぬ軍国主義者たちの圧政に苦しむ善良な庶民の不幸な姿に満ちている。だがむしろ問われるべきは、なぜそのような総動員体制が生じえたのか、ということのほうだろう。たんなる上意下達の自動的管理システムでそうなったとは考えにくい。かといって、その支持母体として大衆の側の自発的服従という受け皿を想定するだけでは足りない。無責任な支配層と浅はかな被支配層が癒着して利益に走ったというふうに両者の共犯性をあばき、国民の連帯責任をえぐり出してみても、問題はいつまでも明らかとはならない。戦争責任を銃後の人びとや学者たちにも割り振って反省させる言説も同断である。そういう道徳論はせいぜい、政治一般の原罪性を人びとの意識のうちに植えつける一種の宗教教育的効果をもつくらいであろう。

丸山によれば、日本軍国主義の暴走の真の原因は、「権力行使がそのまま、道徳や倫理の実現であるかのように、道徳的言辞で語られ」たことにある。「八紘一宇の精神」、「大東亜共栄圏」といった言葉は、現在でこそ悪しきデマゴギーの典型と見なされるが、それらが喧伝されていた当時は、むしろ「国際協力」の崇高な理念として響きわたっていた（今日でいえば「愛は地球を救う」とか「人道的開発援助」とかいった言葉が相当しよう）。そうした大義名分は、それらが道徳的、倫理的レベルでの「正義」を標榜していたがゆえに、魔法のような呪縛力で人びとの現実感覚を麻痺させ、歯止めなき拡大路線を昂進させていったのである。手のひらを返したような戦後民主主義の浸透以後、醜悪な欺瞞語となった「皇道の宣布」なるスローガンは、それ以前は、誰にも抵抗できないほどの「正論」として大手を振ってまかり通っていた。それだけの魔力をおびていたからこそ、天皇制の「大義」は最終破局に至るまで批判にさらされることなく突っ走ったのだ。

今日のわれわれは、そのような事態に対する免疫を有しているだろうか。侵略戦争を讃美したかつての日本人の狂信ぶりをあざ笑うことができるのか。われわれもまた、たんに「国家利害」のためでしかない経済的、軍事的な対外進出を、「国際貢献」という美名のもとに歯止めなく推進してはいないだろうか。あるいは、民主主義 対 権威主義という勧善懲悪的図式によって軍事同盟への帰属を道義的に正当化し、盟主国のお先棒を担いでは近隣国との緊張関係をいよいよ高めてはいないだろうか。

ともあれ、丸山によって分析された近代日本の隘路とは、政治的領域に倫理的「善」が——それどころか宗教的次元での「絶対的善」が——持ち込まれる、という領域侵犯によるものだったことが分かる。侵略行為は「善行」として意識されていた。この美名にどうして抗えようか。それに異を唱える者は、思想犯どころか人でなしなのである。

そして、まさにこの点で、丸山の問題意識はアーレントのそれと結びつく。全体主義研究を経由して、近代における公的領域の危機の問題に取り組んだアーレントは、各人の「徳」を競い合う政治の次元で、倫理的、宗教的な「善」を主張する危険性にいち早く警鐘を鳴らしていた。これを近代日本に翻して言えば、天皇制ファシズムの本質は、それが政治と倫理との癒着をはらんでいたという面から再考される余地がある、ということになる。つとに丸山は『現代政治の思想と行動』において、「それ自体「真善美の極致」たる日本帝国は、本質的に悪を為し能わざるが故に、いかなる暴虐なる振舞も、いかなる背信的行動も許容される」という驚くべき発想を、「倫理と権力との相互移入」というふうに説明していた(増補版、未來社、一九六四年、一八頁、強調は原文)。それと同じ事態を、アーレントは「善と徳との混同」と表現しているわけである。

昭和恐慌のもとで貧困にあえぐ国民を「救う」ためと称して対外侵略は正当化された。列強に搾取されていたアジアの人民を「救う」という解放戦争の名のもとに皇軍は戦地を拡大していった。「救済」の観念が現実政治に持ち込まれ、擬似宗教的な正義がふりかざされるとき、一切の批判的意見は封殺され、反対勢力は「非国民」扱いされる。「国家利害」でしかないものが「国体の本義」という曖昧な言葉で美化され鼓吹されるのである。こうしたイデオロギー支配の根底にひそんでいるのは、閉塞した社会を変革することによって不幸な人びとを救わねばならぬとする強迫観念であり、これに取り憑かれるとき、政治の舞台たる公的領域自体が破壊されてしまう。アーレントによれば、近代に特有なこの反政治劇が真っ先に繰り広げられたのが、フランス革命であった。以後の「革命精神」はすべてこの大文字の革命の負の遺産を引きずってきた。二・二六事件に一つのはけ口を見出した「昭和維新」の精神もまた例外ではなかったのである。

政治的安定をもたらす「宗教‐権威‐伝統」の三位一体は、近代日本において、古代以来の天皇制の存続強化という形で、幸か不幸か温存いや新設された。明治維新がそれなりの国家体制を創設しえた理由の一つはここにあった。だが、政治への社会問題の侵入という近代国民国家の宿命は、近代日本にも襲いかかった。天皇の御心は人民を救うという甘美な言葉とともに。かくて、宗教と政治と倫理、経済と軍事が一体となった大日本帝国の行き着く先は、正気の沙汰のようなイデオロギー統制と底なしの侵略戦争の泥沼だった。だが、その愚行に関与した一人一人はみな、弱々しい「善人」だった——おそらく天皇さえ。

（8）Herman Melville, *Billy Budd, Sailor and Other Stories*, Penguin Books, 1985, p. 400. 坂下昇訳、岩波文庫、一九七六年、一六四頁。

（9）ibid., p. 406. 前掲訳書、一七六頁。

（10）『カラマーゾフの兄弟（上）』原卓也訳、新潮文庫、一九七八年、四五六頁。

（11）『カラマーゾフの兄弟（上）』四五二頁。

（12）『カラマーゾフの兄弟（上）』四五六頁。

（13）『カラマーゾフの兄弟（上）』四七三頁以下。

（14）『カラマーゾフの兄弟（上）』四七八頁。もしくは、「無限の同情心にかられて」、四七七頁。

（15）『カラマーゾフの兄弟（上）』四七九頁。

（16）共観福音書によれば、ピラトの尋問に対して、イエスは一言、「そのとおりである」と語るのみであった。「総督が非常に不思議に思ったほどに、イエスは何を言われても、ひと言もお答えにならなかった」（マタイ福音書第二七章一四、日本聖書協会口語訳聖書による）。言論の人であったイエスが、ここでは沈黙の人となる。

（17）『カラマーゾフの兄弟（上）』四八一頁。

(18)『カラマーゾフの兄弟（上）』四八一頁。
(19)『カラマーゾフの兄弟（上）』四九四頁以下。強調は原文。
(20)『カラマーゾフの兄弟（上）』四八八頁。
(21)『カラマーゾフの兄弟（上）』四八六頁。
(22)『カラマーゾフの兄弟（上）』四八三頁。
(23)『カラマーゾフの兄弟（上）』四八四頁。
(24)『カラマーゾフの兄弟（上）』四八五頁。
(25)ただし、アーレントが「必然」との対比で持ち出す「自由」とは、人びとが活動と言論に生きることにやどる、あくまでこの世的な自由つまり「ポリス的自由」を指し、ドストエフスキーが問題としたような「信仰における自由」と同じではない。さらに、政治的共存にみなぎる自由は、哲学者のめざす「自由な精神」つまり理性の現世離脱とも区別される。「自由」概念のこの多義性ゆえに、アーレントはドストエフスキーを論ずるさい、「自由」という言葉を口にするのを憚ったのであろう。
(26)『カラマーゾフの兄弟（上）』四八七頁。
(27)『カラマーゾフの兄弟（上）』四八九頁。
(28)『カラマーゾフの兄弟（上）』四八七頁。
(29)『カラマーゾフの兄弟（上）』四九三頁以下。
(30)『カラマーゾフの兄弟（上）』四九二頁。
(31)サン＝シモンは『新キリスト教』で、「もしルターの改革が完全なものでありえたとしたら、ルターは次のような教義を提示し、布告したであろう。彼は教皇と枢機卿たちに対して、こう言ったであろう」と前置きして、端的にこう述べる。「真のキリスト教は、天上においてのみならず、地上においても、人々を幸福にさせなければならない」（森博訳『産業者の教理問答　他一篇』岩波文庫、二〇〇一年、二七六－二七七頁。強調は引用者）。人類愛を唯一の原理とする普遍宗教のこの教えに逆らおうとするキリスト者が、今日どれだけいるだろうか。

（32）もう少し詳しく言うと、功利主義系統の「安楽の宗教」とフランス革命発祥の「同情の宗教」を背景として生まれた一九世紀の「同情の哲学」（ニーチェはショーペンハウアーにその典型を見た）が、講壇哲学的な洗練化の過程で、「主観‐客観」問題の変形である「他我」認識問題に取り組み、その結果、「感情移入」論や「共同主観性」論や「私的言語」論や「絶対的他者」論といった二〇世紀哲学の賑やかなトピックをもたらした。ニーチェによれば、同情の哲学の直観原理とは、「他者の体験を、あたかもそれがわれわれ自身の体験であるかのように眺め、受けとること」であり、同じく、同情の哲学の行為原理とは、「他者の災難を、その人自身が苦しんでいる通りに苦しめ」である（『曙光』一三七番、MR, 130. 強調は原文）。同情という名のもとに、他者の苦痛経験を忠実になぞるためには、そもそもその他者についての「正確」な認識が先行していなければならない、だが……というわけで、他者はいわば超越論的対象Xと化す。アポリアを自分でひねり出してはその難問ぶりに悩みつつ悦に入るという、講壇哲学によくある話である。

（33）「貧しい人びとを救おう！」という呼びかけは、「貧しい人たちは幸いだ」と言い放った一人の素寒貧の男の教えに沿ったものではない。貧しさを奪ってしまったら、彼らの幸せまで奪うことになる。イエスの教えはもっともっとラディカルだった。隣人愛を実践していると自任する富裕な若者に、「それなら、あなたの財産を一切合財喜捨したらどうか」と勧告して、その心優しい青年を絶望させ、「金持ちが神の国に入るよりも、ラクダが針の穴を通るほうがまだ易しい」と言ってのけたのが、イエスだった。

（34）『善悪の彼岸』八二番、JGB, 88. 同情とは、破滅を呼ぶ「危険」であり油断ならぬ「誘惑」である、とするニーチェの言葉は枚挙にいとまがない。「同情＝身の破滅」説は、『曙光』の一連の同情論でも基調となっている。なかでも、一三四番が代表的であろう。「かりに、たとえ一日だけでも同情が支配するとしよう。すると、そのために人類はただちに破滅するであろう」（MR, 128）。もう一箇所だけ、『愉しい学問』の箴言二七一番を挙げておく。「おまえの最大の危険はどこにあるか。——同情に」（FW, 519）。前に挙げた同書三三八番も、同趣旨の警戒心に貫かれている。苦悩の大家ニーチェは、他人の苦しみに鈍感だったのではない。むしろ人一倍敏感だったし、敏感すぎて同情が命取りとなりかねないことを、自分でよく自覚していたのである。

（35）『カラマーゾフの兄弟（上）』四九四頁。

（36）『人間の条件』で、「赦し」とは「復讐の正反対」であり、「赦しの対案《オルタナティヴ》」であるのが「罰」だとされていたことが、ここで思い起こされる。cf. HC, 240-241.

（37）フランス革命において、「情念や原理と違って際限のない」（OR, 89）感傷の、「まさにその際限のなさが、際限のない暴力の奔流を解き放つのを助けた」（OR, 92）のと比べて、「同情が主役たちの動機づけにおいて何の役割も果たさなかった唯一の革命が、アメリカ革命であった」（OR, 71）とアーレントは見る。「アメリカ革命の人びと」の「健全な現実主義は、同情という試練に一度も晒されなかった。〔…〕情念が同情という最も高貴なかたちにおいて、彼らを誘惑することは一度もなかった」（OR, 95）とする、この特異なアメリカ建国論に関して一言だけ断わっておきたいのは、アーレントの議論は、アメリカ共和国の発祥における暗黒面を無視するものではない、ということである。「社会問題がアメリカという舞台には存在しなかったというのは、結局のところ、まったくの欺瞞であって、ひとを貶める卑しむべき悲惨は、奴隷制と黒人労働というかたちで至るところに存在していた」（OR, 70）。アーレントが問題にしようとしたのは、革命に人びとが同情とりわけ哀れみに取り憑かれるとき、革命は溺死するほかないという冷厳な事実であった。

第九章

（1）ニーチェの他のテクストでも、近代における観想的生の価値下落はしばしば話題にされる。とくに印象的なのは、自由時間の肯定者たるべき「学者たちが閑暇を恥じている」とした『人間的、あまりに人間的

I』二八四番「ひま人たちのために」（*Menschliches, Allzumenschliches I*, Nr. 284: Zu Gunsten der Müssigen, in: KSA, Bd. 2, S. 232）であろう。

（2）本書第五章「強制としての道徳」でも、ニーチェの道徳論と九鬼の押韻論が思いがけず響き合うことを指摘しておいた。

（3）ハイデガーが九鬼の思い出を語っている対話篇『言葉についての対話から』のなかで、「いき」が「輝ける魅惑の静けさのそよぎ」とゴテゴテ敷衍されているのは、「シック」どころか、「キッチュ」どまりではないか、と私はかつて評したおぼえがある。拙著『死と誕生――ハイデガー・九鬼周造・アーレント』東京大学出版会、二〇〇八年、三〇八頁の注（3）を参照。同書三〇九頁の注（6）でかつて予告した方向で――つまり「ニーチェからフーコーへ受け継がれた近代禁欲道徳批判（欲望解放路線批判も含む）の文脈に差し戻して」――『「いき」の構造』を読み直すことを、本章では試みたい。

（4）「芸者」坂本賢三訳（『九鬼周造全集』第一巻、岩波書店、一九八一年、所収）四五五頁。この一文は、『「いき」の構造』序説の次の文章に、じかに通じている。「ギリシャ語の *polis* にしても *hetaira* にしても、フランス語の ville や courtisane とは異なった意味内容をもっている」（『「いき」の構造』、『九鬼周造全集』第一巻所収、九頁。岩波文庫版一三頁。漢字やかなの表記は現代風に改めた。以下同様）。

（5）「芸者」四五五頁。

（6）「芸者」四五六頁。

（7）「芸者」四五五頁。

（8）「Geisha」（『九鬼周造全集』第一巻所収）二四二頁。

（9）「芸者」四五六頁。

（10）「「いき」の本質」（『九鬼周造全集』第一巻所収）九三頁。

（11）「「いき」の本質」九三頁。

（12）「「いき」の本質」九三頁。
（13）「「いき」の本質」九四頁。
（14）「「いき」の本質」九四頁。
（15）「「いき」の本質」九七頁。
（16）「「いき」の本質」九六頁。
（17）「「いき」の本質」九六頁。
（18）『「いき」の構造』二二頁。岩波文庫版二八頁。
（19）『「いき」の構造』二二頁。岩波文庫版二八頁。強調は引用者。「意気地」とは「自由の擁護」であり、「諦め」とは「自由への帰依」である、とする「自由」の強調（『「いき」の構造』二一－二二頁、岩波文庫二七頁）も、「「いき」の本質」にはまだ見られない。
（20）『「いき」の構造』一六頁。岩波文庫版二一頁。強調はいずれも引用者。
（21）Michel Foucault, *Histoire de la sexualité 2: L'usage des plaisirs*, Gallimard, 1984, pp. 16-18. 田村淑訳『性の歴史Ⅱ 快楽の活用』新潮社、一九八六年、一八－一九頁。existence は、九鬼ふうに「実存」と訳すことにする。
（22）その後、『性の歴史』第四巻（最終巻）の遺稿『肉の告白』が出た。M. Foucault, *Histoire de la sexualité 4: Les aveux de la chair*, Gallimard, 2018. 慎改康之訳『性の歴史Ⅳ 肉の告白』新潮社、二〇二〇年。キリスト教の性的禁欲主義の核心に分け入るこの遺作を、どこまでニーチェ的プロジェクトと見なせるかについては、他日を期すほかはない。
（23）『「いき」の構造』二〇頁。岩波文庫版二六頁。「芸者」は、「ヨーロッパでは遊女は半ば死せる存在である」という一文で始まっていた（前出注5の箇所）。
（24）*L'usage des plaisirs*, p. 66. 邦訳七〇頁。強調は引用者。
（25）*L'usage des plaisirs*, p. 246. 邦訳二八二頁。

(26) *L'usage des plaisirs*, p. 247. 邦訳二八三頁。

(27) ジョルジョ・アガンベン『いと高き貧しさ——修道院規則と生の形式』上村忠男・太田綾子訳、みすず書房、二〇一四年(原著二〇一一年刊)。本稿の最初にふれたように、ニーチェは『愉しい学問』七番で、「共同生活についての経験、たとえば修道院の経験」を、「結婚と友情の弁証法」とともに、「勤勉な者たち向けの研究課題」として挙げていた。

終章

(1) この終章は、二〇二〇年二月一四日に杏林大学井の頭キャンパスで行なった公開講演の原稿を再現したものである。この講演は、科研費基盤研究(C)「ニーチェにおける科学主義と反科学主義の再検討——ショーペンハウアーとの対比のなかで」(研究代表者:齋藤智志)の第四回研究会最終日に招かれて、その共同研究の締めくくりという趣旨で行なわれた。インタビューに由来する本書の序章とはまた別に、その一〇年後の著者のニーチェ研究の小括という意味もこめられており、言葉遣いも講演調のまま、本書の終章として収録させていただく。

あとがき

自慢ではないが、私の場合、本を出しませんかと言われることはめったにない。若いときから、自分も本を出したいと思って、編集者にアタックして、何度断わられたことだろう。珍しく引き受けてもらえて、やっと出せたケースがほとんどである。なので、出版を誘ってくれる奇特な編集者が現われると、喜び勇んですぐその気になる。だからといって、素早く仕事ができるほど器用ではないけれど、自分の本を出してもらえると思うと、よし頑張ろうという気持ちになる。

ニーチェに関して書いてきた試論を集めて本を一冊出せたらとひそかに思っていたが、そういうチャンスはなかなか訪れなかった。その機会を与えてくださったのが、青土社の気鋭の編集者、山口岳大さんである。私が初めて大学の紀要に載せた論文から最近のニーチェ論まで網羅した企画案を送っていただき、感激した。意気に感じて、他の仕事の合間を縫って、これまでのニーチェ研究をまとめる作業に取り組んだ。『ニーチェ 哲学的生を生きる』というタイトルも、山口さんの発案による。校正時の行き届いたお仕事にも大いに助けられた。山口さんの数々のご高配に心から感謝したい。

このたび初出一覧を作成してみて、私のニーチェ研究は東京女子大学奉職中に形づくられたことがよく分かった。二一年間勤務したのだから当然かもしれない。本書の九章のうち、東女大の紀要論文に基づくものが六章ある。近頃は、査読なし紀要論文をいくら書いても研究業績にはカウントされないが、私は当時べつに業績作りのために寄稿したわけではない。書きたいから書く――ただそれだけだった(その結果、東女大紀要に載せた論文は三二本に達した)。気ままな論文書きの醍醐味が忘れられてしまうのはもったいないと思う。

本書に収めたものには、実存思想協会での発表に基づくものと、『理想』に寄せたものが、三つずつある。村井則夫さん、清水真木さん、竹内綱史さんといったニーチェ研究仲間も、実存思想協会絡みの面々ばかりである。彼らと一緒に『理想』ニーチェ特集号を出したこともある。理想社の宮本純男さんには、ハイデガー特集もアーレント特集も九鬼周造特集も引き受けていただいた。感謝したい。同好の誼《よしみ》(ミットフロイデ)ということで思い出されるのは、早稲田大学で長らく教鞭を執られ、ハイデガーのみならずニーチェにも詳しかった故川原栄峰さんの快活な笑顔である。ともに哲学する場である協会や雑誌に育てられた者として、愉しい学問に開かれた時空の存続を願ってやまない。

ニーチェのように名作を毎年出し続ける集中力も思索力もよもやない私だが、本を出すことの喜び自体は、ニーチェが味わったものにどこか通じていると信じる。この頃は冗談半分に、若いときに書いた論文を集めて作った本は自分の孫のようだ、と洩らしたりする――かの孤高の哲人には、鼻であしらわれそうだが。遺稿集を出してもらえるはずもない身としては、自分の夢の跡を形に残すことにもう少しこだわりたいと思っている。

二〇二四年七月

森　一郎

初出一覧

序章：「ハイデガーとアーレントの間――ニーチェ私観」、『KAWADE 道の手帖　ニーチェ入門　悦ばしき哲学』河出書房新社、二〇一〇年六月、所収。河出書房新社編集部の阿部晴政、朝田明子の両氏にインタビューを受けて語った内容を、活字化したもの。

第一章：「生への愛、知への愛――『ツァラトゥストラ』の筋立て」、『理想』第六八四号（特集「哲学者ニーチェ」）、理想社、二〇一〇年二月、所収。

第二章：「人を殺してはいけない理由を求めることの愚かさについて――反時代的哲学入門」、『東京女子大学紀要　論集』（以下『論集』と略記）第五二巻1号、二〇〇一年九月、所収。『ツァラトゥストラはこう言った』第四部を取り上げた東京女子大学文理学部哲学科一九九九年度基礎演習（一年次対象の初級ゼミ）を機縁として、一九九九年夏に成立したもの。

第三章：「学問の危機と哲学――ニーチェ研究ノート3」、『論集』第四六巻2号、一九九六年三月、所収。一九九五年九月一六日に早稲田大学で行なわれた実存思想協会・ドイツ観念論研究会第四回合同シンポジウム「ヘーゲルとハイデガーの間――十九世紀から二十世紀へ」の提題用原稿「学問の危機と哲学」に基づく。

第四章：「ニーチェと戦争論」、『論集』第五一巻1号、二〇〇〇年九月、所収。二〇〇〇年三月二二日に早稲田大学で行なわれた実存思想協会研究例会の研究発表用原稿「ニーチェと戦争論」に基づく。

第五章：**「強制としての道徳――『善悪の彼岸』一八八番を中心に」**、『論集』第五三巻1号、二〇〇二年九月、所収。『善悪の彼岸』中盤を読み進めた東京女子大学文理学部哲学科二〇〇一年度基礎演習の副産物として、同年夏に成立したもの。

第六章：**「科学は何のために？――『ツァラトゥストラはこう言った』の学問論より」**、『ひらく⑩』佐伯啓思監修、エイアンドエフ、二〇二四年一月、所収。

第七章：**「ニーチェから見たハイデガー（上）――ニーチェ研究ノート1」**、『論集』第四五巻2号、一九九五年三月、および**「ニーチェから見たハイデガー（下）――ニーチェ研究ノート2」**、『論集』第四六巻1号、一九九五年九月、所収。うち「（下）」は、一九九五年三月二四日に専修大学で行なわれた実存思想協会研究例会の研究発表用原稿「ニーチェとハイデガー――「自由な死」と「死への自由」」に基づく。

第八章：**「同情について（上）」**、『論集』第五一巻2号、二〇〇一年三月、および**「同情について（下）」**、『論集』第六四巻2号、二〇一四年三月、所収。うち「（上）」は、一九九九年一〇月二五日に東京女子大学宗教センターにて行なった宗教週間オープンレクチャー「同情について――ニーチェとアーレント」の読み上げ原稿に基づく。「（下）」は、二〇〇〇年一〇月二三日に同様に行なったオープンレクチャー「ふたたび同情について」の読み上げ原稿を、二〇一三年に補筆して完成させたもの。

第九章：**「禁欲主義と実存の美学――ニーチェ、九鬼周造、フーコー」**、『理想』第六九八号（特集「九鬼周造」）、理想社、二〇一七年三月、所収。

終章：**「学問と生――ニーチェに学んで戦いを生きる」**、『理想』第七〇五号（寄稿論文集Ⅱ）、理想社、二〇二一年二月、所収。二〇二〇年二月一四日に杏林大学井の頭キャンパスで開かれた公開講演の原稿を再現したもの。この講演は、「ニーチェにおける科学主義と反科学主義の再検討——ショーペンハウアーとの対比のなかで」（科学研究費補助金基盤研究（C）、研究代表者：齋藤智志）の共同研究の締めくくりという趣旨で行なわれた。

ヤ行

ラ行

ワ行

タ行

ハ行

マ行

人名索引

森　一郎（もり・いちろう）
1962年、埼玉県生まれ。東京大学大学院人文科学研究科博士課程単位取得退学。博士（文学）。東京女子大学文理学部教授等を経て、現在、東北大学大学院情報科学研究科教授。専門は哲学。『死と誕生——ハイデガー・九鬼周造・アーレント』（東京大学出版会）で第21回和辻哲郎文化賞を、アーレント『活動的生』の翻訳（みすず書房）で第52回日本翻訳文化賞をそれぞれ受賞。最近の著書に、『アーレントと革命の哲学』（みすず書房）、『快読 ニーチェ『ツァラトゥストラはこう言った』』（講談社選書メチエ）、『アーレントと赦しの可能性』（春風社）など。訳書に、ニーチェ『愉しい学問』、『ツァラトゥストラはこう言った』、ハイデガー『技術とは何だろうか』（以上、講談社学術文庫）、アーレント『革命論』（みすず書房）など。

ニーチェ　哲学的生《てつがくてきせい》を生《い》きる

2024 年　9 月 10 日　第 1 刷印刷
2024 年　9 月 30 日　第 1 刷発行

著　者　　　森　一郎
発行者　　　清水一人
発行所　　　青土社
〒 101-0051　東京都千代田区神田神保町 1-29　市瀬ビル
電話　03-3291-9831（編集）　03-3294-7829（営業）
振替　00190-7-192955

印刷・製本　シナノ印刷
組　版　　　フレックスアート
装　丁　　　細野綾子
カバー装画
右上＝『愉しい学問』手稿（GSA 71/23 page 15）
左下＝『ツァラトゥストラはこう言った』手稿（GSA 71/25 page 9-10）
出典：Klassik Stiftung Weimar, Goethe- und Schiller-Archiv

ISBN978-4-7917-7671-9　Printed in Japan